왜 다시 미디어 정치경제학인가

컬처룩 미디어 총서 024

왜 다시 미디어 정치경제학인가

임영호 지음

culture look

컬처룩 미디어 총서 024
왜 다시 미디어 정치경제학인가

지은이 임영호
펴낸이 이리라

책임편집 이여진
표지 디자인 엄혜리

2022년 4월 30일 1판 1쇄 펴냄

펴낸곳 컬처룩
등록 번호 제2011–000149
주소 03993 서울시 마포구 동교로 27길 12 씨티빌딩 302호
전화 02.322.7019 | 팩스 070.8257.7019 | culturelook@daum.net
www.culturelook.net

ISBN 979 – 11 – 92090 – 06 – 1 94300
ISBN 979 – 11 – 85521 – 06 – 0 (세트)

culturelook

차례

일러두기

- 한글 전용을 원칙으로 하되, 필요한 경우 원어나 한자를 병기하였다.
- 한글 맞춤법은 '한글 맞춤법' 및 '표준어 규정'(1988), '표준어 모음'(1990)을 적용하였다.
- 외국의 인명, 지명 등은 국립국어원의 외래어 표기법을 따랐으며, 관례로 굳어진 경우는 예외를 두었다.
- 사용된 기호는 다음과 같다.

  신문 및 잡지 등 정기 간행물, 영화, TV 프로그램 제목 등: 〈 〉

  책(단행본): 《 》
- 이 책의 각 장은 다음 글을 토대로 보완 집필한 것이다.

1장: "도덕경제와 미디어 경제 연구," 〈언론정보연구〉, 54권 2호, 2017, pp.39～79.

2장 2, 3, 8절: "미디어 정치경제학의 한계와 전망: 생산 개념의 비판과 수용자상품론의 함의," 《21세기 미디어 연구의 패러다임》, 한나래, 2000.

3장: "미디어 정치경제학이란 무엇인가? 국내 문헌에서 개념의 용례 분석," 〈언론과학연구〉, 21권 3호, pp.5～50.

4장: "한국 미디어 정치경제학의 한계와 가능성 탐색," 〈한국언론정보학보〉, 70호, ("지식의 맥락화, 비판의 현실화" 기획특집 논문), 2015, pp.9～34.

머리말

미디어 자본의 시대는 가고 플랫폼 자본의 시대가 도래했다. 2000년대 이후 인터넷 시대가 본격화하면서 네이버로 대표되는 포털은 모든 시민에게 주된 뉴스원이자 지식의 원천, 토론의 장으로 떠올랐다. 포털은 하루가 멀다 하고 급성장해 지상파와 중앙 일간지 등 모든 전통적 '언론사'의 규모를 추월했다. 포털은 이제 주식 시장을 주도하는 거대 기업이자 메신저, 상거래, 금융 등 온갖 업종으로 영역을 넓혀 가고 있다. 반면에 한국 사회의 의제를 주도하던 언론사의 위상은 나날이 추락하고 있다. '기레기'라는 단어가 일상어처럼 통용되고 메이저 언론사까지 '어뷰징'이나 '낚시성' 기사로 조롱거리가 된 현실은 플랫폼이 주도하는 미디어 지형에서 클릭 수에 목을 매는 언론의 현 처지를 상징적으로 보여 준다.

시야를 좀 더 넓혀서 보면 한때 주변 산업에 국한되던 이른바 '정보재'는 이제 자본주의 경제의 꽃으로 부상했다. 구글과 애플, 아마존, 페이스북, 마이크로소프트 등 플랫폼 기업은 현재 전 세계 자본주의를 좌우하는 자본이다. 더구나 갈수록 점점 더 많은 업종이 플랫폼 기반으로 포섭되고 있다. 아마존과 넷플릭스 시대에는 문화적 취향과 욕구라는 단어의 의미까지도 크게 달라졌다. 빅 데이터와 알고리즘은 새로운 시대 분위기를 상징하는 키워드로 떠올랐다. 이에 따라 이제 자본의 논리는 삶의 모든 영역에 침투해 인간과 사회의 본질까지 바꿔 놓고 있다. 미디어 정치경제학이 할 일이 산적한 시대가 온 것이다.

국내에서 미디어 정치경제학은 1980년대의 엄혹한 시대를 배경으로 등장했다. 지식인이라면 으레 마르크스와 진보, 거대 담론을 들먹여야만 대접받던 시대는 그리 오래지 않아 저물었다. 인터넷과 대중문화, 소비가 각광받는 사회로 접어들고 포스트모더니즘과 상대주의가 새로운 시대 정신으로 유행하면서, 사회 구조 개혁이란 거시적 문제의식을 추구하는 미디어 정치경제학도 점차 쇠퇴해 갔다.

지식의 장이던 대학의 변화 역시 정치경제학의 퇴조에 기여했다. 대학은 한때 진보와 새로운 사고, 지적 탐색의 장이었으나, 이제는 생산성과 경쟁력을 명분으로 아무도 거들떠보지 않는 논문 생산 공장으로 변해 가고 있다. 이처럼 변화된 학문 환경에서 진지한 문제의식으로 가득하지만 냉혹한 지식 세계의 기준으로는 허술하기 짝이 없는 미디어 정치경제학은 점차 학문 후속 세대에게도 생존 전략 차원에서는 위험하기 짝이 없는 선택지로 변했다. 자본에 대한 진지한 분석이 긴요한 시대에 정작 자본의 논리를 규명하는 정치경제학은 설 자리를 잃어 가는 역설이 대학의 현실이다.

이 책은 정치경제학의 현재를 진단하고 미래의 방향을 모색하기 위한 개인적 고민의 과정을 담았다. 한때 한국 사회에서 이론적, 사회적 의제를 주도한 정치경제학이 왜 지금은 정체 상태에 머물러 시대 변화를 따라가지 못하고 있을까 하는 질문은 이 책 전체를 관통하는 문제의식이다. 미디어 정치경제학의 문제는 외부 환경의 변화뿐 아니라 연구자 세계 내부에도 있다고 본다. 미디어 정치경제학이 추구하던 문제의식이 그냥 시대정신처럼 수용되던 시절도 있었지만, 이제는 학문의 장에서 치열한 지적 투쟁을 통해서 존재 의의를 증명해야 하는데 그러지 못했다는 것이다.

이론적 발전은 성찰에서 시작한다. 그래서 그동안 미디어 정치경제학을 주도한 주요 연구에 대한 비판적 검토를 통해 해답의 실마리를 찾고자 하였다. 한국 학계에서는 드물게 이 책은 주요 학자들의 주장에 대한 철저한 실명 비판 형식으로 전개된다. 이러한 비판이 곧 이 학문적 선구자들에 대한 폄하나 연구 성과의 가치에 대한 부정을 의미하지는 않는다. 이론의 발전은 공이든 과든 선구자의 어깨를 딛고 일어서는 과정이다. 그래서 이러한 비판을 이들의 선구적인 노력에 대한 경외심의 또 다른 표현으로 이해해 주었으면 한다.

이 책은 지금까지 미디어 정치경제학에 관해 간간이 써

온 글을 모은 것이다. 각 장의 글은 집필한 시점과 맥락도 차이가 있고 더러 중복되는 부분도 있으며 글 간의 통일성도 다소 부족하다. 그렇지만 상당히 긴 시간에 걸쳐 나온 이 글들에서 나름대로 일관된 문제의식은 유지되었다고 본다. 집필 시점의 차이에 따른 논지의 편차를 줄이기 위해, 최대한 최근 상황에 맞추어 각 장의 내용을 보완했다. 특히 2장은 그간 논의를 반영해 거의 새로 썼다. 자본이 마치 '보이지 않는 위협'처럼 소시민의 일상에까지 영향을 확대해 가는 이 시대에 미디어 정치경제학의 부활을 촉구하기 위해 보잘것없는 글이지만 두려움을 갖고 세상에 내놓는다.

1장

도덕경제론과 미디어 경제

1. 경제는 도덕과 무관한가

경제란 무엇인가? 미디어 정치경제학이 커뮤니케이션 현상을 일종의 '경제적' 관점에서 접근하는 이론적 틀이라면 바로 이 기본적인 질문에서 논의를 시작할 필요가 있다. 근대 경제학은 경제 행위의 합리성 문제를 주로 비용 대 편익이라는 효율성 측면에서 접근한다. 한정된 자원 배분이나 활용을 둘러싼 사회적, 개인적 행위에서 행위자의 합리적 선택을 강조하는 경제학적 사고는 이제 경제학을 넘어 사회과학 전반으로 널리 퍼졌다. 하지만 효율성이란 도구적 가치만 강조하는 추세가 강화되면서 부작용도 나타났다. 전통적으로 언론 정책이나 언론학 전반에서는 자원 배분의 효율성이나 개인의 '효용 극대화' 같은 도구적 가치보다 공동체의 공공성이나 규범성을 강조하는 경향이 있었는데, 심지어 여기서도 근대 경제학

의 사고방식은 점차 영향력을 넓혀 가고 있다.[1]

이러한 문제점은 경제학적 사고 자체의 한계라기보다는 경제학을 이해하는 방식의 한계에서 생겨났다고 본다. 우리는 개인 단위의 효용과 이익을 중심으로 접근하는 근대 경제학의 공리주의 사고 일변도에서 벗어나 공동체의 도덕이나 규범적 가치가 경제 현상에 미치는 영향에 주목하는 대안적 시각에도 귀를 기울여 볼 필요가 있다. 서양 지성사를 살펴보면 오랫동안 경제는 순수하게 이윤과 생산성, 효용만을 추구하는 영역에 그치지 않고 정치적, 윤리적 판단의 영향하에 작동하는 장으로 인식되었다. 하지만 근대 경제학이 등장한 후 시장 논리 위주의 경제적 사고가 경제이론에서 상식처럼 굳어졌다. 이에 따라 그 한계점에 대한 비판도 활발하게 제기되었는데, 도덕경제론은 이 대안적 흐름 중 하나다.

가령 경제 현상은 다른 비경제적 현상과 분리될 수 있는가? 경제적 합리성을 추구하지 않는 선택 행위는 경제 행위가 아니라 단지 개인의 취향이나 가치관에 따른 주관적 결정 문제로만 간주할 수 있는가? 경제 현상에서 행위자의 이익 극대화만 추구하지 않으면서도 사회적으로 합리적 선택은 과연 가능한가, 그리고 그 선택을 이론적으로 어떻게 설명할 것인가? '도덕경제moral economy'론은 바로 이처럼 경제 현상에

1 커뮤니케이션 연구 전반에서 경제학적 문헌이 양적으로 꾸준히 증가해 온 추세에서도 이 경향을 읽을 수 있다(Miller & Gandy, 1991).

서 규범이나 문화의 역할 문제를 다루는 접근 방식이다.

역사학이나 사회과학에서 도덕경제 개념이 경제 현상을 파악하는 하나의 시각으로 본격적으로 부각된 것은 바로 E. P. 톰슨E. P. Thompson(1971)의 논문 "18세기 영국 군중의 도덕경제" 덕분이다. 이 논문에서 톰슨은 오늘날 상식처럼 통하는 경제적 합리성 개념에 의문을 제기한다. 톰슨은 18세기 영국에서 식량 기근으로 유발된 농민 '폭동'을 분석하면서, 역사학자들이 사용한 폭동이라는 용어는 현대 경제학의 관점에서 과거를 편향되게 해석하는 바람에 생겨난 역사 왜곡이라고 주장한다. 폭동은 굶주림에 대한 "직접적이고, 발작적이고, 비합리적 반응"을 함축하는데, 이는 인간의 모든 사회적 상호 작용을 임금과 계약 관계로 환원하는 현대 자본주의 사회 원리에 근거해 과거사를 보기 때문에 발생한다는 것이다(Thompson, 1971: 136). 하지만 톰슨의 역사적 분석에 따르면 18세기 이전까지 경제 활동을 지배하던 행동 규범은 지금과 달랐다. 공동체 구성원의 생존은 단지 개인의 문제가 아니라 공동체 전체가 책임져야 한다는 암묵적 규범이 있었고, 식량 부족 등 비상시에는 굶주리는 빈곤층이 발생하지 않도록 필수품 가격을 공정하게 유지해야 한다는 사회적 불문율도 존재했다. 이 규범을 준수하고 피지배층을 보살피는 일은 봉건적 사회 질서에서 지배층의 당연한 도덕적 책무였다. 따라서 톰슨이 보기에 당시 식량 가격 폭등을 유발한 상인들의 행위는 당대의 경제적 규범과 관습에 어긋나는 불공정한 행위였으며, 이에 반기를 든 농민의 집단행동은 적어도 그 시대 잣대로는 정당하고 합리적인 행동이었다.

도덕경제론에 따르면 경제 활동에서 개인의 도구적 가치 추구와 합리적 선택을 강조하는 현대 경제학의 기본 가정 역시 초시대적으로 통용되는 보편적 가치가 아니라 자본주의 등장 이후에 와서야 형성된 경제 규범에 불과하다. 우리에게 친숙한 경제 원칙은 당대의 도덕적 규범에 의해 구성되는 상대적 가치이기 때문에, 경제 활동이나 영역과 관련된 규범적 원칙에 대한 검토를 통해 재구성해야 한다고 본다. 이러한 시도는 경제와 관련된 사회 현상을 이해할 때 근대 경제학의 접근 방식이 초래하는 편협성과 한계를 해결하는 데도 풍부한 시사점을 줄 수 있다.

톰슨의 도덕경제론은 자본주의 사회 비판이라는 규범적 가치와 이상적 사회 모델을 판단 근거로 삼는다는 점에서 비판적 사회이론과 시각을 공유한다. 하지만 톰슨 이후의 도덕경제론에서는 경제 현상의 '도덕' 측면을 이해하는 방식이 다양한 방향으로 확대된다. 톰슨의 접근에서처럼 이상화된 도덕 모델에 대한 합의를 이루기가 어려워진 것은 물론이고, 도덕이란 용어 역시 규범적 가치, 비시장 영역, 더 넓게는 문화 일반을 의미하게 될 정도로 다변화하면서 의미가 모호해졌다. 따라서 도덕경제론 전체를 하나의 체계화된 이론으로 보는 것은 물론이고 하나의 이론적 흐름으로 분류하기도 점차 어려워졌다. 하지만 넓게 보자면 톰슨 이후 도덕경제 개념을 토대로 활발하게 이루어진 논의들은 "경제 행위자나 구조의 도덕적 권리, 역할 혹은 의무에 관한 대중적 관념"(Sandberg, 2015: 176)이 어떻게 때로는 자유 시장 원리와 충돌하면서 다양한 경제 현상에 영향을 미치는지를 탐구했다. 1971년 톰슨의 이정표적 논문이 출판된 이후 도덕경제 개념은 역사학뿐 아니라 사회학, 정치학, 인류학 등 여러 학문 분야에서도 널리 활용되었다.

이 장은 언론의 경제적 측면을 이해하는 데 도덕경제론이 어떤 함의를 줄 수 있으며, 언론학 이론에서 어떤 의미가 있는지 살펴보고자 한다. 하지만 도덕경제론을 미디어 경제 현상을 보는 하나의 시각으로 체계화하거나 적용하는 데 목적을 두지는 않는다. 도덕경제론의 현 상태를 감안하면 그러한 작업은 도덕경제론에게 감당하기 어려운 과중한 이론적 부담을 지우는 일이기 때문이다. 그보다는 기존의 도덕경제론에서 다룬 주요 개념과 쟁점을 소개하고, 이 논의가 미디어 연구에 적용된 일부 사례를 검토하면서, 앞으로 미디어 경제를 이해하는 데 주는 함의나 쟁점을 검토하려 한다. 도덕경제론은 미디어 정치경제학이 왜 현실 개혁이라는 도덕적 규범의 전제하에 출발했는지 이해하는 데도 도움이 될 것이다.

2. 도덕경제 개념과 쟁점

역사적 개념과 이론적 개념

도덕경제는 톰슨에 의해 본격적으로 학술 용어로 통용되기 시작했다. 하지만 이 용어는 여러 학문 분야에서 널리 사용되면서 원래 용례에서 벗어나 사용자나 맥락에 따라 의미의 폭이 매우 넓은 불명확한 개념으로 점차 바뀌었다. 요안나 시메앙Johanna Siméant(2015)은 여러 문헌에서 사용된 도덕경제 개념의 용례를 세 가지로 유형화했는데, 이 논의와 관련해서 의미 있는 유형은 두 가지다.[2]

도덕경제의 첫 번째 유형은 경제적 격동기를 배경으로 발생하는 "생존을 둘러싼 갈등, 가부장적 권위, 대중의 발상, 상호 기대 간의 상호작용"(Siméant, 2015: 168) 등에 대한 대응 양식을 지칭한다. 이 유형은 상대적으로 역사적 맥락성과 구체성을 강조하는 개념으로 톰슨과 수잰 스콧Suzanne Scott(1976)의 문헌에서 전형적으로 발견할 수 있다. 가령 톰슨은 자본

2 이 밖에도 도덕경제는 가치, 규범, 문화 등의 도덕적 구조를 폭넓게 지칭하는 데 사용되기도 한다. 이 용례에서 도덕경제론은 도덕을 광범위하고 때로는 무분별하게 사용하기 때문에 경제와 관련성이 매우 희박해지고 문화, 규범, 가치와 사실상 동의어처럼 간주하기도 한다(Siméant, 2015: 169). 이는 도덕경제 개념에서 도덕을 사실상 생산, 소비, 생존 영역과의 연계를 폐기한다는 점에서 여기서는 논의 대상에서 배제하였다.

주의 제도와 이념이 형성되던 시기이던 18세기를 배경으로 당시의 경제적 변화에 대한 농민의 폭력적 대응 방식을 설명하는 역사적 개념으로 이 용어를 사용했다. 톰슨이 농민 폭동 연구에서 도덕경제의 사례로 언급한 전통적 경제 모델은 이상으로 설정된 관념적 허구이면서도 18세기까지만 해도 실제로 존재하던 실체로 파악된다. 이 관념은 성문법이나 관습법, 공동체의 관습 등 다양한 형태로 흩어져 존재하다가 비상 상황이 발생할 경우 구성원이 내세우는 주장의 근거 구실을 했다는 것이다(Götz, 2015: 152). 말하자면 톰슨은 도덕경제를 일종의 규범적 개념으로 간주하면서도 특수한 역사적 기반성을 지니는 개념으로 한정한다. 톰슨은 도덕경제라는 용어가 특수한 역사적 맥락에서 통용되는 개념이기 때문에, "가치나 도덕적 태도" 같은 도덕경제의 구성 요소를 "특정한 역사 구성체의 맥락에서 분리해" 다양한 용도로 일반화해 적용하는 데 반대했다(Thompson, 1991: 340).

도덕경제의 두 번째 유형은 칼 폴라니Karl Polanyi(2001)가 말한 "경제 활동의 사회적 배태성," 즉 경제가 사회 속에 '묻혀 있음embeddedness'을 강조한다는 점에서 상대적으로 포괄적이고 일반적인 개념이다. 경제는 사회와 무관하게 자율적 원리에 따라 작동하는 별개 영역이 아니라 정치, 종교, 사회관계에 종속되어 있다는 점을 강조한다(Block, 2001: xxiii~xxiv; Booth, 1994; Sayer, 2001). 이 틀에서 볼 때 생산과 경제적 교환 영역은 다른 사회 영역과 분리될 수 없으며, 부분적으로는 사회경제적 관계에 선행하면서 그 관계에 의미를 부여하는 도덕관념과도 떼놓고 파악할 수 없다(Siméant, 2015: 169). 따라서 이 용례에서 도덕경제는 톰슨의 개념화와 달리 특정한 시기나 맥락에만 적용되는 역사적 현상이나 개념이 아니라 경제와 사회, 도덕, 규범 간의 밀접한 관련성을 지칭하는 일반적 개념으로 바뀐다.

여기서 톰슨식의 첫 번째 도덕경제 개념은 유용성과 한계점을 동시에 보여 준다. 톰슨의 도덕경제론은 시장 논리가 전통적인 생활방식이나 비시장적 영역에서 초래하는 변화를 분석하는 데 유용한 시사점을 준다. 하지만 톰슨의 개념은 공동체를 강조하는 전통적 경제관과 새로 부상하는 시장 경제 모델을 도덕 대 비도덕이라는 선악의 틀로 대비시키면서, 과거를 잃어버린 낙원으로, 현재를 타락과 쇠퇴로 설정하는 이원론적이고 진화론적인 역사관을 상정하는 경향이 있다.[3] 이 관점에서 보면 자본주의 등장기의 사회 변화는 공동체 도덕이 폐기되고 그 대신 자본주의의 냉혹한 시장 논리가 부상하는 역사적 퇴행 과정으로만 파악된다(Gotz, 2015: 154). 결과적으로 이 개념화 유형은 현재의 경제 현실을 진단하는 개념적 틀이라기보다는 시장 경제의 주변부나 과거를 낭만화하는

3 톰슨은 경제학을 도덕적 엄명moral imperative과 무관하게 객관적 메커니즘을 갖춘 비규범적 연구 영역으로 간주했는데(Götz, 2015: 153), 이러한 인식은 그리 놀랄 일이 아니다.

역사적 회고주의에 흐를 우려가 있다.

톰슨 이후 쏟아진 후속 연구에서 도덕경제가 주로 복고적 관점에서 현 체제를 비판하는 "시장 체제 비판자들의 구호"(Götz, 2015: 155)처럼 통용된 데서도 이러한 징후를 엿볼 수 있다. 실제로 톰슨의 연구에 자극받아 다양한 역사적 시기와 국가의 사례를 도덕경제론 시각에서 분석한 연구가 잇따라 나왔다. 동남아시아의 농민 봉기(Scott, 1976), 1919년 아프리카 시에라 레오네의 노동자 파업과 폭동(Abdullah, 1994), 이집트의 노동자 저항(Posusney, 1993) 등에 관한 연구가 이 사례에 해당한다. 이 연구들은 모두 새로운 자본주의 체제 등장으로 전통적 공동체 중심의 경제 규범이 위기에 처한 데 대한 대중의 불만과 저항에서 전형적인 도덕경제의 사례를 발견해 낸다(Siméant, 2015: 167~168).

도덕경제론에서 함의를 모색하는 사회과학자에게, 역사적 특수성과 사례를 강조하는 톰슨의 도덕경제론은 장점이자 한계의 원천이다. 현대 자본주의에서 새롭게 등장하는 다양한 현상에 이 역사적 맥락 의존적인 도덕경제 개념을 적용하기는 쉽지 않으며 그만큼 개념의 유용성도 제한적이다. 더구나 '도덕moral'과 '경제economy'처럼 인문사회과학에서 보편적인 두 개념을 합성한 도덕경제라는 단어가 톰슨의 경우처럼 특수한 맥락적 의미로만 한정되어 사용된다는 것은 이례적이며 논리적으로 모순되기까지 하다(Götz, 2015: 155).

반면에 앞서 언급한 두 번째 개념을 취하는 학자들은 톰슨의 역사적 개념이 상정하는 근대 초창기의 가치 체계에서 도덕경제를 분리해 현대인의 경제적 선택에 핵심적인 메커니즘을 파악하는 개념으로 재구성할 수 있다고 주장한다(Götz, 2015: 148). 이들은 신고전주의 시장이론에서처럼 개인 효용이라는 물질적 교환 원리로 작동하는 현상에만 도덕경제의 관심사를 국한할 필요는 없다고 본다. 다양한 경제적 자원 할당 행위는 사회적 산물인 관념적 기대치에 의해 동기 부여되는 만큼 이 행위의 특징을 조명하는 데 도덕경제 개념을 두루 활용할 수 있다는 것이다.

이러한 대안적 관점에서 톰슨의 역사적 사례를 재해석하면, 18세기 농민 폭동은 두 가지 대립하는 자원 할당 모델 간 충돌에서 유래한 결과로 재평가할 수 있다. 애덤 스미스Adam Smith와 톰슨의 논의로 대변되는 당시의 두 가지 경제 모델 모두 설득력 있는 도덕적 근거 없이는 이념적 헤게모니를 행사할 수 없었을 것이다(Genovese, 1973: 166). '좋은' 도덕이든 '나쁜' 도덕이든 두 모델 모두 규범적 가치에 근거한다는 뜻이며, 이러한 이념적 가치 기반을 철저하게 규명하는 작업이 도덕경제론의 과제라는 것이다. 이렇게 재구성된 관점에서 보면 규범적 가치는 옳고 그름이 자명한 전제가 아니라 비판적 규명이 필요한 연구 대상으로 바뀌게 된다.

자원 배분과 이용을 포함하는 넓은 의미의 경제 현상에서는 경제와 경제 외적 요인들이 동시에 작용하는데, 이 복합적 사회 현상의 작동 메커니즘을 규명하는 데 도덕경제론은 중요한 준거 틀 역할을 할 수 있다. 하지만 지금까지 도덕경제론에서 영향을 받은 많은 연구가 아직 이 수준까지 논의를 정교하게 발전시키지는 못했다. 도덕경제론의 일각에서는 비판적 사회과학의 전통을 따라 도덕을 특정한 가치(자본주의의 극복)에 대한 헌신으로 설정하면서 논의의 적용 범위를 좁히는 결과를 초래하기도 했다. 다른 한편으로는 '도덕'을 규범적 가치, 비시장 부분, 심지어 문화 일반으로까지 과도하게 확장해 해석하는 바람에 도덕경제론은 개념적 혼선을 빚고 비판적 사회 분석 틀로서 유용성을 상실하기도 했다. 이처럼 실제로 도덕경제 개념에 근거한 수많은 논의가 시장 논리 비판이라는 공통점은 있지만 경제 현상의 윤리적 맥락성이라는 명제에 어떠한 윤리적 내용이 포함되는지에 대해서는 합의를 이끌어 내지 못했다. 이러한 공백이 존재한다는 사실은 도덕경제론을 현실에 적용하려면 폭넓고 정교한 개념화 작업이 필요하다는 사실을 역설적으로 보여 준다.

'도덕경제' 개념의 구성 요소

기본적으로 도덕경제는 경제적 측면과 도덕 요소가 결합한 개념이다. 도덕경제 개념에서 특히 논란의 여지가 큰 부분은 도덕을 어떻게 개념화할 것이며, 여기에는 어떠한 요소가 포함, 연관되는가 하는 문제다. 도덕경제 개념과 관련된 기존 논의 중 여기서 큰 함의를 준다고 판단한 쟁점은 다음과 같다.

관계 기반의 개념

도덕경제는 공동체 내부의 구성원이나 집단 간의 관계에 관한 규범을 둘러싸고 벌어지는 갈등에 초점을 둔다는 점에서 '관계 기반적' 개념이라 할 수 있다. 톰슨의 역사적 사례에서 도덕경제는 군중이 생존권과 공정한 가격을 요구할 권리를 의미했는데, 이 요구가 지니는 구속력은 민중이 권력층에게 바치는 충성심에 대한 반대급부의 성격을 띤다. 따라서 도덕경제는 당시의 권력관계가 전제하던 상호성과 관계성에 기반을 둔다는 점에서 다자적이고 역동적인 개념이다. 시메앙(Siméant, 2015: 165)은 바로 이 점에 주목해 도덕경제를 "관계 기반적 정당성의 개념relational conception of legitimacy"으로 규정했다.

여러 문헌에서는 공동체 '규범'과 관련된 행위자나 주체를 종종 언급하는데, 여기서 도덕경제를 둘러싸고 형성된 관계의 성격을 유추해 낼 수 있다. 스콧(Scott, 1976)은 도덕경제를 '상호성 규범'과 생존권rights to subsistence으로 파악했다는 점에서 도덕경제의 상호적 특성을 강조했다. 나아가 찰스 틸리Charles Tilly는 어떤 상품에 대한 권리 주장자claimants가 그 상품에 대한 비화폐적 권리를 요구하고, 제3자가 이 주장을 지지하는 행동을 취할 때 도덕경제가 성립한다는 좀 더 다자적이고 체계화된 관계 개념을 제시했다. 도덕경제는 상품 소유자, 권리 주장자, 제3자 사이에 성립하는 관계를 기반으로 이들에게 공통적으로 적용되는 권리라는 것이다. 틸리와 톰슨의 도덕경제 개념은 크게 권리 주장자와 권리 영역이라는 두 요소로 구성된다(Götz, 2015: 155).

지금까지 언급한 학자들은 도덕경제에서 작동하는 도덕적 권리를 상호성의 관점에서 파악했다. 하지만 이 권리는 상호적이긴 하나, 혁명이나 폭동 따위의 극단 상황에서 주로 빈곤층인 권리 수혜자의 적극적인 주장에 지배층이 소극적으로 대응하는 다소 일방적 성격을 지녔다. 그렇다면 만일 톰슨이나 스콧이 다룬 농민 혁명 등의 저항 운동 상황과 달리 도덕적 권리를 적극적으로 주장하는 행위자층을 가시적으로 확인하기 어려울 경우에도 도덕경제 개념을 적용할 수 있을까? 예컨대 복지 국가나 사회주의 체제에 도덕경제를 적용하는 연구가 적지 않은데, 이 경우 권리 주장자와 권리 영역은 구체적으로 어떻게 확인할 수 있는가? 도덕경제의 초점을 빈곤층 중심에서 벗어나 경제적 선택을 도덕적으로 구사하는 방식으로, 즉 거시적인 체제 차원의 경제적 공급 측면으로 옮겨 가야 한다는 주장은 바로 이러한 맥락에서 제기되었다. 이렇게 되면 도덕경제론은 일부 주변부 비시장 영역에서 발생하는 복고주의적 투쟁에 관한 연구에서 벗어나 현대 자본주의의 다양한 현상을 다루는 데도 시사점을 던져 줄 수 있다.

도덕적 규범이란 무엇인가

그렇다면 도덕경제에서 '도덕'이란 무엇을 의미하며 도덕적 규범을 구성하는 요소에는 어떤 것이 있는가? 톰슨에 따르면,

기근 발생 시에 식량 판매와 관련해서 "식별 가능한 일군의 신념, 용례, 형태"가 존재하며 이는 하나의 공통된 용어로 집약된다. 기근에 의해 발생한 '감정,' 군중이 권력층에게 제기한 '주장,' 삶을 위협하는 위기 상황에서 일부 부유층의 이기적 이윤 추구로 촉발된 '분노' 등은 저항에 특수한 '도덕적' 추진력을 부여하게 되는데, 톰슨은 이를 총칭해 도덕경제로 불렀다(Thompson, 1991: 338). 이 밖에도 톰슨의 글에서는 "가정"과 "담론," "사회적 규범과 의무," "공동체 내 여러 당사자의 적절한 경제적 기능에 관한 전통적인 견해"(271), "가치," "직업 규범," "관습," "성문법"(338), "규범norm"이나 "인지 구조cognitive structure"(351) 등 도덕경제를 지칭하는 다양한 유관 단어가 등장한다.

톰슨의 개념화 방식에서 제기되는 특징이자 쟁점은 다음 몇 가지로 정리할 수 있다. 첫째, 도덕경제는 공유된 문화의 다양한 층위를 지칭하는 경향이 있다. 여기에는 비정형화된 감정에서 시작해 태도, 인지 구조, 규범과 권리, 행동 양식에 이르기까지 구성원이 공유하는 주관성의 폭넓은 범위를 아우른다. 톰슨이 사용한 개념의 용례를 성격별로 분류해 보면, 도덕경제의 전제(신념, 가정), 근거(직업 규범, 관습, 성문법, 정당성), 표현 방식(저항, 감정, 분노, 주장) 등 해당 단어와 관련된 다양한 의미 층위를 망라한다.

톰슨은 도덕규범의 한 예로 공정한 가격 책정의 권리를 언급하는데, 권리라는 용어는 당위적이고 행위 구속적 성격의 진술문 형태로 표현될 수 있음을 함축한다. 하지만 이러한 진술 형태로 체계화하기 어려운 분노나 연민 따위의 비정형화된 감정도 구성원 간에 공감대를 형성한다면 도덕경제의 요소로 포함할 수 있다고 본다. 톰슨은 이 도덕경제의 여러 요소가 마치 서로 갈등하지 않고 조화를 이루는 것처럼 가정하는 경향이 있다. 18세기 식량 기근 시기에 군중의 폭력적 저항 행위의 근거가 된 도덕경제는 어떤 형식(분노, 주장)으로 표현되든 공동체가 공유하는 전제와 근거에 정당성의 기반을 둔다고 보는 것 같다. 그렇다면 이처럼 다양한 요소 간의 모순이나 갈등이 발생할 가능성은 없을까?

둘째, 톰슨이 말한 도덕경제에는 선과 악, 옳고 그름 등의 규범적 가치 판단이 내재한다. 규범적 탐구로서 도덕경제는 사람들의 삶에 미치는 영향이라는 측면에서 경제 체제, 행동, 동기 등을 '평가'하는 작업을 포함한다. 이 평가에는 옳고 그름의 판단과 더 나은 대안적 삶의 가능성과 규범적 당위성을 상상하는 비판적 사고가 따른다(Sayer, 2000: 80~81). 톰슨의 연구는 단지 자본주의 이전의 역사적 사례를 연구 대상으로 선택했다는 데 그치지 않고, 경제가 사회 속에 뿌리내린 과거 공동체 사회의 이상에 비추어 현재의 시장 체제를 비판한다는 점에서 규범적 판단을 내포한다.

셋째, 도덕경제가 포함하는 도덕규범은 자의적이고 당위적인 가치 판단에 근거하는데, 이 판단이 과연 정당성의 근거를 갖추었는가 하는 비판이 제기될 수 있다. 톰슨의 도덕경제 개념은 현대적인 시장 체제의 등장으로 점차 사라진 관습적 삶의 총체적 방식을 지칭한다는 점에서 개념적으로 느슨한 우산 용어에 가까웠다(Götz, 2015: 147). 여기서 톰슨은 전통적 삶의 모델과 새로운 시장 모델을 도덕적 선악의 대립 관계로 당연시하면서 과도하게 이분법적 대비를 시도하는 오류에 빠진다.[4]

톰슨이 시사한 것처럼 전통적인 가부장주의 경제 모델에서 통용되던 관습이나 규범을 모두 이상화하기는 어렵다. 어떤 면에서 이는 편견과 인습적 예속으로 오염되고 신분 사회의 권력 관계에 의해 타협된 산물이다. 새로 부상하던 시장 모델은 바로 이를 타파하고 개개인에게 자신의 삶에 대한 통제권을 부여했다는 점에서는 사실상 긍정적이고 진보적인 측면도 있었다. 자본주의 경제 모델은 도구적 가치를 근간으로

4 톰슨의 단순화된 모델은 이후 연구에도 상당한 영향을 미쳤다. 톰슨 이후의 연구 중에서도 도덕경제를 단순히 관습, 전통, 비시장적 교환과 동일시하면서 '문화 일반'이라는 광범위한 의미로 해석하는 사례도 있었는데, 이 경우 무비판적으로 구시대의 관습과 전통을 정당한 가치로 당연시하는 오류를 범한다. 무스타파 도간Mustafa Dogan(2010)은 1980년대 터키의 자유주의 경제 정책에 대한 노동조합의 저항 사례를 연구하면서, 노동자들은 새 정책을 조직화된 노동자의 도덕경제에 대한 공격으로 인식했다고 기술했다. 물론 새 정책이 노동자층의 임금과 혜택에 타격을 입힌 것은 사실이지만, 어떤 점에서 도덕경제를 위협하는 원인이 되었는지는 확실하게 밝히지 않았다. 도간처럼 전통과 관습을 도덕경제와 동일시할 경우 도덕경제는 규범적 가치에 근거한 개념이 아니라 위장된 이권 투쟁으로 전락할 우려가 있다(Sandberg, 2015: 178).

한다는 점에서는 비도덕적이긴 하지만, 자본주의 이전의 경제 역시 반드시 도덕적이었다고만 할 수는 없다. 만약 현대의 경제에 작동하는 규범으로서 도덕경제를 평가하려 한다면, 이 규범은 톰슨의 도식에서처럼 손쉽게 선악으로 양분되지 않으며 비판적 검토와 정당화 작업이 필요한 미완의 과제가 된다(Sayer, 2000: 88~90).

따라서 도덕경제는 가치 판단을 기반으로 하되 이 개념이 지향하는 가치는 나름대로 보편적 호소력과 정당성을 갖추어야 한다. 도덕경제는 경제 활동과 관련하여 타인에 대한 개인과 기관의 책임과 권리에 관한 규범norms과 감정sentiments을 구현한 것인데, 이 규범과 감정은 정의와 평등 문제를 넘어서 선의 개념에까지 도달한다. 따라서 도덕경제가 지칭하는 도덕규범은 톰슨의 연구에서처럼 시장의 등장 이전 시기나 시장 외부에 존재하는 비주류 사회에 적용되는 데 그치지 않고, 현대 자본주의 사회에서도 존재하면서 영향을 미치게 된다(Sayer, 2000: 79). 도덕경제 개념이 시대적 편견에 사로잡히지 않고 정당성을 지니려면 경제 행위에서 경험적인 문제로 당연시되는 가치나 전제를 규범적인 타당성 문제로 전환해 비판적 검토 대상으로 올려놓을 필요가 있다(Sayer, 2000: 94). 지금까지 도덕경제 개념은 경제적 맥락에서 윤리적, 도덕적 차원의 작동 방식에 주목하면서도 정작 이 도덕이 구체적으로 어떤 의미이며 어떤 가치를 지향하는지는 아직 체계적으로 규명하지 않았다(Götz, 2015: 155). 도덕경제에서 도덕의 측면을 구성하는 규범적 요소의 내용이나 성격 규명은 아직 미해결 과제로 남아 있다.

무엇을 위한 이론인가

도덕경제 개념을 활용, 적용하는 연구를 수행한다는 것은 학술적으로 어떤 의미가 있는가? 이는 어떤 목적을 지향하며 어떤 점에서 기여할 수 있는가? 그 과정에서 도덕경제라는 개념은 어떤 역할을 하고, 그 결과는 어떤 형태의 지식을 산출하게 되는가?

이러한 질문과 관련하여 우선 도덕경제에 의존하는 몇몇 연구에서 가장 가시적이고 직접적 목적은 "어떤 사건이나 구조의 발생을 설명"하는 데 있다(Sandberg, 2015: 179). 톰슨의 선구적 연구는 18세기 농민 식량 폭동이라는 특정한 사건의 발생 과정을 새로운 관점에서 해석하려 했다는 점에서 의미가 있다. 이 사건은 현대인의 시각으로 보면 굶주림으로 촉발된 감정적이고 즉흥적이며 비합리적인 집단 반응에 불과하지만, 도덕경제론은 이를 당시의 공동체 규범에 따라 전개된 합리적이고 정당한 대응으로 재해석했다. 이 점에서 도덕경제는 이 사건의 역사적 의미를 재평가하고 잘 설명해 주는 유용한 개념 틀 구실을 한다.

하지만 연구 대상을 현대로 옮겨오면 톰슨식의 도덕경제로 '설명'할 수 있는 현상의 범위는 대폭 축소된다. 이 틀에 잘 들어맞는 현상은 주로 자본주의 시장 경제에서 주변부나 전근대 단계의 사회에 더 치중되어 있어, 개념의 유용성은 상대적으로 떨어진다. 하지만 좀 더 관대한 시각에서 보자면 현상 설명이라는 목적까지 도달하지는 못한다 할지라도 소박하게 어떤 현상의 '이해'에 기여하거나, 적어도 사회적 삶에서 이전에 제대로 탐구되지 않은 측면을 조명하는 데 기여하는 연구도 적지 않다(Sandberg, 2015: 179).

요아킴 산드베리Joakim Sandberg는 이러한 접근 방식을 '관점화perspectivising'로 명명하는데, 독일의 연금 제도에 관한 마르틴 콜리Martin Kohli(1987)의 연구가 전형적인 사례에 해당한다. 역사적으로 독일의 노인 부양 제도에서는 가족 유대에 근거한 노후 부양 방식보다 공적 자금에 의해 운영되는 연금 제도가 잘 발달했는데, 이는 독일의 대중적 도덕성에 내재하는 도덕경제 측면에서 파악할 수 있다. 콜리의 도덕경제론에서 이 해석은 주된 요지라고 할 수는 없지만, 적어도 연구 결과에서 이러한 함의를 도출할 수 있다는 것이다. 이 경우 도덕경제는 현상을 체계적으로 설명하지는 못하지만 적어도 현상의 의미나 중요한 측면을 조명하는 데 기여한 셈이다.

물론 도덕경제론의 이러한 특성은 이론적 개념으로 적용되기에는 지나치게 느슨하고 불명확한 이론적 자원에 불과하다는 비판을 받을 소지가 크다. 서로 공통점이 많지 않은 다양한 연구가 도덕경제라는 비슷한 제목을 붙인 채 나오고 있는 것도 이 점과 무관하지 않다. 현 단계에서는 미디어 경제를 보는 데 유용한 하나의 체계적인 이론적 패러다임으로 도덕경제를 접목하려는 시도는 다소 지나친 과욕이라고 할 수도 있다. 이러한 한계를 감안하면 도덕경제론은 좀 더 소박한 차원에서 규범적 함의를 지니는 현상의 중요성을 부각한다는 데 의의를 찾을 수 있다. 연구 대상 선택 행위 자체가 규범적 함축을 지닐 수도 있으며, 사건 발생 과정을 설명해 주는 요인 선택에도 비슷하게 규범성이 작동할 수 있다(Sandberg, 2015: 180).

도덕경제는 연구 대상을 지칭하는 동시에 탐구 유형도 가리킨다. 우선 연구 대상으로서 도덕경제는 경제 활동과 도덕적 규범이 서로 교차하면서 영향을 주고받는 방식, 즉 넓은 의미에서 경제 활동이 도덕적, 정치적 규범과 감정에서 어떻게 영향을 받으며, 경제적 요인에 의해 이 규범들이 어떻게 절충되는지를 탐구한다. 연구 유형으로서의 도덕경제는 앞서 언급한 현상이 작동하는 방식을 실증적이고 분석적으로 탐구할 뿐 아니라 이 작동 방식에 대해 평가를 내리고 더 바람직한 대안을 모색하기도 한다(Sayer, 2000: 80).

그렇다면 도덕경제론은 이론적 자원으로서 무슨 의의가 있을까? 우선 도덕경제는 현상을 이해하는 데 유용하기는 하지만, 그 개념 자체는 어떤 설명력도, 가치의 옳고 그름에 대한 판단도 제공해 주지 않는다는 점을 유념할 필요가 있다. 도덕경제의 관점에서 경제 현상을 접근하면 시장의 문제점을 비판적 검토 대상으로 제기하는 문제의식을 갖게 되지만, 동시에 자칫 시장의 외부, 즉 비시장 영역을 지나치게 낭만화하는 위험에 빠질 수도 있다. 이 때문에 도덕경제론은 사회와 시장 간의 "복합적이고, 국지화되고, 불연속적인 이행"을 탐구하며, 이를 통해 오늘날의 시장 교환을 구성하는 다양한 갈래를 파악할 수 있어야 한다(Siméant, 2015: 170).

도덕경제는 시장에서 비시장으로 이어지는 과정을 인과적으로 설명하는 이론적 지름길을 제공해 주지 않는다. 또한 시장의 한계를 비판적으로 검토하지만 그 대안으로의 이행이 어떻게 이루어졌는지 설명하는 분석적 정교함은 아쉽게도 도덕경제론의 이론적 체계성보다는 연구자 개인의 분석 능력에 달려 있다. 이렇게 보면 도덕경제는 시장과 비시장의 관계를 설명해 주는 틀이 아니라 이 작업의 시작이자 이러한 설명의 가능성이 구현되는 도덕적, 지적 맥락을 탐구하는 작업으로 보아야 한다. 도덕경제 개념에 근거한 분석은 "인과적 설명보다는 일종의 진한 묘사thick description 작업을 함축"한다. 이 때문에 개념적 측면에서 보면 도덕경제는 "설명의 틀이라기보다 관찰의 지침"에 더 가깝다(Siméant, 2015: 170~171)고 할 수 있다.

3. 도덕경제 개념은 어디에 적용되는가

도덕경제론은 경제 현상에서 관련 행위자의 선택에 영향을 미치는 행위 규범에 관심을 둔다는 점에서 경제학과 사회과학의 관심사가 교차하는 지점을 재조명했다. 톰슨의 선구적 연구는 바로 이처럼 공동체 내의 경제 현상에서 통용되는 행위 규범을 놓고 집단 간에 해석이 달라질 때 발생하는 갈등을 탐구하였다. 스콧(Scott, 1976)이나 이후의 여러 연구는 주로 역사적 이행기, 혹은 자본주의 시장 경제의 주변 영역에서 벌어지는 갈등과 투쟁에 도덕경제 개념을 적용하였다. 도덕경제는 역사학에서 시작했지만 여러 사회과학 분야에서 복지 국가와 연금 제도, 노동 시장, 공정 무역 운동 등 자본주의 시장 논리와 전통적, 대안적 이념 간의 접경지대에 속하는 다양한 주제의 연구에 활용되었다.

미디어는 역사적 전환기뿐 아니라 동시대 내에서도 시장 논리와 공동체 규범이 갈등, 상충, 공존, 타협하는 사회 영역이라는 점에서 도덕경제를 적용해 볼 만한 사례로서 전형적인 특성을 갖고 있다. 미디어 연구에서 도덕경제 개념은 오랫동안 주목받지 못했으나 최근 탐색적 수준에서 이를 다양한 미디어 현상에 적용해 보려는 시도가 나오기 시작했다(임영호·김은진·홍찬이, 2008; Calabrese, 2005; Hesmondhalgh, 2017; Jenkins, 1988; Murdock, 2011). 다음은 도덕경제 개념이 미디어 연구 영역에 적용된 연구의 의미, 그리고 장차 적용될 만한 주제와 그 시사점을 탐색해 본다.

전통적·비시장 영역과 시장 영역

도덕경제 개념은 무엇보다 미디어 부문에서 시장 영역과 비시장 부문의 관계에 작용하는 역학을 이해하는 데 풍부한 시사점을 제공한다. 미디어라는 사회적 커뮤니케이션 수단은 마치 물이나 공기, 투표권처럼 민주주의 사회 구성원이 기본 권리를 행사하는 데 필수적인 요소이면서도 시장의 가격 기제에 따라 거래되는 상품이라는 양면성을 지닌다. 이 커뮤니케이션 수단 중 어떤 영역을 시장의 영향을 받지 않는 공적 영역이나 공유지로 유지하고, 어느 것을 시장에 맡길 것이며, 시장 논리에 어느 정도로 제약을 가할 것인가 하는 질문은 경제적 선택 문제이면서도 매우 정치적이고 도덕적인 가치 판단과 합의가 필요하다.

따라서 시장 기제에 근거해 작동하는 미디어 영역의 규제 문제뿐 아니라, 시장과 비시장 영역의 관계나 구분 자체도 우리가 지향하는 사회 체제의 성격에 관해 근본적 질문을 야기한다. 미디어가 상품처럼 거래되는 것은 정당한가? 미디어 접근권을 다른 상품처럼 구매력에 따라 차등화하는 것은 정당한가? 이러한 차등화는 오락물에만 적용할 것인가, 아니면 시사물이나 뉴스에도 해당하는가? 잠재적 구매자의 지불 의사와 능력을 기준으로 삼아 주파수 이용 사업자를 경매로 결정하는 것은 옳은가? 미디어 시장의 자원 배분과 경제 거래 행위에 대한 규제와 정책은 바로 이 질문들에 대한 매우 도덕적이며 논란의 소지가 큰 가치 판단에 근거한다. 또한 그 판단은 사회 구성원 집단에 따라 차별화되는 이질적 가치 체계 간의 투쟁, 갈등, 타협 등의 역학 관계에 따라 구체적으로 형성된다. 이처럼 미디어 경제는 도덕적 규범의 차원과 불가분의 관계를 맺고 있다는 점에서 미디어 경제 연구에서 도덕경제론이 시사하는 부분은 적지 않다.

가장 거시적 수준에서 미디어 체제는 미디어 산업에서 관련 행위자 간의 경제적 거래를 조직화하는 방식에 관한 것인데, 이것 역시 도덕적, 규범적 가치에 근거한다는 점에서 도덕경제가 작동하는 사례라고 할 수 있다. 시장주의자의 탈규제론에서 주장하는 명제 역시 순수한 경제학 원리에 그치지 않고 인간과 시장 작동에 관한 수많은 규범적 가정에 근거한다. 미디어 산업 체제와 정책은 어떤 것이 소비자인 수용자의 복지를 충족하는 효과적인 방안이라고 보는지에 따라 선택 결과가 달라진다. 이 관점은 이용자들이 주어진 상황에서 특정한 방향으로 경제 행위를 선택할 것이라는 가정에 의존하는데, 이 역시 매우 규범적인 가치 판단에 근거한다.

현재 미디어 경제 현상에 작동하면서 영향을 미치는 도덕경제 모델은 어떤 것이 있으며, 이 규범적 모델은 여러 정책적 쟁점이나 현상을 이해하는 데 어떤 시사점을 주는가? 이 질문과 관련해 미디어 정치경제학자 그레이엄 머독Graham Murdock(2011)은 미디어 부문을 지배하는 세 가지 도덕경제 모델을 유형화해서 제시하는데, 그의 유형화는 미디어 경제

표 1 세 가지 경쟁적 도덕경제 모델

	자본	국가	시민사회
거래 형태	상품	공공재	증여
운영 기반	가격	세금	상호부조
참여 방식	사적 소유	공동 이용	공동 창작
주체	소비자	시민	주민communards
추구하는 가치	자유	평등	상호성

출처: Murdock, 2011: 18.

현상의 역사적 추이와 현재의 실태를 파악하는 데 유용한 출발점을 제공해 준다.[5] 머독은 경제적 재화의 생산과 교환, 소비라는 경제 현상을 구성하는 사회적 틀에는 어떤 근본적 도덕 가치가 개입한다고 간주한다. 머독은 바로 이 점에서 출발해 미디어 산업의 경제적 거래를 조직화하는 기존의 사회적 방식을 세 가지 도덕경제 모델로 분류하는데, 이는 바로 자본, 국가, 시민사회 중심 모델이다(Murdock, 2011). 이 세 가지 모델은 오늘날 미디어 경제 현상에서 경제 거래의 작동 방

5 미디어 정치경제학은 비판적 시각의 한 갈래로서 반자본적 가치 옹호라는 점에서 톰슨의 도덕경제론과 비슷한 특징을 보여 준다. 물론 미디어 정치경제학은 원래 미디어 자본의 작동 양식에 주로 관심을 두고, 도덕경제론은 규범이 경제에 영향을 미치는 방식에 초점을 둔다는 점에서 양자는 개념적으로 구분할 필요가 있다. 하지만 실제로 양자는 비슷한 가치 전제에서 자본주의 경제 현실을 비판적으로 분석한다는 점에서 유사점이 적지 않다.

식과 그 근저에 작용하는 규범을 유형화한 것으로 평가할 수 있다.

우선 자본 중심 모델은 전통적인 올드 미디어에서 지배적인 도덕경제 모델이었다(신문과 미국의 상업 방송이 대표적인 예다). 이는 사적 소유와 이윤 극대화 원리를 근간으로 삼는 모델인데, 1980년대 이후에는 전 세계적인 신자유주의의 흐름 속에서 다른 영역에까지 영향력을 확대해 가고 있다. 이 모델은 소비자 선택권 확대와 자원의 효율적인 배분, 활용이라는 이점을 정당성의 근거로 삼는다. 반면에 의견과 여론 영역에서는 독점화에 따른 다양성 감소라는 폐해로 비판받는 모델이기도 하다.

국가 중심 모델은 유럽 여러 나라의 공영 방송 제도(영국의 BBC가 전형적인 사례다)에서 흔히 발견할 수 있는 모델이다. 이는 미디어를 공적인 서비스로 간주하고 국가 주도로 공적 공간 공유화를 통해 다양한 집단에게 미디어 접근권을 보장하는 것을 목표로 삼는다. 자본 중심 모델에서는 미디어 상품 제공이 수요와 공급에 의한 가격 결정 원리에 의존하는 것과 달리, 공영 미디어는 공적 자금으로 유지되므로 시장의 부침에 따른 압박에서 비교적 자유롭다. 하지만 제도화된 관료적 통제 위주로 운영되는 데서 발생하는 경제적 비효율성은 신자유주의 등장 이후 시장주의에 공격 명분을 제공하였다.

시민사회 중심 모델은 시민들의 자발성과 참여에 근거한 도덕경제 유형이다. 오랫동안 이 모델은 기술적 토대나 재원 부족 등의 제약으로 실현 가능성이나 적용 범위가 제한적이어서 사실상 개혁가의 공상 수준에 머물렀다. 하지만 최근 인터넷 발달로 디지털 저장과 온라인 전달이 가능해지면서 시민 간의 증여와 공유를 기반으로 하는 경제 모델의 실현 가능성이 급속하게 확대되었다.[6] 최근 주목받는 '공유 경제' 현상 역시 이 변화를 잘 보여 주는 키워드다. 최근의 기술 환경에서 경제적 부가 가치 생산 방식의 변화를 넘어서, 이윤 창출 지향이라는 시장 제도의 근본적 가정까지도 바꿔 놓는 새로운 도덕 경제 모델의 가능성이 여러 업종에서 주목받고 있다(이용자 참여와 크라우드 소싱이 좋은 예가 될 것이다). 관광 산업에서 숙소를 제공하는 현지인과 여행자를 연결하는 카우치 서핑은 공유 경제를 기반으로 비영리적, 비상업적이고 생태 친화적인 대안적 관광 산업의 가능성을 보여 준 좋은 사례다(Molz, 2013).

종래의 자본 중심과 국가 중심 모델이 모두 직업 전문가 주도로 움직이던 것과 달리, 시민사회 중심 모델은 비영리와 자원봉사 위주의 아마추어 활동에 기반을 둔다(Lessig, 2004: 44). 공유 경제는 이윤 창출과 배분 등 경제적 거래에서 기본으로 간주하던 전통적 규범을 근본적으로 흔들어 놓았다는

6 김경모와 김나래(2013)는 이용자 협업형 뉴스 제작에 관한 연구에서 이용자의 광범위한 참여를 통한 새로운 저널리즘 공동체 형성의 가능성을 탐색하였다. 최근 온라인 환경에서 이용자의 참여 확대로 나타난 변화는 시민사회 모델의 다양한 가능성이 실제로 구현되는 추세를 잘 보여 준다.

점에서 도덕경제론 관점에서도 살펴볼 만한 흥미로운 사례라 할 수 있다.

물론 머독의 학문적 이력에 비추어 볼 때 그의 미디어 도덕경제론에 큰 이론적 중요성을 부여하는 데 대한 반박도 있을 수 있다. 실제로 머독이 도덕경제에 관해서 남긴 업적은 위의 논문 한 편에 불과하다. 머독이 도덕경제라는 용어를 사용한 취지는 아마 그의 미디어 정치경제학이 추구해 온 가치 지향점을 역사적 맥락에서 제시하는 데 있을지도 모른다. 하지만 그의 유형화 작업은 도덕경제론을 미디어 현상에 적용할 때 주목해야 할 중요한 점을 부각했다는 면에서 의미가 있다. 머독의 유형화는 단지 경제적 거래의 제도적 운영 양식뿐 아니라 그 관행의 근저에 흐르는 가치 체계의 변화에 주목했다. 세 경제 모델은 자유, 평등, 상호성 등 추구하는 가치가 다를 뿐 아니라 이 가치가 가져오는 성과를 누리는 주체 역시 다르다. 바로 누구를 위한 도덕경제 모델, 혹은 경제 규범인가 하는 질문에 대해 이 세 모델은 전혀 다른 관점에서 해답을 제시한다. 앞서 살펴보았듯이 머독은 도덕경제를 도덕규범의 내용 영역과 더불어 집단 간의 관계라는 틀 속에서 파악했다는 점 역시 주목할 만하다.

머독의 유형화에 비추어 보면, 최근 수십 년간 미디어 업계에서 전개된 변화는 바로 이 도덕경제 유형 간의 갈등과 투쟁, 타협의 생생한 사례인 셈이다. 그리고 현재 전개되는 기술 환경 변화 속에서 앞으로 우리 사회가 지향해야 할 방향을 놓고 더 많은 논란과 투쟁거리가 부상할 수 있음을 예견할 수 있다. 인터넷은 한편으로는 비상업적인 공유 경제에 근거한 시민사회 모델의 부상을 촉진했지만, 다른 한편으로는 거대 자본에게 미개척지를 자본 영역으로 포섭하는 '디지털 인클로저digital enclosures' 운동의 가능성도 열어 주었다(Murdock, 2011: 28~30). 인터넷은 비영리와 상호 부조 정신으로 출발했지만, 여기서 구글과 페이스북 등 이용자 참여를 수익 모델의 근간으로 삼는 새로운 글로벌 거대 기업이 등장한 것은 이 불길한 가능성이 현실화하고 있음을 보여 준 사례다. 새로운 이용자 참여 모델의 새로운 사례로 부각되는 생산자–이용자 간의 공동 제작과 공동 창작 역시 긍정적 변화의 가능성과 더불어 이용자 참여 행위에 대한 새로운 형태의 무임금 착취 현실을 은폐한다는 점에서 자본과 시민사회 두 모델의 새로운 각축장으로 부상하고 있다(Murdock, 2011: 32).

따지고 보면 적어도 미디어 경제학의 주 관심사인 미디어 산업 부분에서는 경제 현상을 이해하는 틀로서 순수하게 자본 모델이 주류를 이룬 적이 별로 없다. 자본의 힘이 지배적이던 전통적인 올드 미디어 산업 부문(가령 방송 산업)에서도 자본 모델은 국가 중심 모델과 경합하면서 제약을 받았고, 국가마다 특수한 맥락 속에서 집단 간의 타협을 거쳐 미디어 산업의 경제 행위를 규정하는 다양한 절충적인 제도 형태가 산출되곤 했다. 최근 테크놀로지 발전으로 새로운 도덕경제의 가능성이 부상하는 현재의 미디어 환경에서 미디어 제도의 구체적 구현 방식은 훨씬 다양한 형태로 변화해 갈 것이다. 하지만 이때도 적어도 앞서 언급한 세 가지 도덕경제 모델은 서로 치열하게 경합하면서 입지를 확장하려 할 것이다. 도덕경제론은 바로 이 각축 과정을 이해, 평가하고 방향을 모색하는 데, 혹은 이러한 방향에서 이루어지는 논의에 이론적 맥락과 규범적 근거를 부여하는 데 기여할 수 있다.

미디어 생산 과정과 소유권 개념

미디어 경제에 작용하는 도덕경제 문제는 좀 더 구체적인 질문으로 좁혀서 다루어 볼 수도 있는데, 바로 소유권과 이용권 개념이 좋은 예다. 이와 관련해서 다음과 같은 질문을 던져 볼 수 있다. 자본이 미디어를 소유하는 것은 어느 정도까지 허용해야 하며, 어느 정도 규제할 수 있는가? 언론 자유는 대개 언론 미디어의 권리로 이해되는데, 언론 미디어에서 구체적으로 이 권리를 행사하는 주체는 누구인가? 언론사라는 자본의 소유주와 콘텐츠를 생산, 편집하는 종사자의 주장이 상충할 때는 어떻게 대응해야 하는가?

이러한 질문이 쟁점이 된다는 것은, 소유권 개념 자체가 미디어 산업을 지배하는 도덕경제 모델의 핵심 구성 요소라는 뜻이다. 소유권은 자본주의 경제 모델에서 가장 기본적인 전제를 이루는 가치이자 규범이었다. 하지만 그간 미디어 유형마다, 국가마다, 역사적 시기마다 이처럼 미디어 소유권을 놓고 벌어지는 갈등과 타협의 경계 지점은 구체적 맥락에 따라 각기 독특한 방식으로 결정되었다. 역사적으로 볼 때 신문은 대개 광범위하게 사적 소유가 허용된 반면, 방송 미디어 소유권은 일부 국가를 제외하면 상당한 제한이 가해졌다. 또한 소유권이 허용된 미디어라 할지라도 일부 국가에서는 자본의 법적 소유와 실제 운영은 분리되는 편집권이나 편성권 보장이 제도화되었다. 소유 제한이 일반적인 방송 역시 시대 상황에 따라 사적 자본의 소유 허용 정도가 유동적으로 바뀌었다. 즉 소유권 규범은 자본주의 경제 체제에서 자본의 존재 양식을 지배하는 가장 기본적 원리이면서도, 시대나 부문에 따라 논란, 갈등과 투쟁의 대상이었음을 알 수 있다. 이는 미디어 부문에서 소유권은 순수한 경제적 가치가 아니라 상충하는 가치 간의 각축을 통해 도덕경제가 작동하는 대표적 영역이라는 뜻이다.

지금까지 이중 상품 시장dual product market을 근간으로 하는 미디어 상품의 독특한 경제적 특성 때문에 경제적 거래를 통해 형성되는 부가 가치의 권리 귀속 문제 역시 늘 논란의 장이 되었다. 미디어 상품은 물질적인 상품 형태로 거래되는 동시에 이 상품과 접촉하면서 발생하는 광고 효과 때문에 광고 시장에서 수용자 접근권도 거래된다. 바로 '수용자 상품audience commodity'(임영호, 2000; Smythe, 1977, 1978, 1981a, 1981b), 혹은 '주목 경제attention economy'(김예란, 2012; Goldhaber, 1997) 등의 키워드는 미디어 상품의 부가 가치가 창출되는 독특한 과정을 개념화한 것이다. 미디어 상품에 독특한 이 부가 가치는 전적으로 생산자 노동의 산물이 아니라 이용자의 여가 시간 투입에서 부수적으로 발생하는 경제적 가치라는 점에서, 자본이 이를 모두 차지하는 관행은 도덕경제론의 관점에서 보면 논란의 여지가 크다. 시장 경제 내에서도 미디어라는 특수한 영역에서는 전통적인 경제 규범으로 설명하기 어려운 독특한 공백이자 예외적 사례가 존재하는 셈이다.

최근 인터넷 환경에서는 콘텐츠 생산과 유통, 소비 구조가 직업적인 생산자 주도에서 이용자 참여 중심으로 점차 바뀌어 가면서 미디어 생산 과정의 산물에 대한 권리 문제는 더 복잡해졌다. 이제 온라인 환경에서 생산자와 소비자라는 전통적인 구분은 사실상 무의미해졌다. '컨버전스 문화convergence culture'(Jenkins, 2006), '생용자produser'(Bruns, 2008), '좋아요 경제like economy'(Gerlitz & Helmond, 2013) 등의 다양한 용어는 이용자 참여와 기여를 기반으로 하는 새로운 콘텐츠 생산 방식의 추세를 개념적으로 표현해 준다(한선, 2007을 보라). 이는 곧 생산물에 대한 전통적 권리 규범이 변화된 환경에서 논란거리가 되면서, 앞으로 새로운 형태로 재구성, 타협될 여지가 늘어났다는 뜻이다. 블로그나 유튜브 등 개인 미디어 운용에서 발생하는 수익은 플랫폼 사업자와 개인 창작자 사이에 어떻게 배분해야 하는가? 이는 콘텐츠와 수익에 대한 기여도를 어떻게 평가하는지에 따라 해답이 달라지는 문제다. 이러한 변화 추이에 따라 이 현상의 의미와 가능성을 도덕경제 개념으로 탐구한 몇몇 연구도 나왔다.

우선, 조슈아 그린Joshua Green과 헨리 젱킨스Henry Jenkins (2009)는 웹 2.0 환경에서 생산자와 소비자의 경제적 거래 관계를 규정하는 도덕경제가 어떻게 변화했는지를 탐색했다. 이들은 디지털화, 플랫폼 간의 자유로운 유통, 미디어 시장 분화, 특히 콘텐츠의 흐름과 수용에서 소비자의 영향력이 늘어남에 따라 생산자와 소비자의 역학 관계가 크게 바뀌었다는 점에 주목했다. 이용자 생산 콘텐츠가 확대되면서 올드 미디어 시대의 상품 논리는 크게 약화했고, 새로운 현상에 적합한 모델은 아직 도출되지 않은 상태로 있다. 팬 문화의 근간이 된 새로운 '증여 경제gift economy'와 이용자 생산 콘텐츠에서 수익을 추구하는 미디어 기업의 전통적인 '상품 논리'가 서로 충돌하기 때문이다.

이 때문에 새로운 쟁점도 부상하고 있다. 가령 대중 드라마 팬들이 참여해 생산한 콘텐츠를 미디어 기업이 유통시켜 수익을 얻는 관행에 대한 논란도 발생했다. 이렇게 창출된 수익을 기업이 독점하는 행위는 불특정 다수 팬의 창의적 노동에 대한 무임금 착취에 해당하므로(Terranova, 2000), 미디어 기업은 팬 집단에게 수익을 배분하는 것이 공정한가, 아니면 팬 저작물은 원저작에서 파생된 부산물이자 불특정 다수의 참여에서 발생하는 결과이므로, 미디어 기업은 기존 법제를 근거로 저작권을 주장할 수 있는가 하는 질문도 제기되었다. 그린과 젱킨스는 새로운 미디어 환경의 참여 문화로 생산자와 소비자 간에 암묵적으로 존재하던 사회 계약의 재협상과 재구성이 필요하게 되었다고 주장한다. 이는 상품 논리와 문화적 지위 간의 변화된 균형을 반영하는 새 경제 규범, 즉 새로운 도덕경제의 등장을 의미한다는 것이다.

미디어 문화 산업에서 좀 더 구체적인 이슈를 대상으로 이처럼 새로운 도덕경제의 가능성을 탐색한 몇몇 연구도 주목할 만하다. '오픈 소스 소프트웨어open source software' 운동(Elder-Vass, 2015), '크라우드 펀딩'(Scott, 2015), 제도나 플랫폼 간의 경계를 넘어서 발생하는 참여, 공유 논리의 의미(van der Graaf, 2015)에 관한 연구가 대표적인 예다. 테크놀로지 환경이 급격히 변화하는 바람에 전통적인 경제 규범이 통용되기 어려운 공백지대가 다양한 형태로 조성되었다는 인식에서 이 연구들은 출발한다. 따라서 전통적인 사적 소유 규범을 넘어서 새로운 경제 규범의 가능성을 탐색하는 시도가 나온 것은 자연스러운 변화다. 이 연구들은 비록 다루는 주제는 각기 다르지만 새로운 기술 환경에서 전통적인 시장 모델의 대안으로 비시장 도덕경제 모델의 가능성을 모색했다는 점에서 의의가 있다.

예컨대 데이브 엘더배스Dave Elder-Vass(2015)는 인터넷을 통한 '디지털 증여digitla gifts' 현상이 주는 함의를 검토한다. 그는 마르셀 모스Marcel Mauss(1925/2002)의 인류학적 증여 개념에 근거해 인터넷상의 다양한 증여 현상, 가령 웹, 파일 공유, 유튜브, 위키피디아 등의 중요성에 주목한다. 특히 그는 오픈 소스 소프트웨어 운동을 한 사례로 지목하고 이를 상업주의 주류에 대한 대항문화 운동의 한 갈래로 본다. 이는 요하이 벤클러Yochai Benkler(2002: 444)가 말하는 “공유지 기반의 동료 생산commons-based peer production”의 한 형태로서 비물질적 동기에 의해 작동하는 ‘디지털 증여 경제’의 확산 가능성을 보여 주는 전형적인 징후라는 것이다. 엘더베스에 따르면 “디지털 증여는 시장 모델과 경쟁 관계에 있으면서 시장 모델을 잠식한다. 이는 상업 부문에 의해 이용당하면서도 함께 발전하는 역설적인 위치에 있다. 디지털 경제는 현재 도덕경제와 시장 경제 간에 벌어지는 투쟁의 최전선에 있다”(Elder-Vass, 2015: 47). 엘더배스는 여기서 전통적 시장 모델과 대안적 모델이 융합하는 사례를 읽어 낸다. 디지털 증여 경제는 자본주의 시장 모델 안에서 작동한다는 점에서 자본주의를 완전히 대체하는 모델은 되기 어렵지만, 포스트자본주의적 미래에서 수행할 전략적 중요성이 크다는 것이다.

엘더배스가 시장 모델 내부에서 등장하는 비상업적 모델의 가능성을 탐색했다면, 좀 더 온건한 수준에서 시장 모델의 한계를 보완하기 위해 시민 기반의 재원 조달 방안을 모색하고 이것이 기존의 경제 규범에 미치는 효과를 탐색하려는 시도도 나왔다. 스콧(Scott, 2015)은 두 가지 킥스타터Kickstarter 캠페인 사례 분석을 통해 팬덤과 크라우드 펀딩(‘팬 후원fan-ancing’) 운동이 대중문화 산업의 논리에 어떤 파급 효과를 가져왔으며, 좀 더 구체적으로 컨버전스 문화 내에서 생산자와 소비자의 관계에 어떤 방식으로 영향을 미쳤는지 고찰했다. 크라우드 펀딩 대상 사업의 후원자들은 소액 투자 형태로 자본을 투입(크라우드 펀딩)할 뿐만 아니라 시간과 창의력, 피드백 등 감정도 자발적으로 투입('크라우드 소싱')한다. 여기서는 후원을 받는 창작자들이 팬들의 자본 기여에 보답해야 할 뿐만 아니라 이들의 창의적 기여에 대한 기대치에도 부응해야 한다는 도덕적 책임감까지 갖는 새로운 규범이 형성된다.

따라서 상품의 일방적인 소비를 근간으로 하는 팬과 창작자의 전통적인 구분은 희석되는 대신에 팬들에게는 '우리의' 작품이라고 느끼는 집단적인 정서적 소유 의식이 부분적으로 형성된다. 물론 실질적인 문화 생산의 주도권은 여전히 생산자에게 있지만, 적어도 생산자와 소비자 사이에는 타협을 통해 참여 조건을 만들어 내는 새로운 권력관계가 묵시적으로 형성된다. 이 사례 분석에서 스콧은 새로운 현상이 단순히 '팬 서비스'에 그치지 않고 생산자와 소비자 간의 경제 규범을 결정적으로 변화시킬 수 있는 정치적 가능성과 대안을 모색한다.

이처럼 디지털과 온라인, 융합을 기반으로 하는 미디어 환경이 부상함에 따라 지금까지 당연시되던 경제적 거래 관행과 규범은 앞으로 새로운 도덕경제 모델 확립을 둘러싼 각축과 갈등, 타협의 장으로 부상할 것이다. 이 과정에서 전통적인 가치 규범은 퇴조하고, 새로운 가치의 부상과 양자 간의 공존, 타협도 가시화할 가능성이 크다. 도덕경제론은 바로 이러한 변화의 의미에 관한 이론적 탐색에 시사하는 부분이 적지 않다.

노동 문제

도덕경제가 작동하는 또 다른 전형적인 영역은 노동 문제다. 신고전주의 경제이론에서는 시장 경제를 시장 가격 원리에 의해 작동하는 경제 체제로 이해한다. 여기서는 노동 역시 수요 공급 원칙에 따라 가격이 결정되는 '가공의 상품fictitious commodities'에 불과하다(Polanyi, 2001: 6장). 하지만 도덕경제론은 노동이 단순히 경제의 한 구성 요소에 그치지 않고 사회에 뿌리를 내린 사회 현상이라는 인식에서 출발해서 양자 간의 연계성을 규명하려 한다(김장호, 2015; Bolton & Laaser, 2013; Bolton, Laaser, & McGuire, 2016; Lee, 2012; Svallfors, 2006). 노동은 물질적 보상을 얻기 위한 도구적 가치가 지배하는 경제 영역이면서, 동시에 노동하는 주체의 자아실현이나 삶의 가치가 구현되는 비도구적인 규범적 가치의 장이라고 보기 때문이다.

역설적으로 이른바 '인적 자원 관리Human Resource Management'론의 사례는 도덕경제론의 관점에서 노동 문제에 접근했을 때 노동을 보는 시각이 어떻게 달라지는지 잘 보여 준다. 인적 자원이라는 용어는 노동을 자원의 한 형태로만 간주하는 자본주의 경제학과 경영학의 시각을 단적으로 보여 준다. 인적자원론은 비정규직 고용 문제에 대해서도 기본적으로 투입 대 성과라는 재정 관리의 시각에서 접근한다. 반면에 도덕경제론은 고용 관계가 경제적이면서도 동시에 사회적 성격을 띤다고 보고, 이를 사회적 의존성의 망에 근거한 관계로 파악한다. 따라서 도덕경제론에서는 비정규 노동자를 도구적인 자원의 한 형태가 아니라 복합적이고 다층적 행동의 틀 속에서 발생하는 다양한 사회적 행동의 주체로 보고, 이들이 연루된 다면적 사회관계의 층위를 비판적인 시각에서 탐구한다 (Bolton, Houlihan & Laaser, 2012).

노동에서 도덕경제의 또 한 가지 좋은 사례로 노동 시간 문제를 들 수 있다. 노동 시간은 단순히 자본과 노동의 욕구, 수요 공급 측면에서 정해지는 인적 자원 배분이란 기술적 이슈에 그치지 않으며, 가족 구조와 규범, 직업 문화와 관련되는 사회적, 정치적 이슈이기도 하다. 근대 자본주의 시기의 노동 시간은 주로 남성 가장의 노동과 여성의 가사 노동, 자녀 양육과 교육 양식이라는 가부장적 가족 제도를 기반으로 결정되었다. 또한 전문직과 관리직에 일반적인 장시간 노동 관행은 치열한 경쟁 구조에서 지위 상승과 직업적 야망이라는 동기가 작동할 뿐 아니라 이들이 일상적 가사의 부담에서 자유롭다는 요인 때문에 가능했다(Sayer, 2000: 97). 이는 노동 시간 결정 문제를 경제를 넘어서 성 분업과 가족 제도라는 더 넓은 사회 맥락 속에서 접근할 필요가 있음을 시사하는 한 가지 예다. 이는 또한 좁게는 작업장 단위의 경제적 거래에 작용하는 규범적 차원뿐 아니라 비경제 영역의 규범이 경제적 거래에 영향을 미치는 사례까지도 도덕경제론에서 다룰 필요가 있음을 보여 준다.

이처럼 노동의 특성에 미치는 복합적인 문화적, 사회적 요인의 영향력을 감안할 때 일부 선행 연구에서처럼 도덕경제 틀 속에서 문화 산업의 노동 문제에 접근하는 것은 합리적인 선택으로 볼 수 있다(임영호·김은진·홍찬이, 2008; Banks, 2006; Gibson, 2003; Miller, 2004). 미디어 문화 산업의 노동 부문에서는 의문을 던져 볼 만한 독특한 특징이 적지 않게 발견된다. 왜 미디어 문화 산업에는 유독 비정규직이 많으며, 뉴스보다 방송 프로그램 제작 분야에서 그러한 특징이 두드러지는가? 아나운서나 작가 등 프리랜서 직종에는 왜 여성이 특히 많은가? 이는 노동 시장에서 수요 공급이나 임금 결정 메커니즘의 결과로만 설명하기 어려운 현상으로서 도덕경제의 관점에서 유용한 시사점을 많이 도출할 수 있는 주제들이다.

우선 방송 영상 관련 직종에서는 불안정한 고용 형태에도 불구하고 낭만적으로 미화된 직업 신화가 직업 규범처럼 작동하는 현상이 대표적인 사례다. 경제적 관점에서 보면 이 업종의 기형적 고용 관행은 자본에게는 문화 상품의 특성인 투자의 불확실성에 대비할 수 있는 유연성과 비용 절감 효과를 보장하는 장치이지만, 노동자에게는 고질적인 노동 공급 과잉으로 발생하는 저임금 착취 구조의 지속과 관련이 있다. 하지만 프리랜서 고용 형태를 둘러싼 직업 담론은 비합리적이고 착취적인 노동 조건을 정당화하고 동시에 그러한 구조에 의해 재생산되기도 한다. 문화 산업에서 비정규직 노동의 낭만화는 바로 고용 불안정과 저임금으로 특징짓는 노동 착취 구조를 “열정 페이”(안진용, 2015. 1. 8.)라는 이름으로 정당화한다. 나아가 이러한 착취 구조의 고착화는 문화 산업 종사자에게 노동과 여가 시간의 구분 자체도 희석시키는 등 사회적 삶의 구조까지 근본적으로 바꿔 놓는다는 점 역시 이 직업 담론에 의해 은폐된다(Banks, 2006: 459~460; Gibson, 2003). 이 모든 사회적 문제점은 미디어 산업의 경제적 구조에서 유래할 뿐 아니라 바로 미디어 관련 노동의 낭만화라는 직업 문화적 규범과도 밀접하게 연계되어 있다. 이는 노동과 직업에 관한 문화적 규범이 노동 시장의 경제적 거래 메커니즘을 노동자에게 불리하게 왜곡시킨 대표적인 사례다.

창의 노동 착취의 도덕경제와 관련해 특히 의미 있는 연구로는 제임스 베넷James Bennett, 니키 스트레인지Niki Strange와 앤드리아 메드라도Andrea Medrado(2015)가 영국 공영 방송사의 독립 멀티플랫폼 콘텐츠 제작사를 대상으로 수행한 작업을 주목할 만하다. 이들은 이 회사 종사자의 작업과 자기 이해 방식에 작용하는 도덕경제를 거시적 수준과 미시적 수준으로 구분해 입체적으로 분석했다. 이 제작사들이 표방하는 독립성은 한편으로는 국가 주도 주류 공영 방송(예컨대 BBC)의 비효율적이고, 관료주의화된 특성을 거부하고 창작의 자유, 효율성, 속도를 추구한다는 혁신 측면에서 이해된다. 하지만 동시에 이 기업들은 거대 자본의 맹목적인 이윤 추구에서 탈피하는 방안으로서 공공 서비스와 비영리 작업이란 가치를 추구한다는 의미로 독립성을 파악하는 모순된 특성을 보여 준다. 이들의 조직 가치에는 독립성을 유지하면서도 이처럼 상반된 동기 간의 긴장을 절충 조화시키려는 독특한 도덕경제가 작용한다. 또한 미시적 수준에서 작동하는 도덕경제의 양상을 보면 독립성이란 가치는 한편으로는 종사자에게 작업의 자유와 자율성을 보장한다는 점에서 합리화되지만, 동시에 불안정하고 열악한 노동 조건을 기꺼이 감수하게 하는 윤리적 지침으로도 작동한다. 이 사례는 미디어 문화 산업에서 직업 가치라는 경제 규범이 어떻게 기업 조직의 경제적 작동과 노동 방식에 영향을 미치는지 잘 보여 준다.

여기서 주목할 부분은 노동관계의 도덕경제는 노동-자본 관계뿐 아니라 노동 내부, 즉 노동과 노동 간의 관계를 조명하는 데도 시사하는 부분이 적지 않다는 점이다. 앞서 언급한 것처럼 미디어 산업에서 비정규직의 보편화는 일차적으로는 자본의 상품 생산 비용 절감을 위한 희생을 노동에 일방적으로 전가하는 노동 시장 메커니즘의 효과로 나타난다는 점에서 노동과 자본 간의 관계 측면에서 파악할 수 있다. 하지만 이 관행은 노동 내부에서는 비정규직과 정규직 사이에서 발생하는 착취 관계에 근거한다. 일부 정규직에게 안정된 고용 조건이 보장되는 대신에 투자의 위험성을 최소화하기 위한 비용 절감의 책임이 대부분 비정규직에게 전가되고 정규직은 여기서 비정규직 착취에 가담하면서 자본과 일종의 묵시적 공모 관계를 맺게 된다. 이 과정에서 프리랜서 직종의 낭만화된 직업 문화는 전통적인 도제식 직업 관행이나 직업 규범의 일부로서 노동과 노동 간의 착취 관계를 합리화하는 경제적 기능을 수행한다.

이와 더불어 문화·영상 산업의 프리랜서 직종(방송 진행자, 작가 등)에서 유독 두드러진 여성 편중의 고용 경향이 지니는 성 정치적인 함의도 지적하고 싶다. 즉 비정규직 고용 구조에서 젠더 구분은 노동 조건의 열악성을 더 심화하는 요인으로 작용하는데, 여기서는 여성성의 역할이라는 전통적인 젠더 담론이 큰 영향을 미쳤다(임영호·김정아, 2011). 여성은 가족 부양의 책임이 상대적으로 약해 고용의 불안정성을 더 잘 수용할 것이고, 물질적 노동 조건보다 직업적 보람과 권위를 더 중시할 것이라는 암묵적인 사회적 기대치가 여성에게 부과되면서 노동 조건의 열악함을 존속, 악화시키는 기제로 작동한다. 그렇다면 이 업종에서 고용 불안을 조성하는 조직 단위의 직업문화는 가부장적 젠더 담론이라는 조직 외부의 범사회적인 문화적 가치와 결합하여 자본에게 유리한 노동관계와 산업 구조를 고착화하는 데 기여하는 공모 관계를 맺고 있는 셈이다.

국지주의와 세계주의

도덕경제론에서는 집단 규범을 둘러싼 합의 형성과 갈등이 중요한 이슈이기 때문에, 특정 시기에 특정한 범위의 구성원을 포괄하는 공동체를 기반으로 논의가 이루어지는 경향이 있다. 톰슨(Thompson, 1971)의 연구는 18세기 영국 사회를 배경으로 이루어졌고, 이후의 유사한 유형의 연구도 특정한 시기, 특정한 사회에서 특정한 경제적 이슈를 놓고 벌어지는 거래 행위와 갈등 사례를 소재로 삼았다(Abdullah, 1994; Dogan, 2010; Posusney, 1993; Scott, 1976; Strickland, 1985). 연그 대상의 국지성과 규범의 특수성은 많은 도덕경제 연구에서 흔히 드러나는 경향이다.

이 중에서 복지 국가에 관한 연구는 도덕경제를 현대 사회 현상에 적용하면서 이례적으로 이러한 국지성의 범위를 국가 단위로까지 확장한다(Kohli, 1987; Mau, 2003; Svallfors, 2006). 복지 국가란 자원의 재분배 방식을 결정하는 체제이며 구성원의 규범적 합의 과정이 결과에 영향을 미친다는 점에서 현대의 시장 경제에 작동하는 도덕경제의 전형적인 사례로 볼 수 있다. 복지 국가에서 경제적 자원 배분과 거래 행위의 제도화 방식은 가족 단위의 수혜층을 상정한 채 이루어진다는 점에서 넓게는 가부장적 가족 규범에서 영향을 받으며, 이 규범의 강화에도 기여한다. 가령 출산 휴가와 연금 제도 등 복지 국가의 기본적인 영역은 가족의 구조와 경제, 구성원의 생애 주기에도 영향을 미치게 된다. 하지만 전통적인 가부장적 가족제 쇠퇴와 여성 취업 증가, 1인 가구 확산 등은 가족 규범의 변화를 초래하면서 복지 제도에도 영향을 미쳐 새로운 도덕경제 형태의 등장을 조장한다(Sayer, 2000: 96~97).

제도화된 복지 체제는 장기간에 걸쳐 사회 집단 간의 역학 관계뿐 아니라 집단 규범 간의 타협이 축적된 결과로 볼 수 있다. 가령 슈테펜 마우Steffen Mau(2003)는 영국과 도일의 복지 제도 비교 연구에서 두 국가의 차이는 구성원들이 동의하는 도덕적 가정과 사회 정의관에서 영향을 받아 형성되었다고 보았다. 또한 스테판 스발포르스Stefan Svallfors(2006)에게 도덕경제란 복지 국가에 대한 대중의 합의 의견으로서, 지속적으로 전개되는 규범 간 대결의 결과로 나타나는 현상을 의미했다. 이것들은 국가 단위의 문화적 가치 규범이 복지 제도라는 자원 배분 방식의 구체적인 형태 결정에 영향을 미친 사례다.

이처럼 국지적 공동체 규범의 결과물로 자원 배분 체제를 이해하는 접근 방식은 미디어 연구에도 다양하게 적용해 볼 수 있다. 가령 미국의 상업 방송과 유럽의 공영 방송 체제의 차이는 미디어 접근권이라는 경제적 자원 배분 방식을 대하는 국가 구성원 집단의 정치적 태도와 도덕적 규범의 차이가 국가별 특수한 여건에서 서로 타협하고 절충한 집단 역학의 산물로 해석할 수 있다. 지역 방송 정책에서 로컬리즘 이념을 둘러싼 갈등 역시 방송권역 관련 논의(임영호, 2002a; 조항제, 2006)에서 작용하는 도덕경제의 한 형태로 앞으로 연구해 볼 만한 주제다.

이상의 사례에서 볼 때 어떤 공동체의 도덕경제는 경제적 자원 배분이나 거래의 제도화 과정에서 공유되고 타협된 집단 규범을 근거로 하며, 이렇게 해서 형성된 도덕경제 체제는 집단마다, 나라마다 상당한 차이를 보인다. 그렇다면 이 규범이 특정 집단이나 공동체 내부가 아니라 집단 간 경계나 구분을 넘어 더 큰 범위, 예컨대 인류의 보편적 이념이나 가치로서 경제 활동에 영향을 미치는 상황을 상상할 수 있을까? 즉 도덕경제를 초국가적 단위, 더 나아가 전 지구 공동체에 적용할 수 있을까 하는 질문이 제기될 수 있다.

실제로 지금까지 도덕경제론에서 일반적인 전제로 여기던 국지주의에서 벗어나 글로벌 공동체의 가치에 입각해 분석을 시도하는 몇몇 연구도 나왔다. 일부 연구는 국가 간 공정 무역 운동에 도덕경제 개념을 확장해서 적용하려고 시도했다. 공정 무역 운동은 국가 간의 경제적 거래이면서도 수출 국가와 수입 국가 구성원 사이에 일종의 가치를 공유하는 경제 공동체를 조성하려는 움직임이라는 점에서 초국가적 차원에서 작동하는 도덕경제의 사례로 볼 수 있다(Goodman, 2004; Trentman, 2007; Wilson & Jackson, 2016), 이 밖에도 이와 비슷한 문제의식하에서 마크 에델만Marc Edelman(2005)은 초국가적 수준의 반WTO 체제 농민 운동 캠페인을 연구했고, 수잰 프리드버그Susanne Freidberg(2014)는 냉장 운송 기술이 장거리 식품 운송을 가능케 해 식품 공급의 산업화와 더불어 국가 간의 식품 거래 규범에 어떤 영향을 미쳤는지 살펴보았으며, 피에르 민Pierre Minn(2016)은 국가 단위를 넘어서 초국가적 의료 서비스의 가능성을 탐색했다. 일카 카우피넨Ilkka Kauppinen(2014)은 핀란드 연구 대학들에서의 특허권 정책 문제를 도덕경제 관점에서 접근했다. 이 연구는 핀란드의 특허 정책이 대학 차원을 넘어 글로벌 지식 자본주의의 작동 원칙과 연계되어 있음에 주목했다는 점에서 앞서 언급한 여러 연구의 문제의식을 공유한다고 할 수 있다.

하지만 미디어 문화 분야에서는 글로벌 공동체 차원에서 도덕경제의 문제의식을 탐구한 연구는 매우 드물다. 예외적으로 앤드루 캘러브리스Andrew Calabrese(2005)는 도덕경제 개념이 글로벌 시민사회와 글로벌 정의global justice 운동에 관한 논의에 좋은 지침이 될 수 있다고 보고, 이 운동에서 커뮤니케이션은 핵심적인 수단이자, 그 자체로도 커뮤니케이션 권리 운동에서 투쟁 대상이 될 수 있다고 주장했다. 다만 캘러브리스의 논의는 경제보다 '도덕' 측면에 초점을 두고 있어, 규범성이 구체적으로 미디어 경제 현상에 어떻게 영향을 미치고 상호 작용하는지는 명확하게 규명하지 못했다. 이 점에서 그의 연구는 엄격한 의미에서 아직 도덕경제론의 범주에 포함되기 어렵지만, 글로벌 공동체 수준에서 문제를 제기했다는 차원에서 의미가 있다.

이 밖에도 앞으로 도덕경제론의 관점에서 다루어 볼 만한 주제는 적지 않다. 가령 정보·지식 산업에서 카피레프트copy left 운동이나 오픈 액세스Open Access 저널, 위키피디아Wikipedia 등 비영리, 비상업적으로 지식을 공유하는 글로벌 공동체를 지향하는 움직임이 좋은 예다. 이는 지식 상품의 경제적 거래에서 지배적이던 전통적인 소유권 규범을 비판하면서 대안적 가치를 추구하는 운동의 대표적 사례이기 때문이다. 또한 상업화가 지배적이던 저널리즘 영역에서도, 위키리크스WikiLeaks나 비영리 탐사 보도 등 다양한 대안적 저널리즘 모델의 시도 역시 도덕경제론에서 다루어 볼 만한 흥미로운 사례다(국내에서는 뉴스타파가 좋은 예다). 비영리 저널리즘 운동은 한편으로는 권력의 비리 폭로와 진실 추구라는 직업 가치를 주류 모델과 공유하면서 서로 경쟁하는 관계에 있다. 하지만 동시에 이들은 온라인 테크놀로지가 가져온 기술적 장점을 잘 활용하고 기부나 크라우드 펀딩 등 대안적 재원 조달과 운영 방식에 의존해 자본의 영향에서 독립된 언론 활동을 추구한다. 이렇게 해서 이들은 상업 언론과는 전혀 다른 직업 규범을 추구한다는 점에서 존립의 정당성을 찾으려 한다. 이러한 대안적 저널리즘의 도덕경제 모델이 저널리즘이라는 경제 행위 수행에 어떻게 영향을 미치는지 규명해 보는 것도 의미 있는 작업일 것이다.

4. 도덕경제론, 어디로 갈 것인가

경제학은 미디어 현상을 이해하는 틀로서 중요성이 갈수록 커지고 있다. 미디어 테크놀로지 발달과 세계화로 미디어 산업의 규모나 파급력이 플랫폼, 업종, 국가 간의 경계를 넘어서 확산하고 있기 때문이다. 하지만 이는 동시에 경제학에서 주류를 이루는 신고전주의 경제학적 접근 방식의 편협성이 초래할 잠재적 문제점 역시 커진다는 뜻이다. 미디어 산업의 현실에는 정교한 경제학적 분석이 필요하면서도 전통적인 신고전주의 경제학의 틀만으로는 파악할 수 없는 특수성이 많이 존재한다. 이를 어떻게 반영하여 이론적으로 통합할 것인지가 미디어 경제를 연구하는 학자에게 앞으로 주어진 중요한 과제다.

전통적 경제학에서는 행위자의 합리적 선택이라는 가정에서 출발해 효용과 이익이 행위의 가장 핵심적 동기라고 전제한다. 규범적 가치는 단지 개인적 선호 문제에 불과하거나 경제학과는 무관한 철학이나 윤리 영역으로 치부되었다. 이렇게 되면 경제 현실에서 흔히 발견되는 행위의 복잡성을 설명하기 어렵다. 특히 미디어 경제 연구에서 경제학적 틀이 유용하면서도 널리 수용되지 못하는 것은 구체적 행위를 설명하는 데 이처럼 한계를 드러내기 때문이다. 바로 이 점에서 우리는 미디어 경제학을 아마르티아 센Amartya Sen이 말한 "공학적 접근engineering approach"(Sen, 1987/2000)에서 구출하여 '윤리적 접근'과 통합할 필요가 있다. 도덕경제는 이 점에서 미디어 경제를 보는 대안적 시각을 모색하는 데 매우 유용한 출발점 구실을 할 수 있을 것이다.

톰슨으로 대표되는 초기의 도덕경제론은 이상적인 사회 모델이라는 규범적 관점에서 현존하는 경제 제도와 관행을 비판적으로 평가하고 이를 넘어서는 대안적 사회를 상상했다. 이들이 구상한 경제 규범으로서의 도덕은 냉혹한 시장 논리와 자본주의를 비판하고 지금은 소멸한 전통적인 공동체 기반의 경제 모델을 이상화했다. 이들이 제시한 도덕경제론에서 '도덕'은 곧 옳고 그름의 문제였고, 경제 거래 행위의 여러 주체 중 누구를 위한 도덕경제인지가 핵심적인 관심사였다. 이 때문에 점차 자본주의가 득세하는 현대 사회에서 도덕경제론을 적용할 만한 범위는 갈수록 제한적일 수밖에 없었다. 이러한 유형의 도덕경제에서 말하는 '도덕'이란 단순히 비경제적이거나 고귀한 가치를 의미하는 데 그치지 않고, 경제적 거래에서 이타주의적 의미 구축을 통해 '효용 극대화'를 구현하는 대안적 방식을 의미했다(Götz, 2015: 158). 도덕경제론은 바로 이러한 규범적 고려가 경제 행위나 거래에 어떻게 영향을 미치는지 이론적으로 이해하려는 시도였다. 도덕경제론은 경제적 거래에서 행위자들이 자신의 이익을 극대화하는 데 그치지 않고 개인의 이익 추구가 공동체 가치에 기여할 수 있는 이상적 사회를 지향했다. 도덕경제론의 접근에 따르기 마련인 강한 규범적 성격은 현실을 비판적 시각에서 진단, 평가하게 해 준다는 점에서 비판적 사회과학의 전통과도 연결되어 있다. 미디어 정치경제학자인 머독이 도덕경제론에 관심을 기울이게 된 것은 아마 이처럼 초기 도덕경제론의 반자본적, 반시장적 성향에 공감했기 때문일 것이다.

미디어 경제의 현실로 눈을 돌려 보면 급격히 변화하는 미디어 환경은 도덕경제론에 의해 조명해 볼 만한 좋은 시험장이 되고 있다. 지금까지 미디어 산업은 머독(Murdock, 2011)의 분류에 따르면 주로 자본 중심의 도덕경제 모델과 국가 중심의 모델이 서로 경쟁하면서 타협하는 장이었다. 하지만 이 두 모델은 서로 상반된 가치 체제를 추구하기 때문에 현실에서 구체적인 구현 양상은 주로 정치적 선택과 타협에 의해 결정되었다. 하지만 최근 증여와 호혜성 원칙에 근거한 시민사회 중심 모델의 등장은 가치 영역뿐 아니라 이윤 창출의 경제적 메커니즘에 이르기까지 미디어 세계에서 전통적인 이분법적 구도를 근본적으로 흔들어 놓으면서 새로운 모델의 가능성을 시사했다. 경제적 측면에서나 가치 측면에서 서로 다른 세 가지 모델이 상충하고 타협하는 미디어 경제 현장은 바로 도덕경제라는 용어의 사전적 정의가 지칭하는 대표적인 현상이라 할 수 있다.

하지만 톰슨 이후의 도덕경제론은 이러한 규범적 판단을 당연시하지 않고, 점차 그 규범의 정당성까지 비판적 검토 대상으로 올려놓았다. 도덕경제의 정의나 연구 범위가 다양해지면서 도덕경제론은 점차 문화나 규범이 경제와 접점을 이루는 광범위한 현상을 탐구하는 방향으로 외연을 확장했다. 이제 도덕경제론은 단순히 반자본주의적 가치 옹호에서 벗어나 모든 비시장적 측면이 경제 현상에 영향을 미치는 방식을 탐구 대상으로 삼고 있다. 순수한 시장 모델에 근거한 사회이든, 공동체 기반의 협력 경제이든 도덕경제가 작동하지 않는 사회는 없게 되었다. 이렇게 해서 도덕경제론의 외연과 적용 범위는 크게 늘어났지만, 그 대신 비판적 현실 분석 틀로서의 체계성을 상당 부분 잃었다. 이러한 한계에도 불구하고 도덕경제론은 여전히 미디어 현상을 진단하는 틀로서 풍부한 잠재력을 갖고 있다.

확장된 도덕경제 개념으로 미디어 생산 과정이나 노동 문제에 관한 몇몇 선행 연구를 살펴보면, 미디어 경제에서 중요한 여러 현상에서는 직업 문화나 사회 규범이 다양한 형태로 작동하면서 구체적인 경제적 거래 현상에 영향을 미치고 있음을 알 수 있다. 이처럼 다양한 사례의 연구에서 도덕경제론은 무엇보다 특정한 현상의 의미, 현상에 영향을 미치는 요인의 중요성을 부각하는 이론적 맥락을 제공하는 문제 틀 구실을 한다. 톰슨의 사례에서 보듯이 도덕경제는 한편으로는 이론적 자원으로서 구체적인 현상을 설명해 주는 역사적 개념 구실을 한다. 동시에 도덕경제론은 모든 경제 현상이 행위자의 순수한 합리적 선택에 의해 작동하지 않으며, 역사적 맥락에서 문화적 규범의 영향을 받으면서 구체적인 작동 형태가 결정된다는 일종의 이론적 명제를 제공하기도 한다. 양자는 비슷한 문제의식을 공유하기는 하지만, 이처럼 독특한 이론적 위상 때문에 이 개념을 현실에 적용하는 작업은 그리 단순하지 않다.

엄격히 말해 미디어 경제를 보는 도덕경제론적 접근이라는 명제는 성립하기 어렵다. 도덕경제론은 아직 체계화된 이론도 아니고 연구 대상, 용어나 개념 정의 역시 연구자에 따라 천차만별이기 때문이다. 도덕이란 핵심 용어 역시 (저자가 옹호하는) 특정한 규범적 이상을 지칭하기도 하고, 중립적 의미에서 규범적 가치를 의미하기도 하며, 광범위하게 비경제나 문화 일반을 뜻하기도 한다. 이 때문에 도덕경제는 시장과 비시장, 경제와 규범 영역 간의 관계로 이어지는 인과적 현상을 깔끔하게 '설명'해 주는 틀 구실을 하지 못할 때가 많아 분석 틀로서 유용성은 제한적이다.

하지만 그렇다 하더라도 적어도 어떤 현상의 의미나 중요한 측면을 조명하는 데는 도움이 된다. 시메앙(Siméant, 2015: 170~171)의 지적처럼, 도덕경제는 현실에서 중요한 측면을 세심하게 관찰하고 종합해서 이론적, 정치적 함의를 찾아내는 데 많은 시사점을 주는 지침 구실을 한다. 도덕경제론은 이것만으로도 미디어 경제를 이해하는 대안적 시각을 모색하는 데 크게 기여할 수 있다. 신고전주의 경제학은 도덕과 윤리 문제를 경제학에서 배제해 경제를 인간이 아니라 숫자 문제로 축소했다. 그런데 흥미롭게도 그 이론적 시조가 된 애덤 스미스는 《도덕감정론*The Theory Of Moral Sentiments*》(Smith, 1759/2016)에서 인간과 경제에 관한 철학적 논의를 경제학의 출발점으로 삼았다. 경제는 윤리와 문화에서 결코 벗어날 수 없다는 것이다. 미디어 정치경제학에 관한 논의를 도덕경제론에서 시작하는 이유는 바로 여기에 있다.

2장

가치이론, 수용자상품론과 미디어 정치경제학의 개념적 토대

1. 이론은 기본 개념에서 출발한다

미디어 정치경제학이란 무엇인가? 이 질문은 미디어 정치경제학이라는 하나의 학문 영역에서 '이론'이나 '지식'이 의미하는 바가 무엇인가, 또한 비판적 사회과학으로서 정치경제학이 추구하는 정치적 문제의식이 무엇인가 하는 문제로 압축된다.

한국 언론학에서 정치경제학은 1980년대 중반 처음 등장해 한때 소장 학자나 학생을 중심으로 대대적인 인기를 끌었지만 지금은 겨우 명맥이나 유지할 정도로 쇠퇴했다. 이는 우선 넓게는 1990년대 이후 국내외의 사회적, 정치적 환경의 급격한 변화로 미디어 정치경제학이 추구하는 문제의식이 시대 상황을 규명하고 대안을 제시하는 데 필요한 시의성을 잃었다는 인식과 관련이 있다. 하지만 이와 동시에 이 접근 방식이 하나의 '이론'으로서 지식의 장에서 영향력을 확장해 갈

만한 자생력을 갖추지 못하고 낙후되기 시작했다는 점과도 무관하지 않다.

미디어 정치경제학이 이론적/정치적 패러다임으로 한계에 봉착한 것은 변해 가는 시대 상황을 반영하지 못하고 비슷한 선언적 명제와 기계적인 도식을 되풀이하는 일종의 이론적 매너리즘에 빠진 데서도 기인한다. 따라서 미디어 정치경제학에서 지금까지 습관처럼 사용해 왔던 기본 개념과 전제를 근본적으로 재검토하고 대안을 모색해 보면 앞으로의 이론적 혁신에 많은 시사점을 얻을 수 있을 것이다. 이 장은 특히 생산이나 가치 등 정치경제학에서 통념화한 개념이 역설적으로 어떻게 해서 미디어 정치경제학자가 현상을 바라볼 때 치명적인 맹점을 만들어 내게 되었는지 검토한다. 이처럼 타성화한 사고에 매몰될 경우 미디어 산업 현상에서 중요한 측면이나 특성을 소홀히 다룰 수도 있으며, 자본주의 경제의 동적 메커니즘과 연관지어 현상을 파악하지 못하고 도식적이고 정태적 연구만 반복하게 될 우려도 있다.

이러한 문제의식하에서 이 글은 미디어 정치경제학에서 지금까지 작업장 중심으로만 파악하던 생산 개념을 재검토해 상품 생산-유통-소비·재생산으로 이어지는 자본의 순환 과정으로 규정하는 것은 이론적으로 새로운 시야를 열어 줄 수 있다고 주장한다. 이러한 맥락에서 댈러스 스마이드Dallas Smythe(1977, 1978, 1981a, 1981b)의 수용자상품론이 제기한 쟁점들이 오늘의 맥락에서 갖는 이론적 의미와 정치적 함의를 검토하고, 이를 계기로 활발하게 나온 다양한 논의를 다루면서 미디어 정치경제학의 연구 방향을 모색해 본다. 구체적으로는 수용자상품론, 지대이론, 노동가치론 등 관련 개념들을 활용해 텔레비전 등의 전통 미디어에서 플랫폼 환경의 미디어에 이르기까지 미디어 정치경제학이 관심사로 삼은 현상을 해석하는 데 적용해 보고자 한다.

2. 미디어 정치경제학, 무엇이 문제인가

1990년대에 들어서 일어난 급격한 외부 환경 변화는 미디어 정치경제학에 엄청난 영향을 미쳤다. 이 무렵 한국 사회의 정치적 민주화와 동구 사회주의 체제 붕괴라는 국내외 정세 변화는 그동안 사회과학 전반을 휩쓸던 진보 사회이론에 대한 열기를 급속히 냉각시켰다. 진보적인 사회이론의 전통에 기반을 둔 미디어 정치경제학 역시 이러한 탈정치화 추세에서 자유롭기는 어려웠다. 그렇지만 다른 한편으로 보면 이 무렵 미디어 환경 변화는 정치경제학이 파고들 만한 여러 새로운 연구 과제를 부각시키기 시작했다. 전 세계적으로 신자유주의의 이념 세례 속에서 세계화와 탈규제 바람이 불고 전통적으로 공적 통제가 유지되던 미디어 영역에서도 자본의 자유로운 이동과 축적에 우호적인 방향으로 제도적인 틀이 바뀌기 시작했다. 새로운 정보 미디어 등장이나 미디어 통합 등의 기술 발전으로 미디어 부문에서 자본의 입김은 더욱 강해졌다. 이에 따라 이전보다 훨씬 더 폭넓게 확산하는 자본의 논리를 분석할 수 있는 이론적 작업의 중요성은 갈수록 커지고 있어 정치경제학의 활동 공간 역시 확대되고 있다. 그럼에도 불구하고 정치경제학이 이러한 흐름을 읽는 이론적 대안을 제시하지 못한 것은 전통적인 미디어 정치경제학 자체의 이론적 답보 상태와 무관하지 않다.

초창기 미디어 정치경제학의 틀을 확립하는 데 크게 기여한 그레이엄 머독과 피터 골딩Peter Golding(1974, 1979), 니콜라스 간햄Nicholas Garnham(1990) 등 몇몇 학자의 예를 들면서 그간 정치경제학의 문제점이 무엇이었는지 검토해 본다. 이들은 초창기 미디어 정치경제학의 방향을 제시해 준 대표적 인물이라는 점에서 그 이론의 성격과 한계를 잘 예시해 준다. 특히 이후 정치경제학의 입장을 표방한 많은 구체적인 연구에서 연구의 전형을 보여 준 이는 바로 머독과 골딩이다. 미국에서는 허버트 쉴러Herbert Schiller(1981), 토머스 구백Thomas Guback(1969), 재닛 와스코Janet Wasko(1982) 등이 이들과 비슷한 방향으로 정치경제학의 성격을 확립했다.

머독과 골딩은 자본주의 사회의 미디어를 이해할 때 토대와 상부 구조, 계급 관계의 틀 안에서 접근해야 한다고 주장한다. 이는 미디어와 사회의 관계를 총체적이고 거시적인 시각에서 이해하는 동시에 이 지식을 사회 변혁과 연관 지어 강한 정치 지향성을 띠는 것이 특징이다. 이들은 정치경제학의 접근 방법을 통해 미디어의 작동을 자본주의 사회구성체와 같은 총체성 차원에서 파악하려 했다. 이들은 기존의 급진적 미디어 연구가 이데올로기 문제에 지나치게 치중했다고 비판하면서 미디어의 경제적 토대 분석으로 이데올로기 생산 과정이라는 상부 구조 현상을 설명하는 경제적 접근을 시도했다(가령 Murdock & Golding, 1979). 경제적 계기의 우선적 결정성을 주장하면서도 이처럼 토대와 상부 구조를 서로 연관 지어 분석하려 했다는 점에서 머독과 골딩의 정치경제학은 마르크스주의의 오랜 과제이던 총체성 파악의 꿈을 미디어 연구에서 부활시켰다고 할 수 있다.

머독과 골딩이 예시한 정치경제학의 장점은 소박할 정도로 단순하고 명쾌한 분석 틀에 있다. 총체적인 사회 모델에 근거한 경제적 분석을 지향하면서도 이들이 실제로 치중한 것은 의외로 단순한 작업이다. 이들은 자본주의 사회의 물질적 토대인 자본주의 경제 '과정' 규명을 목표로 선언했지만, 실제로는 주로 생산 관계의 기반을 이루는 소유 구조와 통제 양식 등 '실태' 문제에만 주목했다. 이 두 문제는 경험적이고 구체적인 분석이 용이해, 이후 두 사람의 틀을 원용한 비슷한 연구가 대거 쏟아져 나왔다. 머독과 골딩의 가장 큰 기여는 구체적인 연구에 쉽게 적용할 수 있는 분석 틀과 작업 모델을 제시해 주었다는 데 있다.

소유 구조와 통제라는 두 문제는 자본주의 경제 분석에서 중요한 측면이자 출발점이긴 하나 이것만으로 자본주의 경제의 동학을 파악하기는 어렵다. 소유 구조는 생산 관계의 법률적 표현에 불과하다. 그렇지만 이 접근 방식만으로는 자본주의 체제에서 이 관계가 형성, 재생산되도록 해 주는 경제적 과정을 설명하기 어렵다. 상품, 생산 과정, 가치 등은 미디어 정치경제학에서 핵심적인 기본 개념인데도 이론적으로 제대로 검토되지 않은 채 선언적이고 원론적인 수준에서만 통용되었다. 자본주의 사회에서 생산 관계의 기본 축이 되는 생산 수단의 소유 문제뿐 아니라 상품 생산 과정, 즉 (잉여) 가치 생산 분석 역시 그다지 진전을 보지 못했다. 머독과 골딩의 연구가 초기 단계에서 이론적으로 크게 진전되기 어려웠던 것은 바로 이 문제를 본격적으로 다룰 이론적 틀을 발전시키지 못했기 때문이다. 이론적으로는 추상적인 선언적 명제와, 현상 분석에서는 단순화된 도식의 고수가 두 사람의 접근 방식에서 특징이었다.

이에 비해 간햄(Garnham, 1990)은 정치경제학의 중요한 개념을 좀 더 이론적인 수준에서 체계화하려 시도했다. 그렇지만 머독과 골딩에 비해 간햄의 글이 이후의 정치경제학 연구에 실제로 미친 영향은 상대적으로 두드러지지 않은 것으로 보인다. 그의 개념들은 선언적 명제 수준에서 머물렀을 뿐 실제 분석에 제대로 적용되지는 못했다는 한계가 있다. 국내 학계에서도 사정은 비슷했다. 그렇지만 이처럼 정치경제학의 기본 개념을 적용하기 어려운 것은 단순히 분석 수준의 추상성 때문만은 아니다. 무엇보다 이 개념이 대체로 구체적 분석에 이용하기 적합하지 않다는 데 원인이 있다. 이를 예시하기 위해 국내 정치경제학 문헌에서 자주 언급해 온 전형적인 구절을 인용해 보자.

> 언론산업은 거대한 자본 운동 영역의 하나이며 자본의 논리에 따른다. 언론산업 자본의 운동은 다음과 같이 정리된다.
>
> $$G - W \left\langle \begin{array}{l} A \\ \\ Pm \end{array} \right. \cdots P \cdots W(W+w) - G(G+g)$$
>
> (G: 화폐 P: 생산 과정 W: 상품, A: 노동력, Pm: 생산 수단)
>
> 여기서 잉여가치는 노동력의 구매에 충당된 가변자본에서 창출된다. 노동은 잉여가치를 생산하는 원천으로 언론활동의 기초이다. 사회총자본의 차원에서 언론 미디어는 잉여가치 실현을 위해 광고를 게재하고 판매촉진에 기여하는 정보를 공급한다. 자본가는 인쇄기, 방송시설, 신문전산편집기 등과 같은 언론 생산 수단을 구매하고 노동력을 사들인다. 그리하여 언론 노동력은 자본의 지배하에 들어간다. (김승수, 1990: 50)

위의 도식은 카를 마르크스Karl Marx가 《자본론*Das Kapital*》(Marx, 1967a)에서 제시한 기본 틀을 거의 그대로 요약해 미디어 부문에 옮겨 놓은 것이다. 물론 이것이 자본주의 경제 과정을 이해하는 가장 일반적이고 추상적인 공식이라 하더라도 미디어 산업이라는 특정한 부문에서 이 공식은 다양하고 특수한 형태로 나타날 수도 있다. 이러한 특수성을 밝히고 이론화하는 것이 바로 '미디어' 정치경제학의 과제다. 구체적 분석 작업과 사례 연구는 그 자체가 목적이 아니라 이러한 이론화의 중간 단계로서 의미를 지닌다.

가령 미디어 산업의 노동 과정은 어떤 특수성을 지니는가? 미디어 산업에서 상품이 화폐로 전환하는 단계는 어떤 특성을 보여 주는가? 미디어 상품은 일단 원본이 생산되고 나면 추가 생산 비용이 거의 없이 손쉽게 복제할 수 있어 무임승차를 배제하기 어렵다는 점에서 '공공재public goods'의 성격을 띤다. 따라서 자본가는 노동자의 노동 과정보다는 광고나 마케팅 같은 유통 과정에서 훨씬 더 많은 이윤을 얻는데, 이 중 어떤 부분이 잉여 가치에 해당하는가? 지식과 창의성을 생명으로 하고 유통·마케팅 과정이 이윤 창출에서 핵심적인 언론 산업에서도 과연 콘텐츠 원본의 생산 과정에 종사하는 노동만이 잉여를 만들어 내는가? 미디어 부문 안에서도 잉여 가치가 생산되는 과정은 자본주의 도식대로 이루어진다고 하더라도, 이 가치가 화폐 형태의 이윤으로 실현되는 과정은 매우 독특하다. 이처럼 위의 도식 안에서도 많은 세부적인 이론적 이슈를 제기할 수 있다.

그렇지만 그동안 국내의 많은 미디어 정치경제학 문헌은 기존의 추상적 도식을 식상할 정도로 주문처럼 되뇌는 데 그쳤다. 그 결과 구체적인 사례 연구는 이 공식을 검증하고 구체화하는 목적보다는 원론적 명제 수준의 공식이 보편타당성을 띤다는 사실을 '예시'하는 사례로만 쓰이는 데 그쳤다. 따라서 이 공식은 현실의 모든 다양한 변종을 설명하면서도 결국 어떤 것도 제대로 설명하지 못하는 역설이 발생했다. 분석의 엄밀성 부족과 방법론의 취약성은 1980년대 국내 미디어 정치경제학의 고질적인 문제점으로 꼽히는데 1990년대 이후에 이르러서도 사정은 크게 바뀌지 않았다(임영호, 1992). 그 결과 사례 분석과 개념이 서로 융화되지 못하고 서로 별개의 차원에서 유리되어 작동하는 심각한 문제점이 드러났다.

구체적인 연구 수준에서 보면, 머독과 골딩이 보여 준 비교적 단순한 도식에 따라 이후 소유와 통제 문제를 다루는 사례 연구가 양산되었다. 물론 이러한 부류의 연구 역시 미디어 산업의 특성을 세심하게 기술한 의미있는 결과이긴 하지만, 자본주의 경제의 운동 '과정'에 대한 이해보다는 시기별로나 사례별로 다양하게 나타나는 현상 변화를 표면적으로 기술하는 정태적인 분석에 그칠 수밖에 없었다. 이러한 부류의 분석만으로는 미디어 산업의 자본 축적 과정이 다른 산업과 구분되는 어떤 특수성을 갖는지 설명해 주기도 어렵다. 더욱 뼈아픈 비판은 정치경제학의 전통에 선 연구가 분석 틀 자체에 대한 반성 없이 유사한 경험적 연구만 계속 반복하는 바람에 엉성한 경제적 결정론이라는 비난과 함께 그 이론적 유용성에 대한 회의를 조장하는 데 사실상 기여했다는 점이다.

특히 1990년대 이후 미디어 연구에서 '미디어 경제학media

economics'(이 분야의 선구적인 저작으로는 Picard, 1989/1992를 보라) 이란 분야가 자리 잡으면서 정치경제학은 심각한 이론적 정체성 위기를 겪게 되었다. 미디어 경제학은 근대 경제학의 개념을 원용해 미디어 시장의 특성을 차례로 규명하기 시작했다. 미디어 산업에 관한 연구에서 이 두 접근 방식이 공존하게 되자 정치경제학이 갖는 한계가 더욱 뚜렷하게 부각되었다.

첫째, 정치경제학은 분석 방식이나 이론 틀에서 미디어 경제학과 큰 차별성이 없어졌다. 오히려 미디어 경제학은 정치경제학이 설명하지 못한 현상을 종종 더 엄밀하게 분석한 사례를 선보이기도 했다. 예컨대 자본주의 사회에서 이윤을 내지 못하면서 유지되는 미디어 기업의 존재, 또는 "시장 과정이 경제적 효율성의 이상과 다른 산물을 만들어 내는" 사례에 대해 정치경제학자들은 이데올로기나 정치 등 주로 경제 외적 관점에서 파악하는 데 그치는 등 만족스러운 해답을 내놓지 못한 반면, 미디어 경제학에서는 이를 '시장 실패market failure'라는 경제적 개념으로 설명했다(Owen & Wildman, 1992: 275). 정치경제학은 상품 생산에 관한 일반적 명제를 미디어 상품에도 재탕해서 적용하는 데 그친 반면에, 미디어 경제학에서는 미디어 상품의 독특한 비용 구조와 이윤 실현 방식의 특수성에 주목하여 '공공재' 개념을 논의의 출발점으로 삼았다.

둘째, 정치경제학은 이론적 분석 틀 자체의 개선 없이 유사한 경험적 사례 연구만 남발하는 바람에 곧 주제의 정형화와 소재 고갈에 빠졌다. 특히 소유 구조만으로도 풍부한 경험적 연구 사례를 축적한 미국의 정치경제학과 달리 국내에서는 그나마 신뢰할 만한 산업 통계 자료가 그다지 많지 않아, 정치경제학의 시각이 도입된 지 몇 년도 채 지나지 않아 가능한 연구 소재 자체가 바닥을 드러냈다. 김왕석 외(1990)에 실린 여러 논문은 초창기 국내 정치경제학의 대표적인 연구 주제를 집약해서 예시해 주는데, 이후의 연구 역시 이론의 정교화나 경험적 사례 축적에서 이 시기의 연구 수준에서 크게 탈피하지 못했다.

셋째, 물론 정치경제학 연구에서도 연구 주제는 꾸준히 확대되었지만, 이 주제는 가장 본질적인 자본의 운동 과정 내부보다는 시장에 영향을 주는 외부 요인에 오히려 더 주력하는 경향이 있었다. 가령 국가의 역할이나 정책, 사회운동, 사회주의 언론 등이 이러한 시장 외부적 주제에 해당한다(가령 김왕석 외, 1990). 이 주제들이 자본주의 커뮤니케이션 체제를 이해하는 데 핵심적인 측면을 조명한 것은 사실이다. 그렇지만 미디어 정치경제학은 이 측면들이 기본적인 상품 생산 과정과 어떻게 유기적으로 연결되는지는 설득력 있게 설명하지 못했다. 결과적으로 정치경제학적 연구는 정작 미디어 자본의 운동 역학 규명에 관한 내부적인 이론 토대는 취약한 상태로 방치한 채, 영역의 외연 확대에만 몰두해 '경제'에 관한 이론화와 점차 멀어지는 격이 되고 말았다.

요컨대 만일 미디어 정치경제학이 오늘날 이론적 접근 방식으로서 정체성 위기를 겪고 있다면, 지금까지 정치경제학이 이론적 출발점으로 삼은 기본 개념 파악에 심각한 문제가 있는 것은 아닐까 하는 의문이 제기된다. 정치경제학에서 가장 기본적인 개념을 포함해서 그동안 당연시하던 가정을 근본적으로 재검토해 보면 앞으로 연구 방향이나 문제 제기 방식에도 큰 변화가 따르게 될 것이다.

3. 생산 과정 개념을 둘러싼 쟁점

정치경제학에서는 상품 생산과 유통을 통한 자본 축적이 자본주의 경제의 기본 원리라고 본다. '생산production'이란 단어는 정치경제학에서 이론적으로나 정치적으로나 대단히 중요한 의미를 지닌다. 생산 과정은 자본주의 경제 과정에서 핵심적인 곳으로서, 바로 여기서 노동 행위가 이루어지고 잉여 가치가 생산되며 '착취'가 진행된다. 마르크스주의 정치이론에서는 생산 과정에 종사하는 노동자를 사회 변혁의 주도 세력으로 간주하기 때문에 생산은 정치적으로도 중요한 개념이다. 하지만 이 생산 개념을 이론적 분석 틀로 미디어 부문에 적용할 때 몇 가지 어려운 문제가 발생한다.

생산이란 개념은 '가치,' '노동 과정,' '생산적 노동productive labor'과 '비생산적 노동unproductive labor,' '이윤profit' 등 다른 여러 개념과 관련되어 있는데, 이들 사이의 관계는 수많은 쟁점을 유발한다. 우선 미디어·문화 상품의 경제적 특성(가령 사용 가치의 특성)은 무엇이며, 생산 과정과 유통 과정, 나아가 자본 축적 방식 등에 어떤 영향을 주는가? 미디어 상품 생산 과정에서 창출되는 잉여 가치의 성격은 어떤가? 미디어 산업에서는 어떤 노동 형태가 생산적 노동이고, 어떤 것이 비생산적 노동이며 이 구분을 어떻게 정치경제학적으로 설명할 수 있는가? 미디어 상품 유통 과정은 일반 상품에 비해 어떤 두드러진 성격을 띠는가? 미디어 산업에서는 국가 개입이 흔히 이루어지는데, 이는 과연 순전히 미디어의 정치적·이데올로기적 기능 때문인가, 아니면 자본 축적 과정의 측면에서 국가 개입이 필요한 경제적 이유가 있을까? 이는 미디어 정치경제학에서 생산 과정을 이론의 핵심적인 부분으로 체계화하기 위해서는 던져 보아야 할 대표적 질문들이다.

앞서 논의에서 가장 기초적이면서도 특히 중요한 쟁점은 '가치'(잉여 가치)를 어떻게 파악할 것인가 하는 문제다. 정치경제학에서 가치 개념은 상품 생산 과정을 파악하는 데 기본적인 요소이자 정치경제학의 개념적 출발점이기도 하다. 바로 이 개념에서 자본 축적 과정을 이해하는 이론 틀도 도출된다. 그렇지만 미디어 상품이 어떻게 생산되는지 분석하는 데 가치 개념을 적용하는 일은 그리 간단하지 않다.

문제는 우선 가치가 분석 목적으로 만들어 낸 추상적인 개념에 불과하며 '이윤'이라는 화폐 형태로 '실현'되어야 한다는 점이다. 자본가는 화폐 형태의 자본으로 생산 수단과 노동력을 구입하여 생산 과정에 투입한다. 마르크스주의 정치 경제학에서는 이 과정에서 생겨난 차액을 '잉여 가치surplus value'라 부르는데, 이는 전적으로 노동에 의해 창출된다고 간주한다. 이 잉여 가치가 재투자되어 자본 증식이 이루어지는데, 그러기 위해서는 상품이 유통 과정을 거쳐 판매되어 다시 화폐 형태로 전환되어야 한다.

그렇다면 상품 생산 과정이 유통 과정으로 이행하는 과정에서 유통 과정이 수행하는 역할은 과연 무엇일까? 이처럼 잉여 가치가 화폐 형태의 이윤으로 어떻게 전환하는가 하는 것은 경제학자들의 전문적이고 기술적인 문제이면서도 급진적인 사회이론에도 많은 이론적 함의를 줄 수 있다. 잉여 가치 증식에 '기여'하는 노동만 생산적 노동이며, 이들은 곧 사회 변혁의 주체이기도 하다고 여기기 때문이다. 따라서 마르크스 경제학에서 '전형 문제transformation problem'로 불린 이 쟁점의 이론적 함의를 세심하게 검토할 필요가 있다(조연상, 1984; Freedman, 1989; Gerstein, 1976을 보라).

마르크스(Marx, 1967a)는 《자본론》 1권에서 자본주의 경제 분석을 '자본의 생산 과정'이라는 관점에서 시작한다. 가치는 생산 과정에서 만들어지지만, 이 추상적인 가치가 구체적인 이윤으로 실현되려면 상품이 시장에서 판매되어야 한다. 자본의 생산 과정은 생산 과정 측면에서 보면 가치 생산과 증식 과정이지만 유통 과정에서 보면 이윤 창출 형태로 나타난다. 즉 생산 과정에서 창출된 가치는 유통 과정에서 이윤 형태로 실현될 때 비로소 자본 축적에 기여하게 된다.

그런데 유통 과정을 통해 실현되는 이윤은 잉여 가치 규모와 어떻게 일치하게 되는가? 이윤 극대화 논리(즉 이윤율)와 잉여 가치 극대화 논리(잉여가치율) 사이에는 편차가 발생할 수 있다(구체적인 설명으로는 Freedman, 1989를 보라). 마르크스가 분석한 산업 혁명 시대와 달리 특히 현대 자본주의에서는 상품을 생산하는 노동 형태가 훨씬 더 다양해졌고 분업 구조 역시 복잡해졌기 때문에, 여기서 생산된 상품의 이윤 실현 과정을 파악하는 일도 더욱 어려워졌다.

두 가지 예를 생각해 볼 수 있다. 하나는 상품 유통 과정에서 보편적인 요소가 된 광고 문제다. 일반 제조업 상품에서도 상품 본래의 사용 가치 외에 유통 과정에서 광고를 통해 새로운 상품 정체성과 부가 가치를 얻게 되는 사례를 흔히 볼 수 있다. 이 부가 가치 부분이 오늘날에는 종종 상품에서 물질적 요소보다 오히려 훨씬 더 큰 비중을 차지한다. 화장품이 대표적인 예다. 화장품은 대개 값싼 화학적 합성물에 불과하지만 브랜드 마케팅을 통해 고급스러운 이미지를 갖춘 고가의 상품으로 탈바꿈해서 거래된다. 이처럼 광고가 만들어 낸 부가 가치는 자본가 입장에서 보면 이윤이 되는데 과연 이를 잉여 가치 증대로 볼 수 있을까?

다른 하나는 상품 생산의 비용 구조가 특이한 상품을 들 수 있다. 예컨대 미디어 경제학자들이 지적하듯이 미디어·문화 상품은 공공재의 성격을 띤다. 최초의 상품 단위가 생산된

후에는 추가 생산 비용이 전혀 없거나 미미해 단위당 생산 원가에서 극단적인 규모의 경제가 작용한다. 이렇게 되면 최초 단위 생산에 노동과 자본이 투입된 후에는 생산 과정이 아니라 유통 과정에서 효과적 마케팅 전략이 자본 축적 과정에서 핵심 부분이 된다. 즉 생산 과정에 투입된 노동 시간으로 산출한 잉여 규모와 유통 과정에서 창출된 이윤 규모 사이에는 큰 격차가 발생한다.

전통적인 정치경제학의 틀 안에서는 이 두 사례를 설명하기 쉽지 않다. 이들은 잉여 가치가 생산 과정에서 노동의 투입을 통해서만 발생한다고 보기 때문에, 순수하게 유통 과정에서 생겨나는 이윤은 가치로 볼 수 없다고 규정한다. 이 초과액은 다른 노동이 생산한 가치가 이전된 독점 이윤에 불과하다는 것이다. 이 때문에 생산 과정에 종사하는 노동만이 생산적 노동이며, 유통 과정 종사자는 생산 과정의 잉여에 의존, 기생하는 비생산적 노동이라고 본다. 이 관점을 유지하게 되면 오늘날 미디어 산업에서 생산 과정보다 오히려 더 큰 비중을 차지하는 광고와 유통·마케팅 부문의 현실을 설명하기 어렵게 될 뿐 아니라, 미디어 산업의 독특한 상품 특성이나 생산 비용 구조와도 동떨어진 이론이 되고 만다.

이러한 어려움은 생산 과정에 대한 마르크스의 분석 틀을 지나치게 좁혀 도식적으로 해석하기 때문에 생겨난다. 마르크스주의 이론에서 경제적 계기의 결정성을 주장한다고 해서 상부 구조의 상대적 자율성과 영향력을 부정하지 않듯이, 경제 영역 내에서도 생산 과정의 결정성과 선차성을 유지하려고 유통 과정의 상대적 자율성을 부인해서는 안 된다. 물론 이러한 시각이 상품 순환 과정에서 생산 과정의 우선성과 결정성을 부정하지는 않는다. 마르크스가 《자본론》 1권에서 논의한 생산 과정은 여전히 이 순환 과정에서 주도적인 위치를 유지한다. 이 생산 과정이 없다면 다른 과정(유통, 소비 과정뿐 아니라 상부 구조의 요소까지도)이 성립할 수 없기 때문이다. 하지만 생산 과정의 이 같은 주도성은 상대적인 데 불과하며 다른 계기가 제대로 작동하지 않는다면 생산 과정 역시 제대로 이루어질 수 없다(Freedman, 1989: 25).

마르크스의 도식에서 상품은 생산 과정에서 유래하지만 유통과 소비 과정을 거쳐 다시 생산 과정에 환류하게 된다. 마르크스(Marx, 1967b)가 《자본론》 2권에서 분석 대상으로 삼은 자본의 유통 과정은 단순히 '자본의 생산 과정'이 반영된 그림자가 아니라 독자적으로도 현실성을 갖는 중요한 계기다. 자본주의 사회에서 상품 생산 체제가 유지되려면 생산 과정과 유통 과정이 모두 재생산되어야 한다. 생산 과정이 성공적으로 유지된다고 해서 유통 과정이 원활하게 돌아가도록 보장되는 것도 아니다. 이 두 단계는 서로 유기적으로 연계되어 있으면서도 나름대로 상대적 자율성을 갖는 실체이며 둘 사이에는 갈등과 불확실성이 생겨날 수 있다.

따라서 자본주의 사회의 경제적 토대를 제대로 이해하려면 생산-유통-소비로 이어지는 순환 과정 전체를 종합적으로 파악해야 한다. 이는 생산 과정뿐 아니라 자본의 순환 과정이 잉여 가치 생산에서 중요한 '계기'라는 사실을 시사한다. 즉 생산 과정은 이러한 순환 과정을 포괄하는 넓은 의미로 다시 개념화할 필요가 있다. 마르크스(Marx, 1967c)가 《자본론》 3권의 부제로 '자본제 생산 과정 전반the process of capitalist production as a whole'이라고 붙인 것은 바로 이 점을 강조한 것이다. 스튜어트 홀Stuart Hall의 말을 빌자면 다음과 같다.

> 마르크스의 용어에서 자본제 생산은 순환으로 정의된다. 이 순환은 생산과 소비뿐 아니라 재생산, 즉 순환을 계속 움직이게 해 주는 여건이 유지되는 방식도 설명해 준다. 각 계기는 가치가 생산되고 실현되는 데 필수적이며, 다른 계기에 대해 어떤 한정적 여건을 조성한다. 즉 각 계기는 다른 계기에 의존하거나 다른 계기에 대해 한정적으로 작용한다. 따라서, 만일 판매를 통해 실현되는 것 가운데 일부가 노동에게 임금으로 지불되지 않으면, 노동은 물리적으로 또 사회적으로 재생산되지 못하게 되며, 이것은 다음날 다시 노동과 구매를 할 수 없는 결과를 가져온다. 비록 마르크스는 분석에 있어 생산 관계에 우선적인 가치를 두어야 한다고 주장하는 경향이 있기는 하지만, '생산' 역시 '소비'에 의존한다. 이 주장은 본질적으로 심각한 결과를 가져왔다. 마르크스주의자로 하여금 '생산'을 우선시하게 했을 뿐 아니라 마치 '소비와 교환'의 계기는 이론적으로 아무런 가치

나 중요성이 없는 것처럼 주장하기도 했기 때문이다. 이는 치명적이고 일방적인 생산 만능주의적productivist 해독이다. (Hall, 1983/1996: 44~45)

미디어 정치경제학 연구자 중에서도 상품 생산 과정에서 이 점의 중요성을 깨달은 학자는 있다. 간햄(Garnham, 1979, 1980)은 일찍이 "매스 커뮤니케이션의 정치경제학 기고"라는 논문으로 이후의 정치경제학 연구에 큰 영향을 미쳤는데, 1990년에 이 논문을 다른 글과 묶어 책으로 간행하면서 작지만 상당히 의미 있는 변화를 시도했다. 간햄은 이 논문 뒤에 "시간의 경제the economy of time"라는 보론을 덧붙였는데, 이는 위에서 지적한 문제에 대한 간햄의 심각한 지적 고민을 반영한다. 간햄은 미디어 산업의 상품 생산 과정을 설명하면서 생산 과정과 유통 과정 사이의 잠재적 모순을 깨닫기 시작한 것이다. 물론 간햄은 이를 단지 생산과 유통 사이의 상호의존성에서 발생하는 '시차'라는 차원에서만 파악했을 뿐 자신의 이론적 틀에서 핵심 요소로 수렴하지는 않았다. 그렇지만 간햄은 미디어 정치경제학자들이 주목해야 할 중요한 사항을 간파해 이후의 논의를 위한 발판을 마련했다.

생산 과정 개념을 생산-유통-소비의 순환 과정으로 넓게 재해석하고 그 틀 안에서 생산 과정을 파악하는 접근 방식은 여러 새로운 논쟁 거리를 만들어 내지만 기존 정치경제학의 관점에 비해 장점이 있다. 첫째, 새로운 생산 개념에서는 단순히 기업과 작업장뿐 아니라 자본주의 체제 전체로 시야를 확장하게 된다. 잉여 가치는 직접적으로는 산업 생산을 통해서 만들어지지만 크게 보면 총체적인 자본주의 체제라는 맥락에서 갖가지 요인이 작용한 결과 비로소 실현되기 때문이다(Freedman, 1989: 25). 새로운 관점 역시 경제 중심적 시각에서 완전히 벗어날 수는 없겠지만, 적어도 지금까지의 미디어 정치경제학처럼 정태적이고 편협하게 도식화된 경제주의적 해석에서 어느 정도 탈피할 수 있다. 말하자면 경제주의 자체가 문제가 아니라 경제의 역동성을 어떻게 이해할 것인지가 더 중요하다.

둘째, 생산적 노동과 비생산적 노동의 구분을 새롭게 재조정할 경우 기존의 구분이 안고 있던 문제점 중 상당 부분을 해결할 수 있다. 전통주의적 시각을 고수하는 정치경제학자들은 좁은 의미의 생산 과정에 종사하는 노동만이 잉여 가치를 생산하기 때문에 생산적 노동이라고 보았다. 이렇게 되면 현대 자본주의 생산 체제에서 엄청나게 비중이 커진 유통, 서비스, 광고 부문 노동을 비생산적 노동으로 분류해 자본의 생산, 재생산 과정에서 이들의 중요성을 간과하는 심각한 난점이 발생한다. 광고, 마케팅, 유통은 특히 미디어 산업의 노동에서 주요한 몫을 차지하는데도 정치경제학의 관심사에서 배제된 채 맹점으로 남게 된다. 이들은 생산 과정에서 직접 가치를 생산하지 않는다는 점에서 비생산적 노동으로 분류되었으나 새로운 관점에서는 가치 생산 과정에 기여하는 (적어도 부분적으로는) 생산적 노동이 될 수 있다. 좁은 의미의 '생산적 노동' 역시 수많은 '비생산적 노동' 부문과의 관계 속에서 파악하지 않는다면 미디어 산업에 대한 설득력 있는 분석은 불가능하다. 이처럼 생산적 노동의 개념을 새롭게 파악하게 되면 주로 생산적 노동자만 정치 행위자로 간주한 마르크스주의 정치이론도 근본적으로 재검토해야 할 필요성이 생겨난다(Freedman, 1989: 25).

4. 미래를 읽는 통찰력: 수용자상품론의 함의

새로운 생산 과정 개념에서 보면 연구의 초점 역시 적지 않게 바뀐다. 이제 미디어 산업의 잉여 가치 창출과 자본 축적 과정을 이해하려면 노동 과정에서 상품이 어떻게 생산되며, 유통 과정이 잉여(또는 이윤) 창출에 어떻게 기여하는지 유기적으로 연관지어 해명해야 한다. 이 중 특히 유통 과정에 대한 이론적 작업이 그동안 적었는데, 이는 미디어 정치경제학에서 좁은 의미의 '생산' 중심주의 편향 때문이다. 이 점에서 1977년 스마이드의 도발적인 주장을 계기로 미디어 정치경제학에서 벌어진 이른바 '맹점blindspot' 논쟁은 커뮤니케이션 산업의 자본 증식 과정에서 유통 과정의 중요성에 주목한 것으로 새롭게 조명해 볼 만한 가치가 있다.

맹점 논쟁은 1977년 스마이드(Smythe, 1977)가 '수용자 상품'이란 새로운 개념을 제시하면서 기존의 정치경제학에 비판을 가한 것을 계기로 시작되었다. 스마이드의 논쟁적인 논문이 나온 후 머독(Murdock, 1978), 빌 리번트Bill Livant(1979, 1982), 섯 잘리Sut Jhally(1982), 아일린 미핸Eileen Meehan(1984, 1993) 등이 참여해 스마이드의 수용자 상품 개념을 둘러싼 쟁점을 여러 각도에서 조명했다. 이 중에서 이론적 함의가 큰 몇 가지 쟁점을 중심으로 살펴본다.

스마이드의 주장에서 독창적인 부분은 미디어 산업에서는 미디어 상품뿐 아니라 수용자 자체가 상품으로 생산되고 거래된다고 보는 것이다. 스마이드가 보기에 미디어 자본은 자본과 노동을 투입해 생산한 프로그램을 수용자에게 '공짜 미끼free lunch'로 제공하는 대신에 이를 통해 발생한 이용자의 주목도를 광고주에게 판매하는 방식으로 수익을 올린다. 스마이드의 수용자상품론은 텔레비전이란 현대 미디어 상품의 경제적 특수성에 주목했을 뿐 아니라 나아가 현대 자본주의 경제에서 상품 생산 과정의 핵심적 특징을 이론화했다. 다른 미디어 정치경제학자와 비교할 때 스마이드의 접근 방식은 몇 가지 점에서 차별화된 이론적 가능성을 보여 준다.

우선 수용자상품론은 미디어 산업에서 잉여 가치 생산 과정의 특수성을 이론화할 수 있는 논의의 계기를 마련했다는 점에서 큰 의의가 있다. 미디어 상품(가령 텔레비전 프로그램)의 소비자는 이 상품을 소비하는 데 그치지 않고 광고를 접하면서 광고 시장이라는 더 큰 시장을 새로 창출하는 데 기여한다. 텔레비전의 공공재적 특성은 콘텐츠 원본 생산 이후 추가로 복제하는 데 비용이 발생하지 않아 소비자에게 구입을 강제하기 어렵다는 점과 관련이 있다. 이 때문에 가격을 지불하지 않고 콘텐츠를 이용하는 무임승차자를 배제하기 어려워 전통적인 상품 판매 확대 전략이 통하지 않는다. 이미 미디어 기업은 상품을 소비자에게 무료로 제공하는 대신에 여기서 생겨난 부수적인 산물(광고 접촉 기회)을 광고주에게 판매해 수입을 올리는 우회 전략을 취하고 있다. 대다수의 미디어 산업(예컨대 신문과 텔레비전)에서는 상품 유통 과정에서 생겨난 부산물인 광고 시장의 규모가 원래 상품 시장보다 더 커지게 되는데, 이러한 독특한 산업적 특징을 가치 증식이라는 측면에서 어떻게 이론화할 것인가 하는 문제가 미디어 정치경제학자의 고심거리였다. 잉여 가치는 상품 생산 과정에서만 창출된다고 보는 전통적인 정치경제학의 관점에서 이는 설명하기 어려운 당혹스러운 문제일 수밖에 없다.

기존 미디어 정치경제학이 상품 생산과 가치 증식 과정이라는 핵심적인 문제를 설명해 주는 '미시적'인 분석 틀을 제시하지 못한 것은 미디어 산업의 이런 특수성을 구명하지 못한 것과 무관하지 않다. 따라서 스마이드는 정치경제학이 자본의 축적 과정을 제대로 이해하기 위해서는 생산 영역뿐 아니라 상품이 유통하고 소비되는 순환 영역도 들여다보아야 한다고 주장했다(Maxwell, 1991: 33). 스마이드의 수용자상품론은 미디어 상품 유통·소비 과정이 잉여 가치 생산에 기여하는 방식을 나름대로 파악해 이 어려움을 풀 수 있는 실마리를 제공했다. 물론 스마이드의 제안은 노동만이 가치를 생산할 수 있다는 전통적 마르크스주의의 해석에서 벗어난 도발적인 내용으로 논쟁의 불씨를 지폈다.

스마이드의 주장은 미디어 산업이라는 특수한 부문에 관한 이론일 뿐 아니라 더 나아가 자본주의 발전 단계에 대한 색다른 해석을 시도했다고 할 수 있다. 스마이드는 자본주의 사회에서 '상품 일반commodity-in-general'이 거래되는 시장이 어떻게 조성되는가 하는 근본적 문제를 건드렸다. 즉 미디어를 비롯한 의식 산업이 독자적인 자본으로 기능하는 데서 나아가 "수요 관리를 통해 (구체적으로 광고와 매스 커뮤니케이션의 경제적 과정을 통해)" 자본주의 경제 전반에 어떻게 기여하는지 이론적으로 설명하려 시도했다(Smythe, 1977: 22, fn.1). 현대 독점자본주의 발전 단계에서는 과잉 생산과 유효 수요 부족으로 자본의 잉여 가치 실현이 주기적으로 위기(공황)에 봉착할 수밖에 없는데, 광고를 통한 마케팅 메커니즘은 수용자를 적극적인 상품 소비자로 편입해 유효 수요를 창출하고 이를 통해 자본주의의 재생산에 기여하는 역할을 수행하게 된다는 것이다. 커뮤니케이션 산업은 이러한 역할 때문에 개별 자본 부문으로서뿐 아니라 자본주의 체제 전반의 재생산에서도 핵심적인 중요성을 갖게 된다. 스마이드의 이러한 주장에서는 폴 바란Paul Baran과 폴 스위지Paul Sweezy가 《독점자본론 *Monopoly Capital*》(Baran & Sweezy, 1966)에서 독점자본주의 위기의 원인으로 제시한 '과소소비론'의 영향이 강하게 드러난다.

스마이드는 일찍이 커뮤니케이션의 경제적 토대 연구의 부실함을 지적하는 데서 출발했다는 점에서 머독과 골딩류의 미디어 정치경제학 전통과 맥을 같이한다. 그렇지만 스마이드의 연구는 앞으로 미디어 정치경제학을 좀 더 거대 이론으로 발전시키는 데 기여할 만한 가능성을 제시했다. 그동안 미디어 정치경제학은 '총체적'인 분석(김지운 · 방정배 · 정재철, 2000: 242)을 표방하면서도 실제로는 경제적 고정, 특히 소유와 통제, 언론 상품 생산의 성격, 언론 독과점 문제 등 아주 단편적이고 제한된 몇몇 주제에만 관심을 기울였다. 물론 미디어라는 사회 제도의 작동 방식에서 경제 측면의 중요성에 주목한 것은 나름대로 큰 진전이지만 이를 적절하게 이론화하는 데까지는 이르지 못했다. 스마이드의 접근 방식은 정치경제학의 영역을 미디어 자본의 특수성을 규명하는 데서 한 단계 더 나아가 자본주의 체제에서 총자본의 생산, 순환, 소비 과정이라는 서로 연관된 큰 흐름에 주목했다. 스마이드의 논의는 텔레비전 시청자의 상품화라는 특정한 현상에 관한 논의를 통해 미디어 자본의 작동 원리를 규명하는 데서 더 나아가 현대 독점 자본주의의 역학 전반에 관한 재해석을 시도한 것이다.

이 점에서 보면 스마이드에 대한 여러 비판, 특히 머독(Murdock, 1978)의 지적은 핵심을 벗어났다고 할 수 있다. 머독은 스마이드가 제기한 수용자의 경제적 의미 문제가 중요하다고 인정하면서도 국가 문제, 미디어의 이데올로기 기능, 계급 투쟁 등 '더 중요한' 쟁점을 간과했다고 비판했다. 스마이드의 개념은 북미의 미디어 상황을 지나치게 일반화한 것이라는 지적도 빼놓지 않았다. 머독의 비판은 스마이드가 제시한 자본주의 경제의 일반적 명제의 문제점보다는 미디어 자본이라는 특수 부문의 성격과 그 부문에 작용하는 특수한 가외 요인 같은 지엽적 문제를 지적하는 데 그친 셈이다. 머독이 하나의 이론으로서 염두에 둔 정치경제학이란 서로 연관성이 있으나 일관된 통일성은 없는 수많은 단편적인 현상에 국한된 연구, 이론적 보편성보다는 개별성과 구체성에 치중하는 연구의 축적인 것 같다.

물론 이론적 단편성은 머독에게 국한되는 문제가 아니라 이후의 많은 미디어 정치경제학자에게서도 나타난다. 이들의 작업과 접근 방식은 세분화된 다양한 주제에 관한 구체적인 연구 성과 축적 등 연구의 양적인 외연 확대에는 편리하지만 자본주의 체제에서 커뮤니케이션이 작동하는 방식, 즉 그 역동적인 흐름을 이해하는 데에는 한계가 있었다. 이에 비해 스마이드의 수용자상품론은 불완전하기는 했지만 이 흐름을 체계적으로 파악하는 데 가장 근본적인 원리인 상품, 잉여 가치 생산 문제를 파고들어 처음으로 개념화를 시도했다는 점에 의의가 있다. 머독에 비해 스마이드의 장점은 적어도 미디어 부문 전체를 관통하는 자본의 운동 방식을 파악하려고 시도했다는 데 있다(Livant, 1979: 95). 이 시도는 수용자 상품이라는 특정한 주제에 국한되지 않고 정치경제학의 다른 주제나 자본의 일반적 작동 원리를 이론화하는 데 확대 적용할 만한 개념적 밑바탕으로 삼을 수 있다.

5. 새로운 가치 생산과 실현 양식?: 수용자상품론의 쟁점

스마이드의 문제 제기에서 아마 가장 획기적인 주장은 바로 '수용자 노동' 개념일 것이다. 이는 수용자의 텔레비전 시청 행위가 노동의 한 형태로서 잉여 가치를 만들어 내며, 따라서 소비 역시 생산적인 행위일 수 있다는 파격적인 주장이었다. 마르크스의 가치이론은 노동 시간으로 노동과 잉여 가치 생산의 관계를 설명한다. 스마이드 역시 이와 비슷하게 노동 시간 개념으로 (전통적인) 노동과 여가(자유 시간, 소비 시간)의 관계를 설명한다. 스마이드는 텔레비전 시청이나 소비가 자본 축적에 기여하는 메커니즘을 지적하면서 "자본주의하에서는 잠자는 시간 외에 모든 시간이 노동 시간"으로 변했다고 주장한다(Smythe, 1977: 7). 현대 자본주의 단계에서 미디어 기업이 상품 판매보다는 주로 광고 시장을 통해 이윤을 대부분 창출한다는 사실을 감안하면, 수용자가 광고를 접하는 시간이 잉여를 만들어 낸다는 점에서 생산적이라는 주장을 도출한 것이다. 그런데 이 주장은 생산 과정에서만, 또한 노동만이 가치를 생산한다고 보는 전통적인 마르크스주의 정치경제학의 해석에 정면으로 반기를 드는 결과를 낳았다.

스마이드의 주장은 결국 현대 자본주의에서 지금까지 유통과 소비 영역으로 간주하던 광고와 마케팅, 소비 활동이 생산적 노동의 성격을 띠게 되었다는 것이다. 수용자의 텔레비전 시청 행위에는 두 가지 측면이 있다. 하나는 휴식을 통해 노동력을 재생산하는 행위다. 다른 하나는 시청을 통해 미디어 자본의 잉여 증식에 기여하는 행위 측면으로 이 점에서 노동 행위와 같다는 것이다. 물론 여기서 재생산 행위(소비) 자체는 생산적 노동으로 볼 수 없으며 수용자 노동 개념이 수용자의 모든 행위를 포함하지도 않는다. 스마이드의 주장은 노동이 생산한 상품(가령 프로그램)의 순환 과정에서 시청자가 상품의 가치 증식에 기여하는 부분을 지칭하는 것으로 해석한다면, 논의를 시작해 볼 만한 가치가 있다.

스마이드의 수용자 노동 개념은 미디어 자본의 축적 과정에서 중요한 특징을 간파하기는 했지만 개념화 방식에서는 적지 않은 문제점을 드러냈다. 수용자 노동이 일반 노동과 개념적으로 어떻게 구분될 수 있는지, 또 구체적인 분석에 응용할 수 있는 분석적 개념이라고 할 수 있는지에 대해서는 여전히 의문이 남는다. 미디어 상품이 시청과 광고라는 유통 과정을 거쳐 이윤을 실현하는 데서 이용자/소비자의 기여가 크다는 사실은 부인할 수 없다. 그러나 이를 노동의 산물과 동일한 반열의 잉여 가치로 볼 수 있는지, 그렇지 않다면 이윤에서 이 지분의 발생 과정을 어떻게 설명할지는 여전히 큰 논란거리다. 만일 유통 과정이 상품의 가치 증식에 기여한다면, 상품 생산 과정에서 만들어진 가치가 유통 과정에서 이윤 형태로 '전형,' 즉 변형되는 과정에서 이용자/소비자의 역할과 어떤 관련이 있는지도 아직 많은 논의가 필요한 문제다.

이러한 질문에 대응해 잘리(Jhally, 1982)는 스마이드의 수용자 노동에 관한 논의를 좀 더 구체화해서 노동 상품화에 관한 《자본론》의 분석 틀을 수용자 상품화에 적용하려고 했다. 수용자 노동이 상품화하려면 수용자가 제공하는 노동에 대한 대가가 지불되어야 하며, 수용자와 이 상대 사이에 교환 행위가 이루어져야 한다. 텔레비전 프로그램 시청 행위를 수용자 노동으로 설명하려면 수용자가 이 노동을 제공하는 상대가 광고주가 아니라 미디어라고 볼 수밖에 없다. 잘리의 주장에 따르면 노동자가 자본가를 상대로 노동과 임금을 교환하듯이, 수용자가 미디어 자본에게 노동의 대가로 받는 임금에 해당하는 것은 프로그램이다. 물론 텔레비전 기업은 프로그램 생산에 드는 비용보다 광고주에게서 더 많은 수입을 얻어 내기 때문에 그 차액만큼 잉여 가치(이윤)가 생산된다는 것이 그의 주장이다(Jhally, 1982: 208).

리번트(Livant, 1982)는 더 나아가 노동 시간 개념을 원용해서 수용자가 잉여를 얼마나 어떻게 생산하는지 측정하는 방법을 제시했다. 노동가치론이 노동 시간에 근거해 가치를 측정하듯이 리번트는 수용자상품론에서 거래되는 것은 시청 시간이며 이는 측정이 가능한 자원이라고 보았다. 이 시간 중에는 미디어가 수용자에게 판매하는 시간과 광고주에게 파는 시간이 있는데, 바로 '필요 시청 시간necessary watching time'과 '잉여 시청 시간surplus watching time'이다. 필요 시청 시간은 "수용자를 만들어 내는 데" 필요한 시간, 즉 프로그램 방영 시간이다. 수용자는 이 시간을 사들이고 그 대가로 추가 시간인 잉여 시청 시간을 지불한다. 이 잉여 시간은 바로 광고 시간인데, 미디어는 이를 다시 광고주에게 판매해 이윤을 얻는다고 리번트는 설명했다(Livant, 1982: 213).

필요 시청 시간과 잉여 시청 시간 개념은 독창적이고 편리하긴 하지만 적지 않은 문제점도 안고 있다. 필요 시청 시간 개념은 가치이론에 나오는 필요 노동 시간 개념을 응용한 것인데, 노동력 재생산의 논리를 수용자 재생산에 이처럼 기계적으로 적용하는 것은 무리가 있다. 원래 필요 노동 시간과 잉여 노동 시간의 구분은 노동력 재생산에 필수적인 재화를 얻는 데 필요한 최소한의 노동량에 근거한다. 재생산에 필요한 노동 시간은 최저 임금으로서 사회적으로 정해지긴 하나 어느 정도 일정량으로 유지된다고 가정할 수 있다. 하지만 필요 시청 시간은 이와는 좀 다르다. 텔레비전 시청에서 필요 시청 시간이란 수용자 재생산, 즉 수용자를 유지하는 데 필요한 시간인데, 이는 측정 가능한 수치로 산출하기가 매우 어렵다. 물론 리번트는 광고 시청 시간 중에서 자본의 투입 비용을 회수하는 데 필요한 시간을 필요 시청 시간으로, 나머지를 잉여 시청 시간으로 보았다. 필요 시청 시간이란 개념적으로는 뚜렷이 구분되지만 분석에는 별로 유용하지가 못한 셈이다. 잘리와 리번트(Jhally & Livant, 1986)는 노동 시간의 틀로 시청 시간을 설명하면서 이를 현실의 경제 과정에 대한 개념화이면서 동시에 은유로 파악했다. 노동 시간과 시청 시간 사이에는 작동 방식의 유사성에도 불구하고 본질적인 차이가 존재한다는 점을 사실상 인정한 셈이다.

수용자의 시청 행위를 노동의 한 형태로 보고 이를 잉여 가치 생산과 연관지으려 한 스마이드의 시도는 한동안 주목을 끈 후 잊혀졌다. 수용자상품론을 둘러싸고 제기된 여러 이론적, 개념적 쟁점도 미해결 상태로 남았다. 하지만 최근 온라인 미디어 환경에서 스마이드의 주장은 다시 주목받고 있다(Andrejevic, 2002; Cohen, 2008; Fuchs, 2015; Grimes, 2006; Simpach, 2005). 미디어 연구에서 수용자상품론의 부활은 특히 미디어 환경이 전통적 매스 미디어에서 온라인 중심으로 옮아가고 이른바 웹2.0 환경에서 적극적 이용자가 등장하게 된 변화에 자극받은 것으로 보인다(Napoli, 2010: 511; Rigi & Prey, 2015: 393).

예컨대 크리스티안 푹스Christian Fuchs(2015)는 스마이드의 주장을 대부분 수용하여 현대 미디어 환경에 적용을 시도했다. 푹스는 마르크스의 노동 시간과 가치 법칙을 소셜 미디어에 확대해 적용하면서 자본주의적 소셜 미디어의 등장이야말로 노동가치이론의 확장이라는 새로운 추세의 특징을 잘 표현해 주는 현상이라고 보았다. 페이스북 활동을 통해 이용자는 주목과 개인 정보를 생산하고 이를 통해 자본의 착취와 자본 축적의 대상으로 변한다. 따라서 소셜 미디어는 현대 자본주의에서 고도의 생산력 발전 수준을 잘 드러내는 현상이며, 이를 통해 가처분 노동 시간이 여가 시간까지 침투하면서 노동에 대한 착취가 고도의 수준으로 강화되었다는 것이다. 푹스(Fuchs, 2009)는 웹2.0 환경에서 나타나는 이러한 특징을 근거로 '인터넷 생비자 상품Internet prosumer commodity'이라는 새로운 용어를 제안한다. 스마이드의 수용자 상품이 새로운 환경에서 변형된 형태로 부활한 것이다.

수용자상품론이 제기한 주장들은 전통적 자본과 노동관계의 틀에 비추어 현대 자본주의의 환경에서 등장한 새로운 착취 형태를 간파했다는 점에서 훌륭한 통찰력을 갖고 있다. 하지만 노동 시간을 이용자의 모든 시간에까지 일괄적으로 확대하는 바람에 단순한 소비 행위와 적극적인 정보 생산 간의 구분, 노동과 비노동의 개념적 구분을 유명무실하게 만들었다는 비판을 받았다. 새로운 환경에서는 미디어 이용자가 자본 축적에 기여하는 부분이 커진 것이 사실이지만, 이 기여도를 어떻게 측정하고 개념화할 것인지는 미디어 정치경제학계에서 여전히 더 논의가 필요한 숙제로 남았다.

6. 노동가치론과 지대이론의 부활: 대안적 접근

수용자상품론에서는 전통적인 가치이론의 확대 재구성을 주장했지만, 그 주장에 대한 본격적인 논의에 앞서 미디어 상품 생산 과정에서 전통적인 생산적 노동의 역할에 대해 다시 살펴볼 필요가 있다. 상품 생산에 종사하는 노동자만이 가치를 창출한다고 보는 노동가치론은 오늘날 미디어 자본의 축적 과정을 규명하는 데 여전히 유효한가? 이 노동가치론이 현재의 현실을 설명하는 틀로서 한계가 있다면 어떤 개념이 이를 보완할 수 있는가? 이 질문과 관련해 국내 정치경제학자들 사이에서 정보재의 특성을 둘러싸고 벌어진 이른바 '정보재 논쟁'은 미디어 정치경제학에도 시사하는 부분이 많아 이 논쟁을 논의의 출발점으로 삼고자 한다(강남훈 외, 2007).

이 논쟁에서 정보재의 특성으로 이견의 근거가 된 것은 바로 공공재적 성격, 즉 원본 생산 이후 복제 생산에 추가 비용이 들지 않는다는 점이다. 이 특성을 감안할 때 논쟁의 핵심은 정보재 가치의 단위를 카피(채만수, 2007)와 버전(강남훈, 2007) 중 어떤 것으로 볼 것인지로 압축된다. 미디어 상품과 같은 정보재 역시 연구 개발이든 원본 생산이든 산업 종사자의 상당한 노동 시간이 투입된다는 점에서는 생산적 노동으로 볼 수 있다. 그러나 채만수의 주장처럼 카피를 상품의 생산 단위로 간주한다면 정보재는 첫 단위 이후에는 추가 비용이 거의 들지 않기 때문에 가치가 전무하게 된다. 따라서 정보재는 원천적으로 상품화가 불가능한 재화인데, 국가 권력의 인위적 규제 장치를 통해 가격을 지불하도록 강제한 데 불과하다. 만일 그렇다면 이 상품의 가격은 새로운 가치가 생산된 것이 아니라 다른 산업에서 생산된 가치가 이전된 '독점 가격'에 불과하다. 반면에 강남훈의 주장처럼 정보재를 버전 단위로 파악하면 최초의 단위 생산에 투입된 노동 가치가 이후의 카피에 분산되어 반영된 것으로 볼 수 있어 노동가치론 역시 여전히 유효하다. 정보재에서는 노동가치론이 적용되지 않는 것이 아니라 노동 가치가 실현되는 방식이 다르고 이 가치를 측정하는 방법만 달라질 뿐이다.

여기서 유의할 부분은 정보재 생산에서의 가치 문제 역시 해당 상품 유형에만 국한하지 않고 자본 전체로 범위를 확장해 그 맥락 안에서 살펴볼 필요가 있다는 것이다. 이채언(2007)이 지적했듯이, 노동가치이론은 특정한 개별 산업이 아니라 자본 전체의 평균 원리에 근거한다는 점은 여기서 특히 주목해야 할 부분이다. 실제 문화 상품 생산에서는 채만수가 주장하는 것과 달리 자본가가 무한정의 독점적 이윤을 실현하지는 못한다. 극소수의 성공작은 원본 이후에 별도 비용 없이 엄청난 수량의 카피를 판매할 수 있지만, 흥행의 불확실성 때문에 이익 실현 가능성과 무관하게 수많은 원본 생산에 대한 과잉 투자가 불가피하다(Ryan, 1991).

흥행에 성공한 극소수의 개별 작품에만 국한해서 보면 언뜻 추가 비용 없이 복제 형태로 무한정 수익을 달성하는 것 같지만, 각 상품의 판매 실적은 대개 예측이 불가능하고 불규칙할 수밖에 없다. 문화 산업 전체의 평균 수치로 보면 자본의 수익률은 일정 비율을 초과하기 어렵다. 다수의 원본 생산에 투입된 자본과 노동량의 성과가 개별 작품의 불균등한 흥행 실적에 분산되어 실현된다고 보면 문화자본은 총자본의 평균치에 근접하는 수익률을 올리는 데 그친다. 원칙적으로만 보면 일부 흥행작을 제작한 자본가는 무한 복제를 통해 기적적인 수준의 초과 수익을 기록할 수 있다. 하지만 문화 산업 전체로 보면 일부의 흥행작과 다수의 실패작이 공존하기 때문에 실질적으로 총자본의 평균을 초과하는 수익을 달성하기 매우 어렵다. 만일 그렇게 된다면 모든 자본이 수익성이 높은 문화 산업에만 집중될 것이지만, 그런 일은 발생하지 않는다.

정보재 논쟁에 참여한 학자 중 김창근(2008)은 이 점에서 적절한 진단을 내린다. 즉 그는 성공적인 정보재는 성과를 달성한 노동뿐 아니라 이전에 성과 달성에 실패한 노동까지 포함해서 보아야 한다고 주장했는데, 이는 정보재의 특성을 잘 간파한 것이다. 성공한 상품 가격에는 성공작의 생산 원가뿐 아니라 가치 실현에 실패한 수많은 다른 원본 생산 노동까지 포함해서 책정되기 때문이라는 것이다(272). 이렇게 본다면 미디어 문화 상품은 노동을 통한 가치 생산 양상이 특수한 사례라기보다는 그 가치가 유통, 순환 영역에서 화폐 형태로 '실현'되는 방식이 독특한 산업 업종이라고 할 수 있다. 다시 말해 미디어 상품의 수익 구현 방법을 설명하는 데는 노동가치론이 최소한 어느 정도는 적용될 수 있다는 것이다.

현재 미디어 정치경제학자 중에서는 미디어 산업과 관련된 분석에서 전통적인 가치이론을 고수하는 입장이 오히려 흔치 않다. 이 점에서 릭 맥스웰Rick Maxwell(1991)은 수용자상품론을 비판하면서 노동가치론을 통해 현상의 재해석을 시도하는 예외적인 사례다. 맥스웰에 따르면 수용자 상품화는 결국 가격이라는 형태로 나타나므로 수용자 상품은 상품 형태를 취하기는 하지만 가치이론의 시각에서 볼 때 진정한 상품이라고 하기는 어렵다. 텔레비전 시청 행위는 가치를 생산하는 피착취 노동이 아니며, 이미지 정보 산업에서 창출된 가치는 수용자 노동이 아니라 다른 곳(시청률 조사 회사, 미디어 조직, 광고대행사 등)에서 노동을 통해 생산된 가치가 이전된 형태에 불과하다고 맥스웰은 주장한다. 맥스웰의 논리를 따르자면 미디어 산업의 상품 순환 과정을 가치이론의 관점에서 설명하기 위해서는 상품 생산과 관련된 여러 유관 산업 간의 관계에 대한 분석이 필수적이다. 이 점에서 보면 미핸(Meehan, 1984)의 연구는 시청률 조사 산업이 방송 산업의 자본 축적 과정에서 수행하는 핵심적인 역할을 적절하게 지적한 의미 있는 작업인 셈이다.

미디어 문화자본의 가치 증식 과정의 특성을 설명하는데 생산 과정의 노동가치론과 유통, 소비 과정의 수용자상품론은 각기 나름대로 장단점이 있다. 그래서 이에 대한 제3의 대안으로 등장한 것이 바로 '지대'이론이다. 이 주장은 미디어 자본에게 발생하는 이윤 중 노동의 산물(잉여 가치)도 아니면서 자본의 통제 범위에서도 벗어난 외부적 요인에서 발생하는 부산물, 즉 '외부 효과'가 미디어 자본의 주된 수입이 된다고 본다(Caraway, 2010; Rigi & Prey, 2015). 지대는 원래 토지에 근거한 농업에서처럼 자연력의 독점적 소유에서 발생하는 수입인데, 이를 미디어 상품이나 정보재의 환경을 이루는 생산 조건에 원용한 것이다.

강남훈에 따르면 "개별 자본이 가진 우월한 생산성의 원천이 자본 자체(노동력을 포함하여)에 있느냐 자본 바깥에 있느냐에 따라"(강남훈, 2002: 104) 지대 여부는 결정된다. 즉 생산력에 의한 초과 이윤이 자본이 투입한 생산력과 관계없는 조건에 의해 발생하고 노동의 산물도 아닐 때 이를 지대라고 볼 수 있다는 것이다. 강남훈은 정보 상품에서 지대의 사례로 '네트워크 효과'나 브랜드 효과를 든다. 사람들의 통행량이 많은 구역의 지대가 상승하여 지주가 추가 소득을 얻게 되는 것과 마찬가지로, 이용자가 많이 모인 인터넷 서비스는 콘텐츠도 다양해지고 다른 이용자와의 네트워킹 기회도 더 풍부하기 때문에 경쟁에서 상대적인 우위에 서게 된다. 이 우위는 플랫폼 자본의 수익 확보에서 결정적인 역할을 한다. 이 경쟁력은 자본의 투자에 의해 발생한 것이 아니라 이용자의 자발적 참여로 조성된 부산물이므로 지대의 성격을 띤다는 것이 지대이론의 요지다.

이 지대는 토지의 비옥도 차이와 마찬가지로 경쟁자의 완전한 배제와 독점이 아니라 상대적 우위에서 발생한다는 점에서 좀 더 구체적으로는 '차액 지대differential rent'에 가깝다. 토지 지대와 네트워크 지대는 수익의 원천이 물질적 형태를 띠느냐 무형의 자산 형태를 띠느냐 하는 형태 차이만 있을 뿐 재산권의 독점에서 발생한다는 점에서 수익을 창출하는 원리는 비슷하다(이항우, 2016: 201). 강남훈은 이처럼 무형의 공간에서 발생하는 지대 형태를 '정보 지대'로 규정했다. 이채언(2007) 역시 이와 비슷하게 검색 엔진 서비스 산업에서 수익 발생 과정을 지대이론으로 설명한다.

미디어 관련 연구로 눈을 돌리면 브렛 캐러웨이Brett Caraway(2011)는 스마이드가 제기한 수용자상품론을 비판하면서 이 과정은 생산적 노동보다는 지대 개념으로 파악하는 것이 더 적절하다고 주장했다. "미디어 소유주는 미디어 이용권을 수용자 접근에 관심 있는 산업 자본가에게 대여rents한다. 이 대여는 시간(방송)일 수도 공간(인쇄 미디어)일 수도 있다. …… 수용자의 규모와 질에 관한 추정이 광고주에게 부과되는 지대를 결정한다"(701). 캐러웨이는 자본이 미디어 이용권을 광고주에게 판매하는 과정을 토지 임대 방식과의 유사성에 근거해 이처럼 지대라는 은유적 개념으로 파악한다.

마테오 파스퀴넬리Matteo Pasquinelli(2015)는 이보다는 좀 더 진전된 수준의 지대이론을 제시한다. 파스퀴넬리는 구글의 페이지랭크PageRank라는 검색 알고리즘을 정치경제학적 관점에서 분석하면서 지대 개념을 원용한다. 구글은 독자적인 콘텐츠를 전혀 생산하지 않으며, 단지 특정한 검색 정보와 연계된 링크의 수와 질에서 우위를 점하고 있을 뿐이다. 따라서 파스퀴넬리는 구글이 창출해서 이용자에게 제공하는 새로운 가치 형태를 '네크워크 (잉여) 가치network value'로 불렀다. 이는 인지 자본주의의 근간을 이루는 '주목 가치attention value'이기도 하며, 이를 활용해서 발생하는 광고 수입은 구글이 자본 축적을 수행하는 데 중추적 원리를 이룬다. 이윤 창출 방식에서 볼 때 구글은 수많은 이용자의 자발적 노동에 의해 작용하는 "밑으로부터의 가치 생산 장치"(153)이자 "공동의 지성이 생산한 가치를 포착하도록 고안된 기생적 장치"(155)라고 그는 규정한다. 파스퀴넬리는 소유주가 어떤 자산을 보유하게 되면서 얻는 기생적 수입으로서 전통적으로 토지 재산 소유와 연관되는 소득 형태를 지대로 규정하는데, 구글의 수익은 이 토지 지대와 발생 원리가 비슷하다는 것이다(158). 이러한 근거에 비추어 보면 구글이 디지털 영역에서 잉여를 추출하고 자본을 축적하는 방식은 지대의 한 형태인 '인지 지대cognitive rent'라고 볼 수 있다고 주장한다.

노동을 통해 잉여 가치가 생산되는 생산 과정을 벗어나 잉여가 화폐 형태로 전환되면서 실현되는 유통 과정으로 시각을 확장해서 보면 스마이드의 논의가 어떤 새로운 이론의 지평을 열어 주면서 이후의 논의에 파급 효과를 가져왔는지 깨달을 수 있다. 스마이드는 단지 잉여 가치의 생산을 노동에서 유통과 소비 영역으로 확대했을 뿐이지만, 《자본론》의 틀에서 보면 가치가 실현되고 구체적으로 분배되는 형태인 독점 이윤, 지대, 특별 잉여 가치 등 다양한 개념에 관한 논의로까지 시각을 넓혀 볼 여지를 마련한 것이다.

마르크스주의 정치경제학에서 노동 시간(가치)과 화폐(가격)의 관계는 본질과 현상의 관계와 같다(Rigi & Prey, 2015: 394). 미디어 정치경제학에서도 스마이드는 좁은 의미의 가치 생산에 대한 분석에서 더 나아가 사회 총자본 순환에서 나타나는 가치의 현상 형태에 관한 논의의 물꼬를 튼 셈이다. 마르크스주의 경제학자 이사크 루빈Isaak Rubin은, "이윤, 이자, 지대는 교환과 분배 영역에서 나타나는 잉여 가치 형태이며, 따라서 생산 영역에서 총 사회적 노동이 생산한 총 사회적 잉여 가치의 부분들을 구성한다"(Rubin, 1972: 46n1; Rigi & Prey, 2015: 402 재인용)라고 지적했다. 가치이론에서 출발한다 하더라도 자본의 순환 과정이라는 더 넓은 틀 안에서 가치가 실현되는 다양하고 복잡한 양상에 주목해야 자본의 축적 과정을 입체적으로 이해할 수 있다는 것이다. 미디어 정치경제학에서 스마이드는 바로 이러한 방향으로 논의를 확장하는 작업에서 첫걸음을 내딛었다는 점에서 큰 의미가 있다.

가치와 지대 등이 추상적 개념이라면 이것이 구체적으로 구현되는 현상은 훨씬 더 다양하고 복합적인 형태를 띠게 된다. 개념은 현실이 추상화된 것이지만, 구체적 현상이 이 개념들의 순수한 구현체가 되는 일은 드물다. 정보재 논쟁 양상을 보더라도 강남훈은 정보 상품의 이윤에는 특별 잉여 가치, 지대, 독점 이윤 등의 구성분이 모두 포함되어 있다고 이해한다(강남훈, 2002: 111). 그래서 정보 상품의 가치 생산과 실현 과정을 설명하는 데는 다양한 개념이 모두 필요하다. 이 중 특별 잉여 가치는 예외적으로 생산성이 높은 노동이 '강화된 노동'으로 작용하면서 높은 잉여 가치를 생산하는 경우다. 즉 특정한 상품의 노동이 동일한 종류의 다른 노동보다 더 많은 가치를 생산할 경우 특별 잉여 가치가 발생한다. 미디어 상품의 경쟁에서는 질적 차별성이 경쟁을 제한하는 차별적 경쟁differential competition이 흔히 발생하는데, 이는 특별 잉여 가치의 한 형태로 볼 수 있다. 반면 생산물 가격이 가치에 의해 결정되지 않고 구매자의 구매욕과 지불 능력에 의해 결정될 수도 있는데, 이 때는 독점 이윤이 발생한다(강남훈, 2002: 103).

그런데 지대는 이 두 형태와 성격을 달리한다. 가령 특별 잉여 가치는 일부 자본가의 혁신 등 자본의 내부적 원인에 의해 일시적으로 발생하지만, 다른 자본 역시 곧 이를 모방해 동일한 방식으로 생산한다면 차후에 얻을 수 있다. 독점 이윤 역시 공급이 제한된 일정 기간만 얻을 수 있다. 반면에 지대는 자본의 통제 바깥에 있는 요인에 의해 발생하므로 자본의 뜻대로 쉽게 얻을 수 없는 조건과 관련이 있다(강남훈, 2002: 103~104). 지대 개념을 적용할 때 중요한 점은 '외부 효과'에서 발생하는 이 초과 이윤이 '지속성'을 띠어야 한다는 것이다. 그렇지 못할 경우 이 이윤은 지대보다는 자본에게 혁신의 결과 일시적으로 발생하는 특별 잉여 가치로 보아야 한다(강남훈 · 이채언, 2005; 이채언, 2007).

우리가 현실에서 접하는 미디어 현상은 노동가치론으로 설명할 수 있는 부분도 있고, 지대나 독점 이윤 등의 개념에 의존할 필요가 있는 부분도 있다. 자본주의가 현대의 포스트 포디즘 양식으로, 인지 자본주의 단계로 진화하면서, 구체적인 자본의 축적 과정을 설명하는 데는 더 정교한 분석 틀이 필요해졌다. 가치가 상품 유통 과정에서 실현되면서 지대나 이윤, 특별 잉여 가치 등 다양한 형태가 등장하는데, 이 개념들을 통해 미디어 자본의 축적 과정이 진화하는 양상을 해석해 본다면 그 특수성을 개념화할 수 있는 좀 더 정교한 정치경제학적 분석이 가능할 것이다.

수용자상품론에 의해 촉발된 다양한 가치 형태에 관한 논의를 구체적인 연구에 적용할 수 있는 분석적 개념으로 발전시키려면 해결해야 할 과제가 아직 많다. 스마이드가 처음 제기한 수용자 상품, 노동 개념은 주로 텔레비전의 사례를 토대로 도출되었는데, 이를 다른 미디어에도 적용하려면 앞으로 더 연구해야 할 과제가 산적해 있다. 노동가치론의 적용이 가능한 부분은 어디까지이고, 어떻게 적용할 것이며, 노동에서 발생하는 잉여처럼 수용자 노동의 잉여 가치를 분석적으로 산출 가능한 개념으로 어떻게 개선할 것인지도 연구가 더 필요한 부분이다.

현대 자본주의 체제에서는 산업 혁명기이던 마르크스 시절에는 볼 수 없던 변화가 많이 일어났다. 19세기 산업 사회의 노동 모델을 현대 사회에 그대로 적용할 수는 없다. 스마이드는 논란의 여지가 크기는 하지만 대담한 문제 제기를 통해 정치경제학에서 풀지 못한 숙제에 대한 해답을 시도했다는 점에 의미가 있다. 이 점에서 스마이드가 제시한 주장의 타당성 문제와 무관하게 시대를 앞서간 그의 통찰력은 인정할 수밖에 없다. 물론 마르크스주의 이론의 역사에 비추어 보면 그의 주장이 전혀 생소한 내용만은 아니며, 일찍이 《자본론》 해석을 둘러싸고 벌어진 '전형 문제' 논쟁에서도 이미 다룬 주제다. 이 논의를 미디어 정치경제학에서도 받아들여 가치이론에 관한 논의 활성화를 통해 이론을 한 단계 더 발전시키는 계기로 삼을 필요가 있다.

7. 텔레비전에서 플랫폼까지: 미디어별 상품의 개념화 문제

스마이드의 수용자상품론으로 촉발된 다양한 이론적 논의를 미디어 상품화 메커니즘에 적용되는 체계적인 분석 틀로 발전시키기 위해서는 짚고 넘어가야 할 쟁점이 적지 않다. 수용자상품론, 노동가치론, 지대이론 등 자본의 가치 실현 형태에 관한 이상의 논의들이 제시한 이론적 통찰력 못지않게 현상 분석에 적합하게 개념적 엄밀성을 다듬는 작업이 필요한 것이다.

이러한 논의를 위해 필수적인 몇 가지 쟁점을 다음과 같이 생각해 볼 수 있다. 우선, 수용자 상품이든, 다른 형태든 미디어 문화 상품에서 상품을 어떻게 개념화할 것인가? 수용자상품론은 미디어 문화자본 축적에서 수용자의 기여를 강조한 것인데, 이러한 기여를 어떻게 이론적으로 정교화할 것인가? 그리고 미디어별 특수성을 감안할 때 미디어에 따라 현상을 설명하는 데 원용할 수 있는 개념은 어떻게 달라지는가? 이 질문들을 염두에 두고 여러 미디어에 대한 분석을 차례로 시도해 본다.

텔레비전 상품과 가치 생산

머독이 일찍이 지적했듯이 스마이드의 수용자상품론은 분명 텔레비전, 특히 북미 상업 방송 체제의 사례를 근거로 도출한 것으로 보인다(Murdock, 1978). 이를 구체적인 미디어 분석에 적용 가능한 개념으로 일반화하는 작업에는 적지 않은 문제점이 발생할 수 있다. 우선 텔레비전에 국한해서 보더라도 수용자 상품에서 어떤 측면이 상품으로 되고, 가치는 어떻게 생산되어 실현되는가 하는 문제가 있다. 이 '텔레비전 중심의' 논의를 다른 매스 미디어에 어느 정도 확장할 수 있을 것인지도 쟁점이다.

텔레비전 상품에 관한 논의는 우선 프로그램 콘텐츠의 제작에서 출발할 필요가 있다. 여기서는 노동가치론의 유용성이 쟁점이다. 정치경제학의 기본 도식에 따르면 프로그램이라는 상품은 어디까지나 자본이 구입한 생산재와 노동력이 투입해서 나온 산물이기 때문이다. 프로그램 자체는 제작에 투입된 노동 시간의 결과라는 점에서 일단 노동가치론으로 상당 부분 설명할 수 있다. 즉 상품 가치 중에서 사회적 필요 노동을 초과한 부분은 잉여 노동의 산물이라는 점에서 잉여 가치에 해당한다.

그런데 문제는 텔레비전 상품의 원가 구조가 지니는 독특한 성격에서 발생한다. 이 무형의 상품을 소비하는 시청자 수가 늘어나더라도 자본에게는 추가 생산비가 거의 발생하지도 않고 다른 이용자의 소비 기회도 영향을 받지 않는다. 일부 흥행 성공작은 그야말로 추가 비용의 투입조차 없이 대규모 수입이 굴러들어오는 횡재를 하게 된다. 즉 텔레비전 상품의 공공재적 특성을 어떻게 노동 시간이나 원가의 관점에서 설명할 수 있을까? 가치이론과 관련된 개념 중에서 특별 잉여 가치는 여기서 유용한 설명 도구가 될 수 있다.

텔레비전 드라마나 영상 창작물은 극히 일부만이 대규모 흥행에 성공하며, 제작 단계에서는 성공 여부를 예측하기 어렵다. 그래서 자본가는 수많은 원본 제작에 투자하여 이 중 일부가 성공을 거두기를 기대한다. 일부 프로그램의 성공이 (물론 미리 판단하거나 예측하기는 어렵지만) 뛰어난 작품성에서 유래했다고 보면, 이는 일시적으로 강화된 노동이나 높은 생산력의 결과 특정 상품이 상대적으로 많은 수익을 올리게 된 것으로 해석할 수 있다. 다만 이 특별 잉여 가치는 일시적으로만 발생하는 것이며 유사품을 생산하는 다른 자본의 추격으로 조만간 사라지게 된다. 이는 잉여 가치를 추가로 생산한 것이라기보다는 자본 전체의 가치에서 일부가 이전된 것이다.

이러한 설명은 텔레비전 상품이 지니는 특성에 근거한 것이다. 텔레비전 프로그램은 가치가 생산되는 방식이 다른 것이 아니라 상품 순환 과정에서 가치가 실현되는 방식이 다를 뿐이라고 보면 노동가치론은 여전히 유효한 이론이다. 이른바 주목경제론은 인간의 '주목'이 한정된 자산이기 때문에, 설혹 상품이 무료라고 해도 소비가 무한으로 확장될 수 없다는 전제에서 출발한다(Goldhaber, 1997). 또한 미디어 이용의 '상대적 불변relative constancy' 가설에서는 미디어 총 이용 비용/시간이 어느 정도 고정된 규모를 넘어서 확장되기 어렵다고 주장한다(McCombs, 1972; McCombs & Nolan, 1992). 이 주장들에 비추어 보면 개별 프로그램의 흥행이 거의 한도 없이 실적을 기록할 수 있다고 해서, 미디어 산업이 실현하는 가치의 총규모 역시 똑같이 무한 확장이 가능하다고 보는 것은 현실적 근거가 희박하다.

이처럼 프로그램이라는 상품 '생산' 과정만 보면 노동가치론이 적용되지만, 문제는 이렇게 생산된 '상품'이 바로 화폐 형태로 '전형'되지 않고 무료로 배포된다는 데 있다. 이는 텔레비전 자본이 노동의 산물인 프로그램을 수용자에게 대가 없이 제공하고 이에 대한 반대급부로 무엇인가를 물물 교환 형태로 받는 것이라고 보면 된다. 스마이드와 달리 잘리

(Jhally, 1982: 208)와 리번트(Livant, 1982: 213)는 수용자의 노동이 광고주가 아니라 매스 미디어를 위해 이루어진다고 했는데, 이는 텔레비전 상품화 과정에서 시청자의 역할을 예리하게 지적한 것이다. 텔레비전의 상품화는 우선 노등에 의한 생산물이 수용자와 물물 교환 단계를 거치고, 그다음에 수용자에게서 받은 것을 다시 광고주에게 판매해 화폐화하는 이중적 거래 단계 형태로 이루어진다고 할 수 있다. 스마이드의 수용자상품론은 이 과정에서 가치의 실현에 해당하는 후반부에 초점을 둔 것이다.

그렇다면 텔레비전 자본이 수용자와 물물 교환 형태로 얻는 것은 무엇인가? 스마이드는 이를 모호하게 '수용자 상품'으로 표현했다. 텔레비전 수용자나 수용자 상품의 구체적인 의미에 대해서는 아직 논쟁이 진행되고 있다. 수용자 상품의 존재를 인정한다 할지라도 이를 개념 수준에서는 어떤 형태로 파악할 것인지가 숙제로 남았다. 수용자 상품은 표현 그대로 수용자라는 물리적 집단을 의미하는가, 수용자의 인구학적 속성이나 수용 행위에 투입되는 시간이나 '주목도'를 의미하는가? 어떻게 정의하든 수용자가 현실에서 보이는 실제 수용자는 아니며 수용 과정의 사회관계에서 발생하는 추상적 속성에 가깝다는 점에는 이론의 여지가 없다.

리번트는 수용자 상품 개념을 측정 가능한 개념으로 정리하기 위해 노동 시간과 유사한 시청 노동 개념을 제시한다. 그는 미디어가 수용자를 상품화 과정에 끌어들여 이용한다고 해도 소유하지는 않기 때문에 수용자 자체가 상품이 될 수 없다고 지적하고, 수용자상품론에서 거래되는 것은 오직 시청 시간이라고 보았다(Livant, 1982: 213). 수용자 상품에서 상품에 해당하는 부분은 수용자가 지출하는 시간으로 측정할 수 있다고 간주한 것이다(이 같은 주장은 Fuchs, 2010, 2012; Jhally & Livant, 1986에서도 나타난다).

문제는 이렇게 되면 비노동 시간 중에서 상당 부분을 차지하는 소비와 미디어 이용 시간이 넓은 의미의 노동이란 범주로 포함되어 노동 유형 간의 개념적 구분이 어려워진다는 점이다. 노동은 정신적, 육체적 집중을 요구하는 전통적인 생산 행위뿐 아니라 수동적인 소비나 메시지 노출까지 포괄하는 광범위한 범위로 확장되어 용어가 원래 갖고 있던 개념적 분별력을 상실하게 된다. 아무리 개념을 느슨하게 적용한다 하더라도 시청자가 텔레비전 프로그램에 '주목'하는 인지적 차원의 행위를 모두 노동으로 보기는 어렵다. 스마이드의 수용자상품론은 미디어 상품 생산과 가치 실현 과정에서 수용자의 '기여'를 예리하게 포착하기는 했지만, 이 기여를 노동의 개념으로 지나치게 확장하는 바람에 개념적 정교함과 거리가 먼 논의로 비약해 버렸다. 노동가치론의 과도한 확장은 노동가치론의 이론적 설명력 자체를 잠식하는 역효과를 낳을 수 있다.

미핸(Meehan, 1984)은 수용자 상품의 의미에 대해 좀 색다른 견해를 제시한다. 즉 방송 산업이 생산하는 상품이란 무엇인가 하는 질문에 대해 메시지를 생산한다는 견해와 수용자를 생산한다는 주장에 맞서 시청률ratings이라는 제3의 해답을 내놓는다. 방송 산업에서 생산, 판매, 구매되는 상품은 시청률이라는 것이다. 물론 미핸의 주장은 여러 가지 맥락에서 해석할 여지가 크다. 단순히 미디어 산업에서 방송사와 광고주를 매개하면서 스스로 이윤 극대화와 비용 절감을 목표로 삼는 시청률 조사 산업의 중요성을 지적한 것으로 볼 수도 있다. 하지만 여기서 주목할 부분은 시청률이라는 데이터 자체가 프로그램 제작과 광고주 사이를 매개하면서 방송 자본의 가치 '실현'에서 중요한 역할을 한다는 점이다. 시청률 데이터는 방송사가 생산한 산물도 아니고, 시청자 행위의 한 차원도 아니다. 이는 한편으로는 시청자 행위의 부산물이자, 다른 한편으로는 시청률 조사 기업 종사자의 (또 다른 형태의) 노동의 산물이라는 점에서 독특한 위상을 차지한다.

방송 산업의 수익 창출 메커니즘을 파악하면서 노동과 수용자의 관점을 넘어 상품 거래의 '부산물'이라는 측면에 주목하는 일부 견해들은 지대이론으로 현상을 설명하려 한다. 야코브 리지Jakob Rigi와 로버트 프레이Robert Prey(2015)는 수용자상품론을 비판하면서 매스 미디어에서 수용자가 광고에 주목하는 행위가 가치를 생산하지 못한다는 점을 입증하기 위해 1000명당 도달 비용(Cost Per Thousand: CPT)의 미디어별 차이를 예로 든다. 수용자가 어떤 광고 메시지를 읽는 데 소요되는 물리적 시간은 비슷한데 미디어마다 CPT가 천차만별이라는 것은 수용자 노동(시간)으로 광고의 경제적 가치를 설명할 수 없다는 것이다. 이들의 설명에 따르면 CPT는 수용자가 생산한 가치가 가격으로 전형된 사례로 볼 수 없으며, 대부분 미디어 소유주가 광고주에게 지면이나 시간을 제공하는 대가로 받는 지대에 가깝다. 광고 지면이나 시간이야말로 상품이며 그 가격은 이 지면에 노출되는 독자/시청자의 예상되는 프로파일, 즉 계급, 젠더, 인종, 국가적 차이, 문화 습관 등의 질적 속성 차이에 의해 결정된다. 도시 부동산 임대 가격이 점유 공간의 크기뿐 아니라 위치, 주변 구역 거주자의 사회경제적 위치나 문화적 지위에 의해서도 규정되듯이, 광고 지면의 가격 역시 비슷한 원리로 결정되므로 지대로 보아야 한다는 것이 두 사람의 주장이다.

이와 같은 지대이론은 텔레비전 광고 시간/신문 지면과 토지 간의 유사성에 근거한 지대 개념을 미디어 상품의 성격 규명에 활용하면서 참신한 통찰력을 제시한다. 하지만 광고 지면과 시간을 효과라는 측면에서 보면, 광고의 상품성은 프로그램의 품질이라는 일회성 자질에 의존한다. 이 품질과 흥행의 가능성은 미래에 대한 예측에 불과하긴 하지만, 어디까지나 특정 프로그램에 대한 시청자의 변덕스럽고 일시적인 평가에 근거한다. 광고주는 특정한 프로그램에 광고를 싣는 것이지, 특정한 채널에 대한 충성심에 근거해 구매를 지속하지는 않는다. 앞서도 지적했듯이 지대는 일종의 '외부 효과'이자 부산물로 발생하는 초과 이윤인 것은 사실이지만, 이는 어느 정도 지속성을 띠어야만 지대로 볼 수 있다. 그렇지 못할 경우 이 초과 이윤은 자본이 주도한 혁신의 결과 일시적으로 발생하는 특별 잉여 가치로 보는 것이 더 적절하다(강남훈·이채언, 2005; 이채언, 2007). 더구나 CPT는 광고주와 미디어 사이에 광고의 적정 가격을 산출하기 위해 존재하는 잠정적인 지표다. 이 지표가 예측하는 광고 효과 대비 가격이 미디어나 프로그램마다 들쑥날쑥하다면 이는 일시적인 현상에 불과할 뿐 결국 적정 수치로 조정될 것이다.

따라서 리지와 프레이가 주장하는 지대이론을 텔레비전 광고에 적용하는 것은 그다지 적절하지 않다. 광고에서 발생하는 수입 가운데 일부는 프로그램 생산 노동의 가치가 (광고 수입 형태로) 시차를 두고 지연되어 실현된 부분으로 보고, 다른 부분은 몇몇 흥행작이 총자본의 가치에서 떼내어 거두어들인 특별 잉여 가치라고 본다면 전통적인 노동가치이론은 여전히 어느 정도 설득력이 있다. 다만 생산–수용자–광고주로 이어지는 미디어 상품 순환의 과정에서 수용자의 기여분을 어떻게 설명할 것인지는 숙제로 남는다. 시청자가 자본의 가치 생산과 실현에 어떤 형태로든 '기여'하는 것은 부인할 수 없기 때문이다.

이후 등장한 온라인 플랫폼 환경에서 일반화하듯이 수용자의 행위에서 단순한 소비와 구분되는 독특한 생산적 노동 형태가 부상하게 되면서, 스마이드의 설명은 다시 주목받게 된다. 스마이드는 텔레비전 상품에서 수용자의 역할에 대해 설득력 있는 명제를 제시했다기보다는 이후 플랫폼 환경에서 훨씬 다변화된 수용자의 기여 형태를 이론화할 수 있는 실마리를 제공했다는 점에서 의미가 있다. 스마이드의 탁월한 기여는 이처럼 시대를 앞서 미디어 상품의 속성을 간파한 데 있다.

물론 텔레비전에서도 지속성을 띠는 외부 효과 형태는 존재할 수 있는데, 스타나 브랜드와 같은 현상이 대표적인 예다. 영화나 텔레비전 등 영상 산업에서 '스타'는 자본의 적극적 투자라는 원인이 아니라 흥행 성공의 부산물로 사후에 등장해 지속적인 이윤을 보장하는 장치로 작용한다는 점에서 지대의 한 형태로 볼 수 있다(김호석, 1998). 007 영화 시리즈에서 숀 코너리나 대니얼 크레이그라는 스타급 배우는 영화의 성공이 낳은 부산물이지만 이후 다시 지속적인 흥행을 보장하는 장치 구실을 하면서 영화 자본에 추가 수익을 산출한다. 또한 콘텐츠 구성 방식에서도 시장에서 흥행이 검증된 양식이 반복되면 이와 비슷한 기능을 할 수도 있는데, '007 시리즈'라는 장르나 공식format 자체가 그 예다(Ryan, 1991). 요약하자면 텔레비전 상품의 가치 생산과 실현 과정을 설명하는 데는 주로 노동가치론과 지대이론이 유용하다.

그다음으로 생각해 볼 문제는 텔레비전에서 도출한 이상의 분석 틀을 다른 미디어에도 적용할 수 있는가 하는 점이다. 전통적 미디어 중에서는 물질적인 상품 혹은 배타적인 접근권 형태로 소비자에게 판매되는 영화나 음반, 유료 구독 채널도 있고, 텔레비전이나 신문 등 수입의 일부나 전부를 광고에 의존하는 미디어도 있다. 형태는 달라도 모두 원본 제작 이후의 추가 비용은 미미하고, 이 때문에 무단 복제가 손쉽다는 점은 공통된 특징이다. 실제로 음반은 음원 파일 형태로 불법 유통되기도 하며, 고가의 서적은 복사나 스캔을 통해 손쉽게 비용 지불을 피할 수 있는 상품이다. 미디어 문화 상품에서 지적 재산권이라는 법적 장치가 강제되는 이유는 이처럼 원천적으로 무임승차를 차단하기 어려운 상품 특성 때문이다.

넓게 보면 미디어 상품은 생산자－소비자의 경로로 유통되기도 하고, 생산자－소비자－광고주 경로를 거쳐 거래되기도 한다. 직접 판매 형식으로 유통되는 상품은 앞서 언급한 텔레비전 상품의 유통 회로에서 생산자와 소비자 간의 물물 교환과 광고주를 통한 간접적인 가치 실현이라는 단계가 생략되었을 뿐 앞서 제시한 분석 틀은 여전히 유효하다고 보아야 한다.

플랫폼 환경에서의 정보 상품화

최근 들어서 미디어, 정보, 문화 상품의 가치 생산 기제에 관한 논의가 유독 활발해졌는데, 이는 미디어 정보 생산과 유통이 온라인과 플랫폼 기반으로 바뀌고 있는 변화와 관련이 있다. 새로운 정보 유통 기반으로 자리 잡은 인터넷, 혹은 페이스북, 구글 등의 플랫폼 기업을 대상으로 정치경제학적 관점에서 다양한 이론의 접목과 해석이 나오고 있다(백욱인, 2014b;

이항우, 2016; Arvidsson & Colleoni, 2012; Cohen, 2008; Fuchs, 2012; Lee, 2011; Rigi & Prey, 2015). 스마이드의 수용자상품론이 주는 시사점에 대한 재해석도 활발해지고 있는데, 이는 그의 주장이 이용자 주도의 정보 생산 환경에서 플랫폼 자본 축적의 논리를 설명하는 데 유용하기 때문이다. 그렇지만 이들의 논의는 미디어 정보 상품 전반을 대상으로 삼기보다는 적용 대상으로 삼은 미디어나 플랫폼의 특성 차이에 따라 상품 개념도 달라지고 관련 이론도 선택적으로 적용하는 경향이 있다.

플랫폼 기반의 정보 환경에서 가장 두드러지게 변화한 부분은 자본 축적에서 무게 중심이 노동자의 '콘텐츠' 생산에서 이용자 활동으로 옮아갔다는 점일 것이다. 플랫폼 자본의 이윤 창출 메커니즘을 파악하는 데는 바로 이용자 활동의 성격을 어떻게 개념화할 것인가 하는 문제가 핵심 쟁점으로 떠올랐다. 이 논의들은 흔히 구글과 페이스북, 유튜브 등을 주된 근거로 삼았는데, 플랫폼 유형에 따라 조망하는 이용자의 역할도 다소 차이가 있다.

우선 구글은 자체적으로는 콘텐츠를 전혀 생산하지 않으며 이용자가 키워드 검색을 통해 원하는 정보를 찾아내도록 하는 일종의 중계 서비스다. 이용자의 활동은 주로 검색에 국한된다. 구글은 검색 알고리즘인 페이지랭크를 통해 검색어와 관련된 정보를 중요도와 영향력을 기준으로 제공한다. 원칙적으로 구글은 광고 후원과 무관하게 검색 결과를 제시한다. 구글의 초기 화면은 하얀색 바탕에 구글 로고와 검색창만으로 이루어져 있는데, 이러한 설계는 구글이 표방하는 정보와 광고 분리의 원칙을 상징한다. 하지만 일단 이용자가 키워드를 입력하면 검색 결과와 함께 이 검색어와 관련된 광고가 화면에 뜬다. 정보 검색 알고리즘과 더불어, 검색 키워드와 광고를 연계시키는 광고 알고리즘, 바로 여기에 구글의 자본 축적의 비결이 숨어 있다.

페이스북은 구글과 비슷한 플랫폼 기업이면서도 정보 검색이 아니라 이용자들의 사회적 관계망에 근거한 정보 교환 활동 위주의 SNS다. 이용자를 중심으로 맺어진 '정동적' 사회관계는 정보 유통을 매개하는 채널로서 정보와 관계는 한몸처럼 연계되어 움직인다. 여기서 이용자는 타인이 작성한 메시지를 읽는 수동적 역할에 머물지 않고, 좋아요, 슬퍼요 등 감정 표현을 할 수 있고, 타인의 글을 공유할 수도 있으며, 나아가 직접 글을 작성하거나 사진이나 동영상을 촬영해서 업로드하는 적극적 역할도 병행한다. 이 모든 활동 기록과 더불어 이용자 프로파일에 담긴 개인 정보는 다른 플랫폼이나 인터넷 사이트의 정보 기록과 결합해 마케팅 자료로 활용된다. 페이스북에서 이용자가 올린 글은 그 자체로 상품화를 목적으로 한 것도 아니고 대부분 상품으로 거래되지도 않지만 결과적으로 자본의 영리 활동에 다각도로 활용된다.

유튜브는 정보 공유 플랫폼의 한 형태이지만 이용자의 역할이 좀 더 적극적인 형태로 확대된다는 점에서 다른 플랫폼과 구분된다. 페이스북 역시 이용자가 글이나 영상을 직접

올릴 수 있지만, 어디까지나 유통 범위가 친구 관계를 맺은 사람에게만 국한된다. 반면에 유튜브에서는 이용자가 업로드한 영상이 대중적 호소력을 갖추기만 한다면 배포 범위가 거의 무한하다. 일부 유튜버는 마치 소규모 자본가처럼 자신의 창작물을 통해 수익을 올리기도 한다. 유튜버의 활동은 앞서 언급한 이용자 활동 유형 중에서는 전통적인 노동에 가장 가까운 형태를 띤다.

이상의 세 가지 플랫폼 유형은 모두 이용자의 활동과 개인 정보를 이익 창출에 체계적으로 활용하기 위해 정교한 알고리즘에 의존하는데, 이 알고리즘 구축과 유지에는 플랫폼 종사자의 지적 노동이 투입된다. 이 플랫폼에서 이루어지는 알고리즘 노동은 이용자가 제공한 다양한 행위 유형과 개인 정보, 데이터를 기반으로 한다는 점에서 플랫폼 서비스라는 상품은 알고리즘 노동과 수용자 기여의 합작품이다. 이 플랫폼들은 전통적인 미디어 문화 산업과 달리 자체적으로 콘텐츠를 생산하여 상품화하는 방식이 아니라 이용자 활동과 데이터를 근간으로 알고리즘 노동에 의해 이를 조직화하고 광고 수익과 연계하여 수익을 창출한다는 점에서 공통점이 있다. 텔레비전과 마찬가지로 플랫폼 자본은 이용자에게 정보와 편의성이라는 사용 가치를 제공하고 이용자의 주목이나 참여를 물물 교환 형태로 받아 이를 다시 광고 판매와 연계해 이윤으로 실현한다. 플랫폼 자본의 축적 과정을 규명하는 작업은 적극적 참여이든 소극적 기여이든 이용자의 기여를 어떻게 정치경제학적 틀을 통해 개념화할 것인가 하는 문제로 집약된다.

미디어 상품 생산에서 수용자의 역할에 관한 논의에 결정적인 단초를 제공한 것은 스마이드의 수용자상품론이다. 일찍이 스마이드는 수용자상품론을 주장하면서 '주목'과 수용자 '노동'이라는 용어를 제시했는데, 우선은 여기서 수용자에게서 정확히 어떤 부분이 주목과 노동으로 상품화된다고 볼 것인지가 쟁점이다. 주목이라는 용어는 이용자의 주관성 중 다양한 차원을 포괄한다. 반면에 수용자의 기여를 노동의 한 형태로 본다면 이용자의 좀 더 적극적이고 의도적인 '행위'에 초점을 두어야 하고 이를 노동 시간 측면에서 측정할 수 있어야 한다. 전통적인 노동은 노동에 대한 대가로 임금이 주어지는 형태를 띠는데, 자발적인 '무임금' 노동 역시 노동으로 간주할 수 있는지도 쟁점이다. 그런데 전통적인 '노동' 개념은 이 수용자 활동의 기여도를 파악하는 데 여러모로 난점이 있다.

플랫폼의 자본 축적은 이용자의 적극적인 참여 행위뿐 아니라 이용자의 비정형화된 관심사, 속성, 네트워크, 정동 관계 등의 활용에 근거해서 이루어진다. 그렇지만 행위자의 이 모든 차원을 행위로 파악할 수도 없고, 노동처럼 참여 시간으로 가치 생산 기여도를 측정할 수도 없다. 이용자 행위에서 다양한 차원들은 상당 부분 적극적인 생산 행위라기보다는 이용 행위에서 발생하는 부산물로서 체계적인 데이터로 가공하고 재구성하기 전까지는 아무런 교환 가치도 지니지 못한다.

이 점은 과거 텔레비전 시절과 비슷하면서도 차이점이 있다. 과거의 텔레비전 이용 행위 역시 수동적인 시청 행위와 시청자의 데이터로 이원화해서 파악할 수 있는데, 양자 모두 시청률 조사 작업에 의해 상품으로 교환 가능한 데이터로 재탄생한다. 시청률은 이용자의 소비 행위를 '노출 빈도'와 시간으로 수치화해서 광고 가격 책정과 체계적으로 연계시킨 것이다. 마찬가지로 인터넷 역시 초기에는 텔레비전 시청률처럼 노출 빈도 중심의 모델로 광고 효과를 측정하려고 했다. '히트hit' 건수와 '페이지 뷰'는 측정 단위는 달라도 텔레비전의 시청률 모델과 흡사한 원리에 근거해 인터넷 이용 행위를 측정하려는 모델이었다(Bermejo, 2009).

오늘날의 좀 더 진화한 인터넷 환경에서는 이보다 더 정교한 방식으로 사이트나 앱의 광고 효과를 파악한다. 단순히 양적 노출 빈도뿐 아니라 이용자가 남긴 온갖 질적 흔적을 데이터로 가공해 맞춤형 광고 자료로 활용한다. 이 모든 데이터는 물론 이용자가 의도치 않게 남긴 부산물을 알고리즘 노동에 의해 재구성해 상품화한 것이다. 그리고 텔레비전 시청 데이터가 프로그램 시청과 관련된 상대적으로 단기적인 흔적에 근거한 것이라면, 오늘날 플랫폼은 이용자가 온갖 형태로 남겨 누적된 방대한 장기적 데이터를 (플랫폼 종사자의 노동을 통해) 재가공해서 활용한다는 점에서 차이가 있다.

플랫폼 이용에서 이용자의 기여 행위는 크게 두 차원으로 구분할 수 있다. 플랫폼 유형에 따라 다소 차이가 있기는 하지만, 이용자들은 공통적으로 콘텐츠 공급자와 데이터 공급자라는 양면적 역할을 수행한다. 콘텐츠에 대한 이들의 '주목'이 남긴 정동 관계, 인적 네트워크, '인지도' 등이 축적될 뿐 아니라, 이들의 이용 '행위' 역시 흔적을 남기게 되고 이 부산물을 통해 축적된 메타데이터는 사람들의 관심사를 상품 구매와 연결시키는 알고리즘 노동의 생산재가 된다. 이렇게 해서 플랫폼은 콘텐츠, 광고, 데이터가 서로 연계되는 장이 되는데, 여기서 이용자의 데이터 공급자 역할은 콘텐츠 공급자 역할보다 경제적으로 더 중요하다(van Dijck, 2009: 47, 49). 이러한 특성을 가장 두드러지게 보여 주는 플랫폼이 구글이다.

미키 리Micky Lee(2011)는 구글에서 상품화되는 것은 수용자 집단이나 이들의 노동이 아니라 정보, 즉 키워드, 이용자 수치ratings, 검색 결과라고 보았다. 구글 '외부'에서 만들어진 다양한 지식이 개별적 검색 행위를 통해 유통되는 패턴에 관한 정보를 광고와 연결시켜 수익을 창출하는 것이 바로 구글의 자본 축적의 비결이다. 이렇게 보면 플랫폼 자본의 축적 과정은 대체로 이용자 노동의 산물이라기보다는 알고리즘 노동과 이용자 데이터가 지대화한 결과물의 결합으로 파악하는 것이 더 적합해 보인다.

수용자 노동 개념과 관련해서 논의할 필요가 있는 또 한 가지 이슈는 이용이 '행위'의 측면을 강하게 띨 경우 이를 어떻게 해석할 것인가 하는 문제다. 과거 매스 미디어 시절에는 수용자가 수동적인 역할에만 머물 수밖에 없었지만, 온라인 환경에서는 좀 더 적극적인 생산자로서 활동할 여지가 확대되었다. 바로 이 특성은 수용자상품론이 최근에 와서 부쩍 주목받게 된 바탕이 되었다. 그런데 이용자의 행위 측면을 강조하는 주장은 이용자에 역할에 대해 지나치게 도식화된 개념에 근거한다는 점에서 비판적인 검토가 필요하다. 지금까지 미디어 이용자에 관한 논의는 생산자와 소비자라는 양극단의 범주 측면에서 지나치게 도식화해서 파악하는 경향이 있었다. 올드 미디어 환경에서의 '수동적 수용자'와 뉴 미디어에서의 적극적인 참여자라는 이원론적 구분은 다소 기만적일 정도로 과도하게 단순화된 것이다. 특히 상거래, 콘텐츠, 정보 간의 경계가 완전히 새롭게 구획되는 오늘날의 미디어 환경에서는 이용자의 다면적인 역할을 좀 더 정교하게 세분해 설명할 필요가 있다.

텔레비전 같은 전통적 미디어에 비해 현재의 플랫폼에서는 수용자가 수행하는 구체적인 이용 형태가 변화했거나, 적어도 좀 더 복잡한 양상을 띠게 되었다(Bermejo, 2009: 149). 호세 판 데이크José van Dijck는 플랫폼 환경에서 이용자의 행위를 참여 수준에 따라 '적극적 창작자active creators,' '비평가critics,' '수집가collectors,' '수동적 구경꾼passive spectators,' '비활동가inactives' 등으로 유형화할 수 있다고 보았다(van Dijck, 2009: 42~44). 하지만 온라인 환경에서도 이용자 중 극히 일부만이 적극적인 창작자일 뿐 절대다수는 여전히 구경꾼이나 비활동가에 머문다.

이용자의 다양한 행위 유형은 모두 자본의 이익 실현에 중요한 역할을 하긴 하지만, 이 유형들은 플랫폼 종류에 따라서 의미가 조금씩 달라진다. 구글에서는 이용자 행위가 검색에 국한되지만, 페이스북과 유튜브에서는 이용자가 상대적으로 더 적극적으로 콘텐츠 생산에 참여하게 된다. 페이스북에서 이용자가 남긴 메시지와 사진은 그 자체만으로 정보 콘텐츠로 상품화하기는 어렵지만, 이들의 감정, 취향, 관계 등을 읽어 낼 수 있는 데이터로서는 가치가 있다. 따라서 수용자상품론자들이 주장하듯이 이들의 '콘텐츠 생산' 행위를 잉여가치를 생산하는 노동으로 볼 수 있을 것인지는 논란의 여지가 크다. 반면에 유튜브의 영상 공유 행위는 전통적인 노동의 형태에 좀 더 가깝다. 이 영상 자체가 판매되는 상품은 아니지만, 개별 영상 단위로 광고가 따라붙는다는 점에서 자본은 텔레비전 프로그램처럼 이 영상을 통해 이윤을 구현할 수 있기 때문이다.

이용자의 이용 행위가 가치를 생산하는 노동이라고 일반화하기 어려운 것은 노동 시간 측정 문제와도 관련이 있다. 소셜 미디어 플랫폼에서 이용자의 활동을 가치 생산으로 파악하려면 생산적 노동 시간으로 계량화할 수 있어야 하는데, 이는 불가능하다(Arvidsson & Colleno, 2012: 136; Maxwell, 1991: 38~39). 페이스북에서 이용자가 투입한 '노동'은 작성한 콘텐츠량이 아니라 페이스북 친구들과의 관계 유지와 개척이다.

이러한 '정동적 관계'는 정서적 공감의 문제에 더 가까워서 단순히 노동 시간으로 측정할 수가 없는 것이다. 다만 유튜브에서는 업로드된 영상의 빈도나 양으로 '생산' 참여 활동의 정도를 부분적으로 측정할 수 있다는 점에서 노동 시간의 틀을 적용해 볼 만한 여지가 상대적으로 더 크다.

이용자의 활동을 노동으로 파악하는 문제에서 노동 시간과 더불어 고려할 또 한 가지 쟁점은 임금 노동과 자발적 무임금 노동의 차이다. 이용자의 '노동'이 노동으로 성립하려면 측정 가능한 노동의 단위에 임금 형태가 결부되어야 한다고 맥스웰은 지적한다(Maxwell, 1991: 39). 그렇지만 소셜 미디어에서 이용자의 활동은 자발적이고, 순수한 자기만족을 추구하는 아마추어 '노동'으로 노동 결과물을 통해 교환 가치 획득을 목표로 삼지 않는다. 다만 아마추어와 직업적 노동의 구분, 교환 가치와 사용 가치의 구분은 절대적이지 않다. 유튜브를 비롯한 이용자 생산 콘텐츠(User Generated Contents: UGC) 사이트에서 적극적으로 영상을 공유하는 이용자가 모두 순수한 사용 가치와 자기 욕구 충족만을 추구하는 것은 아니다.

어느 조사 결과에 의하면 콘텐츠 이용자는 '오락용,' '커리어용,' '가족 공유용' 등 세 가지 주된 활동 동기로 구분된다고 한다. 수치만으로 보면 이용자 생산 콘텐츠 공유가 주는 새로운 경험과 즐거움이 가장 큰 활동 동기로 작용하긴 하지만, 이용자 중에는 창작이든 기술 활용이든 이 경험을 기반으로 미래의 커리어를 꿈꾸는 층이 상당수 존재한다. 자본가의 관점에서 보더라도 유튜브나 구글 비디오는 이 커리어 지망층 중에서 새로운 스타를 발굴하는 효율적인 인재 등장 창구로서의 역할도 한다(van Dijck, 1991: 50~53). 따라서 유튜브를 비롯해 여러 UGC 플랫폼에서 이용자 행위는 스마이드가 일찍이 간파한 대로 새롭게 부상하는 노동 형태로 눈여겨볼 여지가 크다.

이용자의 자발적이고 순수하게 아마추어 정신을 강조하는 담론이 수많은 이용자에게 무상으로 디지털 콘텐츠를 공유하는 분위기를 조성했고, 이는 플랫폼 자본의 급속한 성장에도 크게 기여했다는 사실은 부인할 수 없다. 유튜브에서처럼 아마추어 활동이 무임금 노동으로 편입되고 활용되는 과정은 전통적인 노동가치이론의 관점에서 볼 때 이례적인 성격을 많이 갖고 있지만, 분명 노동의 측면은 존재한다. 구체적 현실은 추상적 개념의 순수한 구현체가 아니다. 노동도 마찬가지다. 특히 자본주의 축적 양식이 진화하는 과정에서는 이전과 다른 새로운 형태나 복합적 형태의 노동 양식이 등장하는 것이 자연스러운 일이다. 유튜브에서 적극적인 이용자 콘텐츠 생산은 테라노바의 지적처럼 여가나 비노동에 속하던 영역을 자본이 확장 포섭해 가는 과정에서 나타나는 새로운 무임금 노동화의 양상이라고 해석할 수도 있다(Terranova, 2000). 이렇게 보면 이용자 활동을 노동가치론의 관점에서 해석할 여지는 매우 커지고 있다.

정리하자면, 플랫폼 환경에서 정보 상품 생산과 가치 실현 과정을 설명하는 데는 노동가치론, 지대이론, 수용자노동론 등 기존의 논의들을 모두 동원할 필요가 있다. 이는 플랫폼 자본의 유형별 다양성뿐 아니라 그 축적 과정이 갖는 복합성을 감안할 때 특히 그렇다. 이 과정에서 양대 축으로는 플랫폼 노동자의 노동에 의한 가치 생산분, 즉 '플랫폼 이윤'과 소비자/이용자가 남긴 정보 흔적의 지대화를 통해 발생하는 '플랫폼 지대'가 주류를 이룬다(백욱인, 2014b). 수용자 노동에 의해 창출된 가치는 새롭게 부상하고 있고 앞으로 좀더 정교한 이론화를 위해 논의가 필요한 영역이다. 강남훈(2008)은 자본이 노동에 대한 개입을 통해 잉여 가치를 취득하는 것은 '착취'로 규정하고, 그 외의 과정을 통해 잉여 가치를 취득하는 것을 '수탈'로 보았는데, 이 구분은 오늘날 다변화하는 자본의 축적 양상을 적절하게 지적한 셈이다.

여기서 주목할 부분은 이처럼 복합적인 자본 축적 과정에서 주된 사회관계는 오히려 자본과 노동이라는 양대 축을 중심으로 단순화되고 있다는 것이다. 초기 자본주의에서 자본의 생산 과정에서 생산된 잉여 가치는 순환 과정에서 이윤(자본가)과 임금(노동자), 지대(지주) 형태로 다원화해서 실현되는 것이 일반적이었다. 하지만 정보자본주의 환경에서 자본은 노동자가 생산한 가치를 전유하면서도, 소비자의 무임금 노동을 자본 축적에 활용하며, 나아가 노동자/소비자가 남긴 정보의 자취를 가상의 토지 자본화해 지대를 수취하는 식으로 적어도 세 가지 형태의 노동 착취를 강화하고 있다.

특히 이용자의 자발적인 기여를 통해 공유지로 형성된 가상 공간에 대해 자본의 '디지털 인클로저' 운동이 전개되는 것은 이 시기의 두드러진 추세다. 거대 자본화한 플랫폼 기업은 정보 산업을 장악하는 데 그치지 않고 플랫폼에 축적된 정보 자원을 활용해 점차 다른 산업까지 포섭해 범산업적 복합 자본으로 확장해 가고 있다. 이렇게 보면 노동가치론, 지대이론, 수용자상품론 등을 활용한 복합적 접근은 전통적인 정치경제학의 노동가치론에 대한 포기가 아니라 노동가치론이 자본의 순환 과정에서 구현되는 복합적 양상에 대한 이론화라 할 수 있다.

8. 이론의 정치성

정치경제학을 비롯한 진보적 사회이론에서 개념적 논의는 이론 차원에 그치지 않고 정치적 함의를 많이 갖게 된다. 이 이론들은 어떤 것이 주된 사회 모순이며, 사회 변혁 주체는 누구인가 하는 문제에 대한 해답을 (명시적으로든 암시적으로든) 제시하기 때문이다. 예컨대 스마이드는 미디어 정치경제학의 기본 개념을 재구성해야 한다고 주장했는데 이러한 이론적 작업은 어떤 정치적 노선을 함축하게 될까? 수용자상품론의 사례를 중심으로 이론의 정치적 함의라는 이슈를 살펴본다.

고전적인 마르크스주의를 따르는 정치경제학자들은 생산 과정이 주된 사회 모순의 장이라고 주장한다. 이 주장은 이론적 명제의 적합성에 대한 강조에 그치지 않고 동시에 정치적 변혁의 방향과 수단에 대한 선언이기도 한다. 주된 사회 모순을 어디에 설정하는지에 따라 사회 변혁의 주체 세력이 달라지기 때문이다. 머독이 생산 수단의 소유와 통제 문제에 주력한 것은 노동을 사회 변혁의 주체 세력으로 상정하는 마르크스주의 정치이론과 닿아 있다. 그런데 미디어 정치경제학의 주된 분석 대상을 노동 과정이 아니라 유통 과정에 속하는 수용자 상품이나 노동 문제로 이동시킨 것은 이러한 정치이론의 대대적인 수정을 예고한다. 이 점에서 보면 스마이드의 독창적인 이론화가 머독을 비롯한 전통적인 마르크스주의자의 반발을 초래한 것은 당연하다.

그러나 정교한 이론화에 대한 강조가 정치적 실천과 양립할 수 없는 것은 아니다. 머독은 스마이드가 갈등과 투쟁 문제를 제거했다고 비판했다(Murdock, 1978: 114, 117). 하지만 이론의 추상화가 곧 탈정치화를 의미하지는 않는다. 마르크스의 《자본론》은 고도의 추상적 수준에서 이루어진 논의이면서도 다른 어떤 글보다 정치적 급진성을 띠기 때문이다. 마찬가지로 스마이드의 글도 계급 투쟁이나 진보 세력의 정치 전략 문제를 직접 언급하지는 않지만 그의 이론 역시 강한 정치적 함의를 안고 있다. 이 점에서 스마이드가 제시한 이론의 정치적 성격에 대한 머독의 비판이 그리 적절하다고 할 수는 없다.

물론 스마이드의 이론이 암시하는 정치이론은 머독을 비롯한 기존 정치경제학자와는 상당한 차이를 보인다. 머독의 연구는 소유와 통제 구조에서 사회 갈등의 구조적 원천을 찾기 때문에 분명 미디어 산업에서도 계급 투쟁의 주된 장을 노동자의 작업장에 둔다. 하지만 스마이드의 논의가 이러한 잠재적 대립의 장을 수용자를 둘러싼 사적 공간으로 이동시킨 것은 분명하다. 전통적인 마르크스주의 이론은 소비와 사적 공간의 강조를 탈정치화 징후로 간주하는 경향이 있었다. 그런데 스마이드는 지금까지 정치와 무관하며 오히려 반정치적이라고 간주하던 사적 소비 공간에 새로운 정치적, 전략적 중요성을 부여한 셈이다. 정치경제학의 가치나 지대 개념은 단순히 주류 경제학에서와 같은 '형식적인' 개념이 아니라 '계급적' 범주라는 점을 감안하면, 수용자가 잉여 가치를 생산하는 노동에 종사한다는 수용자상품론의 주장은 자연스레 계급 정치적인 명제의 수정을 초래하게 된다(김창근, 2008: 286).

수용자상품론은 사회 갈등의 장을 생산자 중심에서 수용자에까지 확대했다. 이 변화는 마르크스주의 문제의식을 견지하면서도 전통적 흐름과 다른 새로운 형태의 계급 투쟁 노선을 암시한다. 어떤 면에서는 수용자 역시 마르크스주의에서 피착취 계층으로 간주하는 노동자 계급과 사실상 거의 일치하는 것처럼 보인다. 이 둘은 동일한 세력이 생산자로서의 측면과 소비자로서의 측면으로 달리 나타난 '현상'이기 때문이다. 하지만 스마이드의 이론은 사회 운동 주체로서의 주도권을 소비자 측면으로 이동시켰다는 비판을 받았다. 이 같은 이론적 강조점의 변화는 계급 투쟁 방식이나 전략 면에서 상당히 새로운 함의를 시사한다. 어떻게 보면 사회 변혁 세력에서 노동자는 이전의 특권적 위상을 잃어버리게 되며, 새로운 주도 세력은 훨씬 분산적이고 탈중심화된 구조를 이루게 될 가능성이 크다.

가령 푹스는 스마이드의 수용자상품론을 현대 미디어 상황에 적용하면서 이 논의를 도발적인 계급이론으로까지 확장한다. "계급 개념은 자본을 하나의 계급으로, 임노동을 또 다른 계급으로 파악하는 데 국한해서는 안 된다. 계급 개념은 인터넷의 이용자 생산 콘텐츠처럼 자신의 실천을 통해 공동의 경험 공간을 생산하고 재생산하는 **모든 사람**을 포함하도록 확장할 필요가 있다"(Fuchs, 2010: 179. 강조는 필자가 추가)라고 푹스는 주장한다. 이렇게 확장된 계급 개념은 전통적인 노동자 계급과는 상당히 다르지만, 자본이 자본 축적을 위해 공동의 공간과 경험을 전유하고 착취 대상으로 장악해 가는 과정에 근거한다는 점에서는 공통점을 갖고 있다.

그런데 스마이드의 후계자들이 제시한 이 계급 개념은 전통적인 임노동 관계에서 파생하는 사회관계라기보다는 마이클 하트Michael Hardt와 안토니오 네그리Antonio Negri (2004/2008)가 주장하는 '다중multitude'에 더 가까워 보인다. 이처럼 스마이드와 그 이론적 계승자인 푹스의 정치이론은 어떤 면에서는 정치경제학의 전통 노선에서 벗어나 포스트마르크스주의(Laclau & Mouffe, 1985/2013)나 '문화연구'(Hall, 1983/1996, 1985/1996) 진영의 정치적 문제의식에 더 가깝게 접근했다고 보아도 좋을 것이다. 이 점 역시 앞으로 더 논의가 필요한 쟁점이다.

9. 정치경제학의 이론적 혁신을 향해

어떤 분야든지 지금까지 당연하게 여기던 전제나 개념을 재검토하게 되면, 때때로 아주 생산적인 결과를 낳을 수도 있다. 기존의 연구 관행이나 통념을 이론적으로 성찰하면서, 지금까지 해 오던 연구 방식이나 방향을 새로운 시각에서 재조명해 볼 수도 있다. 미디어 정치경제학에서는 생산 과정에 관한 여러 가정이 이 통념에 해당하는 예다. 왜 정치경제학은 생산 과정에만 정치적으로나 이론적으로 비중을 두어야 하는가? 만일 미디어 산업에서도 잉여 가치가 생산 과정에서만 만들어진다면 자본가가 얻는 이윤 규모가 광고나 마케팅 등 유통 과정에 의해 좌우되는 현상은 어떻게 설명할 것인가? 과연 정치경제학에서도 협의의 생산 중심에서 탈피해 비결정론적인 생산 과정 개념에 입각한 경제이론으로 미디어 현상을 설명할 수는 없을까?

미디어 정치경제학이 그동안 이론적으로 발전하지 못하고 정형화한 연구를 반복하는 데서 벗어나지 못한 것은 통념화된 이론적 전제에 너무 무비판적으로 매몰되었다는 점과 무관하지 않다. 정치경제학 연구에서 전통적인 생산 개념을 확대 해석하면 훨씬 더 진전된 이론화의 가능성이 커질 것이다. 이는 생산 개념을 재해석해 노동을 통한 상품 생산에 국한하지 않고 유통-소비까지 포괄하면서 이어지는 순환 과정, 즉 마르크스가 말한 '자본의 생산 과정 전반'으로 확대해서 파악하는 것을 말한다. 이렇게 하면 미디어 정치경제학은 아주 독특한 유통 구조가 이윤 창출에 큰 역할을 하는 미디어 산업의 특수성까지 포괄해서 설명할 수 있게 된다. 나아가 미디어 정치경제학은 지금까지의 정태적인 현상 기술과 소유구조 중심의 결정론적 도식에서 탈피해 자본주의 전반의 역동적인 작동 방식에 관한 이론으로 발전할 수 있을 것이다.

스마이드의 수용자상품론은 좁은 의미의 생산 과정에만 치중해 온 미디어 정치경제학의 통념을 뒤집고 상품 순환 과정에서 그동안 소홀히 다룬 한 측면에 주목했다. 스마이드의 시각에서 독특한 점은 이 측면이 생산 과정의 주변 부문이 아니라 자본주의 경제 메커니즘의 핵심 요소로 부상했다고 본 것이다. 수용자상품론은 미디어 상품의 생산 과정이 아니라 유통·소비 영역인 시청 행위, 또 수용자의 속성 자체에서 가치가 창출된다고 본다. 스마이드의 수용자상품론은 논란의 여지가 큰 도발적인 문제 제기에 가까웠지만, 결과적으로 정치경제학에서 그동안 불문율처럼 통하던 '생산' 개념에 관한 재해석을 촉발해 논의의 지평을 확장하는 긍정적인 효과도 낳았다.

지난 수십 년간 미디어의 진화 양상에 비추어 보면 스마이드 자신도 이 개념이 갖는 잠재력을 충분히 깨닫지 못했을 수도 있다. 스마이드가 이처럼 논쟁적인 이론적 명제를 발표하면서 사용한 '맹점'이라는 비유는 기존 정치경제학의 심각한 문제점을 극적으로 부각하는 기능은 했지만 그의 이론이 갖는 함의를 왜곡할 수 있는 여지도 제공했다. 맹점이라는 공간적 비유는 기존 연구가 주목하지 않은 새로운 주제나 영역을 암시한다. 머독(Murdock, 1978)이 스마이드의 주장을 반박하면서 국가나 이데올로기 기능 따위의 더 중요한 '맹점'을 제안한 것은 이 점에서 보면 당연한 반응이다. 하지만 스마이드의 주장이 지니는 더 큰 의미는 새로운 연구 '영역'을 제시한 것이라기보다는 정치경제학의 통념적 지식에 의문을 갖고 기존의 영역을 참신한 시각에서 접근하려 했다는 점에 있다.

혁신은 해답이 아니라 올바른 질문 던지기에서 시작한다. 스마이드는 미디어 정치경제학에 해답보다는 오히려 더 많은 질문과 과제를 던져 주었다. 스마이드의 아이디어에 입각해 나온 후속 연구가 (최근 플랫폼에 대한 적용 시도가 나오기 전까지만 해도) 거의 없었다는 사실은 이 과제가 아직도 미완성 상태로 진행 중이라는 뜻이다. 그의 아이디어를 검토해 미디어 상품의 가치 생산과 잉여 실현 방식에 관해 좀 더 체계적이고 거시적인 이론 틀을 만드는 작업이라든지, 그 아이디어를 구체적인 연구에 적용할 수 있는 좀 더 분석적인 개념으로 다듬는 일은 앞으로 남은 과제다.

이른바 수용자 상품 생산 과정이 미디어 상품 생산 과정인 노동 과정과 어떻게 관련되는지에 관해서도 앞으로 더 많은 연구가 필요하다. 스마이드는 자본주의 사회에서 상품 생산 과정 분석만으로 잉여 가치 생산·축적 과정을 이해할 수 없으며 상품 유통 과정에 관한 분석이 유기적으로 함께 이루어져야 한다는 사실을 보여 주었지만 이 과정의 출발점은 결국 노동 과정이다. 미디어 상품을 생산하는 노동 과정이 없으면 스마이드가 분석한 수용자 상품 생산 단계를 비롯해 모든 유통 과정이 생겨날 수도 없을 것이다. 오늘날의 시각에서 보면 이는 스마이드가 말한 수용자 노동의 결정체로 보이는 플랫폼 상품 역시 이용자가 남긴 정보 지대와 수용자 노동뿐 아니라 배후에서 작업하는 수많은 알고리즘 노동자의 합작품이라는 사실에서도 드러난다.

미디어 정치경제학이 좀 더 장기적인 추세를 진단하는 거시이론으로 발전하기 위해서는 이상과 같이 다양한 미시적 문제와 씨름하면서 이론 체계를 정교하게 개선해 나가야 한다. 그동안 정치경제학의 근본적 한계는 추상적인 수준의 이론적 논의나 구체적인 사례 분석 작업 자체가 아니라 구체적 현상의 특수성을 무시하고 추상적 원칙의 자명성을 가정하는 식으로 이론과 개념에 대해 타성화된 태도를 취했다는 데 있었다. 분석과 방법론의 엄밀성을 개선하는 일뿐 아니라 이론적 반성의 노력이 활발하게 이루어질 때 비로소 정치경제학은 21세기의 급변하는 환경에서도 현실에 대한 통찰력과 해답을 제시하는 중요한 이론적 패러다임으로 살아남을 수 있을 것이다.

3장

미디어 정치경제학의 남용과 오용

1. 미디어 정치경제학의 성장과 쇠퇴를 보며

미디어 정치경제학은 1980년대 이후 한국의 비판 커뮤니케이션 연구에서 중요한 접근 방식의 하나로 시작되었고, 지금도 여전히 중요한 연구 영역이자 접근 방식으로 인정받고 있다. 2009년 한국언론학회가 50년사에서 정치경제학 분야의 학사를 별도로 정리한 것이 그 예다(한국언론학회 50년사 편찬위원회, 2009). 그렇지만 적어도 오늘날 연구자 수나 연구 성과, 연구 공동체 내의 관심도 측면에서 정치경제학이 점차 '쇠퇴'하고 있다는 데 이의를 제기하기는 어렵다. 이에는 학문 내적인 요인과 주변 환경의 변화가 동시에 작용하고 있다.

어떤 의미에서 미디어 정치경제학은 1980년대라는 시대 상황이 낳은 산물이다. 당시 사회과학계 전반에서 한국 자본주의와 사회구성체의 성격에 관한 치열한 논쟁은 연구 분야와 무관하게 마치 시대정신처럼 통용되었다. 자본주의 변혁을 둘러싼 '비판적' 문제의식은 당시 시대 상황에 대한 정치적 자각으로 시작되어 많은 연구의 저변을 흐르는 전제처럼 작용했다. 미디어 정치경제학 역시 자본주의에 대한 비판과 극복을 규범적 전제로 수용하고, 좁게는 자본의 역학과 넓게는 자본주의의 작동 방식에 대한 거시적 분석을 표방했다. 주제나 접근 방식은 다양할지라도 적어도 미디어 정치경제학을 표방한 연구자 사이에는 이 정치경제학이라는 접근 방식을 이해하는 데서 일종의 묵시적인 공통분모가 존재했던 것이다.

그러나 1990년대에 접어들면서 동구 사회주의 체제 붕괴와 한국 사회 민주화 등의 사회 환경 변화는 과거 비판적 연구자들이 공유하던 사회주의적 문제의식에 큰 타격을 입히게 된다. 젊은 연구자들의 관심 주제도 자본주의에서 정보 사회와 소비 사회 등으로 빠르게 옮아가면서 문화연구를 비롯한 다양한 접근 방식이 새로운 대세로 떠오른다(가령 백욱인, 2013; 임영호, 2001에서 언급한 키워드를 보라). 미디어 정치경제학에서 중시하던 계급 중심의 문제의식도 젠더나 인종, 지역, 정체성, 소비자 주권 등 훨씬 더 다원적인 차원으로 확장되면서 과거 비판 연구자 간에 존재하던 규범적 가치에서의 합의도 점차 무너졌다.

1990년대 중반 영어권에서 벌어진 정치경제학과 문화연구 간의 해묵은 논쟁(Garnham, 1995a, 1995b; Grossberg, 1995)이 2010년을 전후해 국내에서 다시 주목받았다는 점은 변화된 상황에서 미디어 정치경제학이 처한 난국을 보여 주는 흥미로운 사례다(류웅재, 2010; 문상현, 2009). 여러모로 변화된 1990년대 이후의 지적 풍토에서 정치경제학은 계급 중심의 전통적 문제의식 측면에서나, 정태적인 소유 구조나 생산 중심의 학술적 관심사에서나 이미 시대에 낙후된 존재처럼 간주되며 비판받기 시작했다. 새로 소환된 과거의 논쟁은 미디어 정치경제학이 이론적으로나 정치적으로나 존재 의미를 스스로 입증해야 하는 처지로 바뀌었음을 상징적으로 보여 주는 사건이다.

하지만 1980년대처럼 학문적 대중성을 누렸던 시대는 사라졌을지라도 미디어 정치경제학의 유용성과 필요성은 사라지지 않았다. 우선 미디어 산업에서 자본이 작동하는 방식 자체가 과거 파편화된 전통적인 미디어별 산업 구조에서 플랫폼 기반의 거대한 통합적 산업 생태계로 재편되고 있다는 점을 들 수 있다. 뉴스 부문에서도 전통적인 미디어별 구독이나 접촉이 아니라 '네이버'를 통한 검색이나 뉴스 수집 사이트/앱 중심의 새로운 유통 구조가 굳어졌다(김위근·김선호, 2018). 거대 플랫폼을 기반으로 이른바 '주목 경제'와 알고리즘, 디지털이 새로운 문법으로 통용되는 오늘날 미디어 자본의 작동 방식은 훨씬 더 종합적이고 체계적인 정치경제학적 분석을 필요로 한다.

이에 따라 해외 학계에서는 이른바 소유와 통제, 자본과 국가 관계와 같은 고전적인 주제 외에도 디지털 노동, 정보의 지적 재산권, 빅 데이터 등 디지털 플랫폼 중심의 새로운 미디어 환경에서 발생하는 이슈, 새로운 이론적 탐색 등을 통해 초창기 미디어 정치경제학의 제한된 경제적 분석 틀을 넘어서려는 시도가 이어졌다(Bettig, 1996; Chandler & Fuchs, 2019; Fisher & Fuchs, 2015; Fuchs, 2019; Gandy, 1993; Mosco, 2014/2015). 마르크스 등 정치경제학의 고전을 새로운 환경에 맞게 재해석하는 체계적인 이론화 작업도 전개되고 있다(Fuchs, 2016, 2019). 그렇지만 국내에서는 해외의 최신 이론적 성과를 간헐적으로 소개하고 있을 뿐 이를 구체적인 연구 결과로 구현한 사례는 드물다(강상현, 2018; 최은경, 2015). 새로운 미디어 환경에서 부상한 이슈는 오히려 뉴 미디어나 인터넷 등 테크놀로지 전문가의 영역으로 굳어지고 있다. 하지만 현실로 존재하는 미디어 정치경제학이 새로운 시대적 과업에 부응하지 못하고 있을 뿐, 정치경제학의 시대는 아직 끝나지 않았다.

여기서 특히 주목하는 부분은 왜 미디어 정치경제학이 이러한 새로운 시대적 과업을 수행하는 데 미진했는가 하는 데 있다. 물론 미디어 정치경제학의 범위와 경향 파악, 진단을 위해서는 이 접근 방식에 대한 규정이 선행되어야 하며, 이 규정은 자의적일 수밖에 없다. 또한 어떤 이론적 접근 방식이 학문 공동체에서 유용성과 존재 의의를 주장하기 위해서는 다른 접근 방식과의 차별성을 확보해야 하고, 연구자 간에 다양성은 존재하더라도 어떤 차별화된 이론적 공통분모가 존재해야 한다. 미디어 정치경제학에서는 어떤 방향으로 외연 확장을 시도하든 이 공통분모는 '자본'을 중심에 두고 자본의 작동 방식과의 관련하에 다른 현상의 의미를 파악해야 한다고 생각한다. 그런데 학계의 현실은 이와 다른 방향으로 흘러가고 있다.

최근 미디어 정치경제학이 지닌 한계에 대한 대안으로 미디어 정치경제학의 확장과 다른 패러다임과의 통합, 수렴 등을 통해 탈출구를 모색하려는 다양한 시도가 나타났다. 문제는 이 과정에서 다양한 '미디어 정치경제학'이라는 이름을 관통하는 공통분모가 더욱 희석되는 경향이 있다는 것이다. 문화연구나 제도적 접근, 거시적 접근, 역사적 접근 등 다양한 용어를 모두 포괄한다고 보아도 무방할 만큼 미디어 정치경제학을 이해하는 방식이 다변화하면서 다른 이론과의 차별성이 모호해졌다. 이 과정에서 정작 정치경제학의 출발점이던 '자본'에 대한 이론적 천착은 뒷전으로 밀려났다.

이 장은 미디어 정치경제학이 왜 '자본'의 작동 방식에 대한 설득력 있는 분석을 제공하지 못했는가 하는 문제의식에서 출발한다. 여기에는 마르크스주의의 경제결정론에 대한 비판이 새로운 시대정신처럼 수용되면서 '자본'의 분석이 경시되고 있다는 점이 주요한 맥락적 요인이다. 이론적 측면에서는 미디어 정치경제학이란 용어 자체가 남발되면서 학술적 지향점이 흐려졌을 뿐 아니라 용어 적용과 관련된 이슈에서 엄밀성과 체계성을 결여해 현실 분석에서 한계를 보였다는 점도 작용했다. 개념은 현상을 보는 틀인데, 이 틀 자체의 한계로 현상 파악의 왜곡이나 공백이 초래되었다는 것이다.

이러한 문제의식에 근거해 기존 문헌에서 미디어 정치경

제학이라는 용어를 어떻게 이해했고, 현상에 어떻게 적용했으며, 경제와 다른 현상 간의 관계를 어떤 방식으로 파악했는지 살펴본다. 이를 통해 국내 미디어 정치경제학이 변화하는 자본주의의 경제 현실 분석 도구로서 어떤 한계를 드러내게 되었는지 고찰한다. 물론 국내 연구 경향은 해외 학계에서의 논의에서 영향을 받기 때문에 서로 분리해서 파악하기는 어렵다. 그렇지만 논의의 초점은 국내외 문헌간의 학문적 계보 추적보다는 국내 미디어 정치경제학 연구가 어떠한 문제의식을 어떻게 구체적인 연구로 '구현'했는지에 초점을 두었다. 따라서 해외 문헌은 연구의 문제의식이나 분석 틀의 측면에서 실제로 국내 연구에 원용되거나 큰 영향을 미친 것만 제한적으로 언급한다.

2. 규범성과 사회중심이론

지금까지 나온 미디어 연구에서 '미디어 정치경제학'의 범위를 어디까지로 설정할 것인지는 연구자에 따라 달라질 수 있다. 이는 그만큼 미디어 정치경제학이라는 용어가 국내에서는 상당히 폭넓은 의미로 사용되었고, 구체적으로 현실을 접근하는 방식에서도 큰 편차를 보였다는 뜻이다. 물론 이 용어의 용례는 시대적 맥락에 따라서 변화하기도 했다. 이러한 편차에도 불구하고 어떤 공통분모에 해당하는 의미 차원들을 추출할 수는 있다. 가령 현실을 기술하는 데 그치지 않고 대안적 현실을 모색하는 수단으로 학술적 연구를 규정한다든지, 미디어라는 특정 산업 부문이나 현상을 넘어 더 폭넓은 사회적 맥락에 주목한다는 점 등을 들 수 있다.

우선 시대적 차이는 있지만 국내에서 미디어 정치경제학을 표방한 연구는 대개 규범적 전제에서 출발한다는 점에서 공통점이 있다(김동민, 1998; 안임준, 2008; 이상기, 2009). 즉 현실을 단지 주어진 대로 수용하지 않고 어떤 형태든 더 나은 대안적 사회 제도 지향을 표방하거나 이 대안적 사회 모델에 비추어 현실을 비판적으로 분석하는 정치적 실천으로 이해하는 견해가 많다. 이남표와 김재영은 정치경제학이란 "바람직한 커뮤니케이션 환경을 전제한 상태에서 미디어의 행태, 역할, 기능 등에 비판적 탐구를 수행"(이남표·김재영, 2006: 200)하는 연구라고 정의한다. 또한 김승수는 정치경제학이 미디어가 "현존하는 권력관계를 강화하는" 데 어떻게 기여하는지 탐구한다는 점에서 "기본적으로 비판적인 학문"(김승수, 2009b: 868)이라고 규정했다. 현실에 대한 비판적 문제의식은 미디어 정치경제학에서 현상을 보는 전제가 된다.

그렇지만 기존의 미디어 정치경제학에서 이 규범성이 지향하는 가치는 시대에 따라 진화해 왔다. 초기의 연구가 반자본주의와 마르크스주의에서 출발했다면 최근으로 올수록 정치적 가치 지향은 점차 다원화했다. 국내에서 초기 연구들은 마르크스주의를 표방하거나 급진 좌파 성향을 강하게 드러냈다(김동민, 1992, 1998, 2001, 2006; 김승수, 1985, 1988, 1989a, 1990). 이론적 자원 역시 마르크스, 엥겔스, 레닌 등 정통 마르크스주의 문헌에서 정당화의 근거를 찾는 경향이 있었다. 하지만 최근에는 이념적 지향성이 신자유주의와 독점 시장 체제에 비판적인 자세를 견지하긴 해도 마르크스주의와 거리를 두는 추세다. 이남표와 김재영(2006: 220)은 정치경제학이 속한 비판적 커뮤니케이션의 공통분모는 "미디어 공익성의 강조"라고 지적했다. 이남표(2007)는 이용자 중심의 미디어 환경이 상품화에 편입되는 과정을 비판적으로 해석하면서 비판의 규범적 근거를 "생활세계의 식민화" 극복과 "의사소통적 합리성"의 복원이라는 위르겐 하버마스Jürgen Habermas의 문제의식에 두었다. 최진봉 역시 《미디어 정치경제학》이라는 소개서에서 "민주주의의 근간을 이루는 언론의 자유와 표현의 자유, 그리고 정보의 자유로운 소통"(최진봉, 2013: xix) 구현을 정치경제학의 목적으로 규정했다. 이들의 문제의식은 마르크스주의보다 자유주의 이념과 친화성이 더 높다.

이러한 문제의식의 변화는 동일한 연구자에게서 시차를 두고 나타나기도 한다. 가령 김승수는 초기에는 마르크스주의의 가치를 강하게 표방했지만, 후기 저작에서는 신자유주의와 시장 독점에 비판적인 자세를 견지하면서도 비마르크스주의적 개념과 문제의식을 통해 현실을 비판하는 자세로 후퇴한다(김승수, 2002b, 2008, 2010). 단지 자본주의나 시장자유주의에 비판적인 입장을 취한다고 해서 이를 반드시 자유주의 규범에서 완전히 벗어났다고 보기는 어렵다(임영호, 1992). 후기에 이르러 김승수가 표방한 미디어 공공성과 언론의 자유 등은 자유주의의 이념적 문제의식으로도 읽힐 수 있는 가치 성향이다(김승수, 2009a, 2010).

이처럼 미디어 정치경제학의 근간을 이루는 규범성은 최근에 이르러 마르크스주의의 계급 중심성을 넘어서 상당히 열린 이념의 장으로 확대되었다고 보아도 무방하다. 이는 또한 넓게 보면 1990년대 이후 진보적 사회과학에서 일어난 탈마르크스주의적인 정치적 문제의식으로의 전환이라는 시대적 추세와 맥을 같이한다. 하지만 변화하지 않은 부분도 있다. 이처럼 시대별, 연구자별 문제의식의 차이에도 불구하고 어떤 형태로든 규범성은 여전히 미디어 정치경제학을 표방하는 연구의 공통 요소를 이룬다.

정치경제학 관련 문헌에서 규범성과 더불어 공통적으로 유지되는 또 한 가지 특징은 사회 중심으로 미디어 현상을 접근한다는 점이다. 미디어 현상을 이론화하면서 미디어 자체보다는 미디어와 사회적 맥락 간의 관계에 초점을 두거나 더 나아가 사회 전체를 분석 단위로 삼는 경향이 있다는 것이다. 미디어 정치경제학은 단지 미디어 조직 수준의 분석을 넘어서 미디어 산업과 국가, 체제 등에 관한 총체적 접근을 통해 사회 구조가 작동하는 방식의 파악을 추구한다는 점에서 다른 어떤 미디어이론보다 총체적이고 거시적인 성격을 띤다(안임준, 2008).

물론 시대별로나 정치적 문제의식에 따라 '총체성'과 '거시성'의 의미는 달라질 수 있다. 초창기의 미디어 정치경제학 연구 성과를 집대성한 《한국언론의 정치경제학》(김왕석 외, 1990)이라는 집단 연구의 서문에서 김승수는 정치경제학이란 "한국사회의 계급구조, 자본 축적의 역사 및 민족모순"(김승수, 1990: 22)을 규명하는 데 목적이 있다고 선언했다. 연구 주제로만 보면 미디어 정치경제학이 언론 자본의 구체적 특성을 규명하는 작업이긴 하지만, 근본적으로는 급진적인 정치 실천의 일환으로서 폭넓은 사회 구조를 파악하려는 시도로서 더 의미가 있다고 본 것이다.

마르크스주의의 문제의식에서 벗어난 이후 연구에서도 거시적 사회 구조에 대한 관심은 일관되게 나타난다. 가령 하윤금(2004)은 미디어 산업 자체가 아니라 자본주의 축적 양식의 한 추세를 보여 주는 사례로 통신 산업을 분석한다. '금융세계화'가 대세를 이룬 현 자본주의 단계에서 주주 가치 극대화 흐름을 잘 보여 주는 예가 통신 산업이라는 것이다. 이 논의는 미디어 산업의 특수성을 자본주의 전반의 추세 속에서 파악하려 했다는 점에서 사회에 중점을 둔 정치경제학적 연구의 전형적인 특징을 보여 준다.

이상의 논의에서 살펴보았듯이 미디어 정치경제학이 규범적/도덕적 전제에서 출발하고 사회적 총체성을 강조하는 경향을 유지해 온 것은 해외의 이론적 추세와 흐름을 같이한다. 초창기 미디어 정치경제학은 해외 주요 학자의 글을 번역 소개하고 적용하는 데서 시작했다(강상호·이원락, 1986; 김승현, 1990; 김지운, 1990; 이상희, 1983). 이때 그레이엄 머독과 피터 골딩, 니콜라스 간햄, 허버트 쉴러, 댈러스 스마이드, 빈센트 모스코Vincent Mosco 등 주로 영국과 북미 영어권 학자의 글은 국내 연구자의 분석 틀에도 영향을 미쳤다. 초기의 연구는 소장 학자들을 중심으로 해외 연구를 '모방'하는 방식으로 시작되었다고 할 수 있다(박명진, 1989에서 정리한 관련 연구 목록을 보라). 특히 모스코(Mosco, 2009)는 미디어 정치경제학을 정리한 교과서에서 사회적 총체성의 강조, 규범적/도덕적 전제, 권력의 역학 관계 주목 등을 정치경제학의 특징으로 규정하였으며 여러 국내 연구자 역시 이를 연구의 전제로 수용하고 있다(김영욱, 2017; 김지운·방정배·정재철, 2000; 김지운·방정배·정재철·김승수·이기형, 2011; 문상현, 2009; 이남표·김재영, 2006). 미디어 정치경제학이 국내에 정착하는 과정에서 영어권 저술이 미친 영향은 생각보다 광범위한 듯하다.

3. 개념화와 분석 수준

그동안 국내에서 미디어 정치경제학이란 무엇이었는가? 이 질문에 대해 학자마다 정의하는 방식은 적지 않은 편차가 있었다. 초기의 미디어 정치경제학은 비판 커뮤니케이션의 한 갈래로 규정되었다. 그러나 비판 커뮤니케이션 분야 내에서도 정치경제학적 접근이란 이데올로기, 헤게모니 분석 같은 다른 접근 방식과 강조점의 차이로 구분되지만 어떤 뚜렷한 개념적 규정 없이 관습적으로, 혹은 연구자마다 제각각으로 이해되는 경향이 있었다. 정치경제학의 정체성 규정에서 드러난 이러한 모호성은 2000년대 이후에 와서도 크게 달라지지 않았다.

이처럼 정치경제학 개념이 연구자에 따라 강조점이 달라지는 다의적이고 모호한 용어가 된 데는 정치경제학이 국내에 도입된 초기의 시대 상황도 적지 않은 영향을 미쳤을 것이다. 정치경제학은 1980년대 초 《커뮤니케이션과 이데올로기》란 편역서를 통해 비판이론적 시각의 '일환'으로 국내에 처음 소개되었다(이상희, 1983). 이상희(1983)는 편집자 서문에서 현재의 커뮤니케이션 연구를 미국 중심적이라고 규정한 후, 기존의 연구가 '체제 색맹적,' '단편적이고 비체계적,' 송신자 중심, 방법론에서 '경험적,' '행동과학적'이라며 그 대안으로 '비판이론'을 제시했다. 당시 영어권에서도 정치경제학은 정교한 이론적, 개념적 체계보다는 주류 학계에 대항한 '대안적' 시도로서의 의미가 더 강했다. 이 때문에 어떤 명확한 개념 규정 없이 마르크스주의의 계급적 시각과 자본의 논리 분석뿐 아니라 구조적, 거시적 문제의식에 입각한 다른 연구까지 모두 정치경제학으로 통용되는 경향이 있었다. 국내에서도 정치경제학은 독자적인 이론적 패러다임 정립보다는 주류 커뮤니케이션 연구에 대한 '대안적인 학문 진영' 확립이라는 전략적 목표에 치중했기 때문에, 다른 비판커뮤니케이션이론과의 차별성을 체계화하는 일은 우선순위가 높지 않았다(임영호, 1992).

하지만 1990년대에 와서 비판 커뮤니케이션 연구에 대한 관심이 급속히 줄어들고 미디어 정치경제학 연구 역시 활기를 잃기 시작했다. 일부를 제외하면 이 주제에 장기적으로 천착하는 학자는 드물었고, 그나마 주로 일과성 연구가 많았다.[7] 극소수를 제외하면 정치경제학을 표방한 연구들은 원론적 차원에서 기존의 연구를 비판하고 연구 방향을 모색하는 시론 형태에 치중했다(류웅재, 2008, 2010; 문상현, 2009; 박홍원, 2011; 이남표·김재영, 2006; 이상기, 2009; 임영호, 2000, 2015; 조항제, 2008). 이 때문에 상당수의 연구자는 개념화와 문제 제기 수준에서 이론적 연구 방향을 탐색할 뿐 실제 현상에 적용할 분석 틀 개발과는 다소 거리가 먼 '공리 공론적' 논의에 치중하는 경향이 종종 있었다. 어떤 면에서는 이처럼 다양한 논의를 통해 미디어 정치경제학이란 용어의 모호성은 더 커졌다.

7 이러한 경향에서 예외인 연구자가 김승수다. 그는 거의 평생 정치경제학의 문제의식을 추구하며 관련 연구를 내놓았다(김승수, 1985, 1988, 1989a, 1989b, 1990, 1998, 2000, 2002a, 2002b, 2003a, 2003b, 2004, 2005, 2007a, 2007b, 2008, 2009a, 2009b, 2010, 2011, 2012, 2013, 2014, 2016). 김승수는 이론적 수준에서 표방한 정치경제학의 틀을 실제로 구체적 연구에 꾸준히 적용하려 한 거의 유일한 국내 연구자다. 그렇지만 김승수 역시 연구 주제나 시기에 따라 보여 주는 미디어 정치경제학의 성격은 큰 편차가 있었다.

유동적 개념

그동안 국내 미디어 연구에서 정치경제학은 다양한 범위의 문제의식과 연구 주제, 접근 방식을 지칭하는 모호하고 유동적인 개념으로 통용되었다. 학자에 따라서 다른 유관 개념과 호환적으로 사용되기도 하고, 때로는 상당히 편차가 큰 다양한 연구를 지칭하는 데 동일한 용어를 적용하는 방식으로 용례가 굳어졌다. 미디어 연구에서 지칭하는 정치경제학이라는 용어의 의미는 인접 사회과학에서 통용되는 용어와도 상당한 차이가 있었다(임영호, 2015). 언론학에서 그동안 사용된 정치경제학이라는 용어는 대략 다음 몇 가지로 분류해 볼 수 있다.

첫째, 정치경제학을 다른 큰 개념의 유관어로 사용하거나 사실상 동일한 반열의 개념으로 혼용하고 있다. 특히 초창기 연구에서는 변증법적 유물론이나 마르크스주의, 사회주의 이론, 비판 커뮤니케이션, 비판 언론학 등이 정치경제학과 친화성이 매우 높은 개념군을 이루었다(김동민, 1992, 2001; 김승수, 1989a, 1990; 최영묵, 2009). 이 중 가장 흔히 호환적으로 사용되는 개념은 비판 커뮤니케이션일 것이다. 정치경제학은 자본주의 사회와 그 지배 양식에 대한 분석을 표방한다는 점에서 비판적 연구의 한 지류라고 보는 견해가 많았고 지금도 일부 연구자는 이 견해를 고수한다(김동민, 1992, 2001; 문상현, 2009; 박홍원, 2011). 미디어 정치경제학은 “미디어를 통해 행사되는 권력 지배의 구체적 형태를 물질적 맥락에서 파악하는” 데 있기 때문에(박홍원, 2011: 224), 지향하는 방향이 비판 커뮤니케이션과 비슷하다고 본 것이다. 하지만 이처럼 관련 개념이나 용어가 명확하게 구분되지 않은 채 혼용되는 바람에 논의의 혼선이 빚어지기도 한다.[8]

이러한 용례에서는 정치적 규범성 측면에서 사회 구조를 이해하면서 계급론이라는 마르크스주의의 문제의식을 전면에 부각하기도 하는데, 이렇게 되면 정치경제학은 이론 자체보다는 오히려 정치적 실천 전략 측면에서 차별화된 의미를 갖게 된다(김동민, 1992; 김승수, 1990; 한동섭, 2000). 그렇지만 마르크스주의의 문제의식을 수용한 용례 중에서도 연구자에 따라 적지 않은 차이가 있다. 한편으로는 기본적으로 자본의 작동 방식에 관한 '경제'이론으로 정치경제학을 규정하는 입장이 있고(김동원, 2015; 임영호, 2015). 다른 한편으로는 미디어의 경제적 특성뿐 아니라 국가 권력, 이데올로기 등 사회구성체에서 다양한 구조적 측면을 모두 다루어야 한다고 보는 입장이 공존하고 있다(김승수, 2007a). 특히 후자의 관점에서는 정치경제학이 사실상 비판 커뮤니케이션과 동의어처럼 혼용된다.

둘째, 어떤 규범적, 이론적 틀을 특정하지 않고 단순히 구

8 다만 문화주의나 구조주의는 소비, 이데올로기 등 의미나 상부 구조의 역할 분석에 주력하는 반면, 정치경제학은 제도적 소유와 통제 등의 구조적 분석에 초점을 두는 식의 기능적 분업 구조로 상정된다(문상현, 2009). 이렇게 할 경우 일종의 역할 분담과 강조점의 차이만 명시될 뿐 양자가 중복, 교차하는 지점을 상당 부분 남겨두었다는 점에서 개념적 구분의 모호성이 발생할 여지가 크다.

조와 제도 등 거시적 맥락 속에서 미디어 시장을 분석하는 입장으로 정치경제학을 이해하기도 한다(고경민, 2001; 김미경, 2000; 문상현, 2009; 이선엽, 2010; 최진봉, 2013). 한 예를 들자면 최진봉은 미디어 정치경제학을 "우리 사회를 구성하고 있는 다른 권력 기관(예컨대, 정치권력과 경제권력 등)과 연관성을 가지고 끊임없이 상호 작용을 하는 조직"(최진봉, 2013: v)인 미디어를 연구하는 접근 방식으로 정의한다. 이 용례에서 정치경제학은 단순히 구조와 권력 등을 강조하는 '구조적,' '거시적' 접근과 동의어처럼 사용된다. 이렇게 되면 '계급'이나 '경제'가 빠진 정치경제학도 가능하다. 개념적으로 미디어 정치경제학은 마르크스주의 경제학뿐 아니라 제도주의 경제학을 비롯한 다양한 이론적 흐름에 모두 적용될 수 있게 되었다.

셋째, 분석 틀이나 이론적 접근 방식이 아니라 단지 사회 모순에 대한 비판적 문제의식으로서 정치경제학이라는 용어를 사용하기도 한다(강준만, 2011. 5; 류웅재, 2015; 심훈, 2004; 이진로, 2008: 3부; 최영준, 2017). 이 경우 대개 이론적 틀이나 분석 방법은 정치경제학과 무관하지만 거시적인 사회 문제를 다루면서 제목에 정치경제학이라는 용어를 덧붙이는 형태를 띤다. 예컨대 최영준(2017)은 시청 동기와 시청 효과 간의 관계에 관한 실증적 연구를 수행하면서 정치경제학적 접근을 표방했다. 이 연구에서 정치경제학적 요소는 분석 틀이나 이론적 배경이 아니라 바로 문제 제기의 맥락이나 문제의식에 있다. 가령 최영준은 "경쟁 사회에 내몰린 한국 사회의 신자유주의 시스템이 가져온 대중의 정서적 허기가 음식을 통한 과시적 소비로 나타나는 현상"(최영준, 2017: 146)이 먹방이나 쿡방 유행이라고 해석했다. 이는 현상에 적용하는 이론이나 분석 틀과 무관하게 신자유주의 체제에 대한 비판적 문제 제기를 곧 정치경제학과 동일시한 것이다.

넷째로는 자본의 작동이라는 경제 현상에 관한 분석 틀이 아니라 현상을 보는 하나의 '은유'로서 정치경제학을 파악하는 견해도 있다. 안성용(2013)은 마르크스의 정치경제학에서 화폐가 교환 가치의 표상으로 기능하는 방식에 대한 분석에서 영화의 의미 생성 방식을 유추해 낼 수 있다고 본다. 마르크스의 정치경제학에서 '화폐,' '상품,' '노동력'의 위치에 영화가 (재)생산한 '인지 형식들,' 약호로서의 '뉴 미디어,' 대중의 '인지'를 각각 대입해 보면 의미 생산 과정을 설명할 수 있다는 것이다. 그가 제시한 정치경제학은 과거 정치경제학의 틀을 경제적 내용은 제거한 채 의미 생산 현상이 작용하는 방식에 대한 은유로만 활용한다.

이처럼 연구자마다 정치경제학을 다양한 용도로, 온갖 방식으로 정의하면서 이 용어는 일종의 개념적 인플레이션 상태에 빠지게 되었다. 말하자면 지금까지의 용례를 보면 이 용어는 정치경제학과 정치경제학이 아닌 것을 구분하는 개념적 잣대로서 사실상 유용성을 상실했다(최영묵, 2009: 901). 정치경제학은 엄밀한 개념 규정에 근거한 논리적이고 체계화된 이론이라기보다는 단지 친화성이 높은 여러 개념 중 자의적으로 선택한 유동적인 개념 군집을 지칭하는 은유에 가깝게 굳어졌다. 일부 연구에서는 자본에 대한 관심이 축소되면서 연구 대상에서의 차별성도 흐려졌다. 연구자마다 이해하는 정치경제학이 모두 다르고 다른 접근 방식과 구분되지 않는다면 '정치경제학'이란 용어 자체의 이론적 유용성은 무엇인가 하는 근본적인 의문도 가능해졌다.

이 때문에 이처럼 무질서한 용어 사용에 대한 거부감을 표현하는 연구자도 나타났다. 우선 정치경제학의 무작위적인 사용을 차단하기 위해 의미를 한정하는 수식어를 덧붙이는 방식을 들 수 있다. 예컨대 '토착적' 미디어 정치경제학(김동민, 2006), '비판적' 정치경제학(김승수, 2007a; 김영욱, 2017; 김평호, 2007; 하윤금, 2004), '창의적' 정치경제학(김승수, 2007a), '계급론적' 정치경제학(김승수, 2009b) 등은 정치경제학이라는 용어가 갖고 있는 다의미성을 제한하려는 노력을 보여 준다. 물론 똑같은 한정적 용어를 첨가한 경우에도 그 의미는 여전히 연구자에 따라 천차만별이다. 더 나아가 그동안 통용된 미디어 정치경제학이라는 용어 자체를 아예 부정하려는 시도도 나타났다. 가령 김동민(2001, 2006)은 미디어 연구자가 추구해야 할 방향은 '미디어 정치경제학'이 아니라 '정치경제학'이라고 선언하기까지 했다. 달리 보면 이는 미디어 정치경제학이 개념적 유용성을 의심받을 정도로 의미가 오염된 용어로 인식되고 있다는 뜻이다.

추상과 구체 간의 균열

연구 전략이라는 측면에서 미디어 정치경제학적 연구는 이론적 논의와 구체적 분석을 병행해 왔다. 구체적 분석은 미디어 산업에서 드러나는 다양한 현상 형태의 분석을 통해 미디어 자본의 일반적 작동 방식, 더 나아가 자본주의의 동학을 설명하는 이론을 귀납적으로 개발하는 데 기여하는 것이 원칙이다. 따라서 학술적 작업에서 추상과 구체의 수준은 서로 떼놓을 수 없는 보완적인 관계에 있다. 마르크스가 《자본론》에서 제시한 공식을 수용하는 연구자에게 자본의 작동 방식에 관한 경제적 분석은 미디어 정치경제학의 핵심 부분이다.

하지만 자본의 구체적 작동 방식은 특정 사회구성체, 자본주의의 발전 단계, 산업 부문마다 차별화된 양상으로 나타날 수 있다. 자본주의에서 자본 일반(총자본)의 추상화된 논리는 변함 없다고 해도, 구체적으로 자본주의 단계별 자본, 미디어 자본, 신문 자본, 개별 자본 등 추상화 단계에서 더 구체적인 수준으로 내려갈수록 더 이례적이고 특수한 양상을 띠게 마련이다. 하지만 그동안 정치경제학적 분석은 추상과 구체 수준 간의 관계를 접근하는 방식에서 적지 않은 한계를 드러냈다.

자본론의 공식으로 접근하는 정치경제학자에게 미디어 산업은 여러 가지 분석상의 난점을 제기한다. 이른바 미디어의 '특수성'은 정치적, 이데올로기적 역할이라는 상부 구조적 성격뿐 아니라 자본의 한 부문으로서도 마르크스주의 정치경제학의 일반적 공식으로는 설명하기 어려운 특수성이 존재한다. 미디어 경제학 책마다 빠짐없이 등장하는 '공공재' 개념을 예로 들어 보자. 미디어 상품은 공공재로서 비경합성과 비배제성을 특성으로 한다(김지운·정회경, 2005: 27~30). 한 사람의 상품 소비가 다른 사람의 소비에 영향을 주지 않아 무임승차자를 배제할 수 없다는 것이다. 상품 판매가 아니라 광고 수입에 의존하는 미디어 경영 방식은 바로 이 특성에서 유래한 전략이다. 미디어 기업의 매출액 증가는 노동과 생산에 투입한 비용과 비례하지 않고 효율적인 마케팅에 좌우되기 때문에, 가치론에서처럼 노동 시간과 자본 축적은 관련성이 약해진다. 이렇게 되면 미디어 정치경제학이 출발점으로 선언한 가치이론을 정작 미디어 자본 축적을 설명하는 데 활용할 수가 없다.

이처럼 《자본론》의 공식은 총자본의 작동 방식을 일반적 수준에서 설명할 수는 있을지라도, 개별 자본이나 미디어 자본 수준에서는 적용되기 어려워진다. 이론의 추상성과 구체성이라는 축에서 놓고 볼 때 미디어 정치경제학은 자본주의의 일반적 작동이라는 추상화된 이론과 특정 시기 한국의 개별 미디어 업종이나 기업에 대한 구체적 분석 그사이 어디쯤에서 이론화를 추구하는 것이 바람직하다. 하지만 그동안 국내 미디어 정치경제학에서 이처럼 중간 수준의 이론화는 아직 제대로 이루어지지 않았다.

이러한 상황에서 추상적 이론과 구체적 현실이 충돌할 때 이론의 우위성을 선택하는 견해는 초창기 연구에서 흔히 나타났다. 이론이 제시하는 그림과 구체적 현실이 서로 겉돌기 시작한 것이다. 국내 미디어 정치경제학자 중에서 이론의 추상화 수준 문제와 관련해 가장 극단적이고 근본주의적인 주장은 이 시기에 많이 나왔고 일부는 지금도 그 견해를 고수하고 있다. 자본주의의 현실을 설명하는 틀로서 정치경제학은 보편적 타당성을 지니며, 비록 '다소 이례적 성격'을 지닌다 해도 미디어 역시 예외가 아니라는 것이다(김동민, 1992, 2006; 김승수, 1988, 1990). 김동민(2001)은 정치경제학이 다양한 형태의 자본주의에 적용 가능한 법칙을 제공한다며 자본주의 분석 방법으로서 보편성을 지닌다고 주장하였다. 이 주장에 따르면 "변증법적 유물론과 사적 유물론은 시공을 초월한 과학적 이론"(김동민, 1992: 108)이며 역사는 우연이 아니라 규칙적인 법칙에 따라 발전한다. 미디어 정치경제학에서 미디어 산업의 특수성이 제기하는 분석상의 난점 문제에 관해서는 정치경제학은 평균적 경향을 살펴보는 것이지 특수한 사례를 보편화하는 것은 아니라며(김동민, 1992: 117) 반박하였다. 만약 미디어라는 특정 부문을 다룬다 하더라도 분석의 초점이 미디어가 아니라 자본주의라는 체제 자체에 있다면, 특수한 부문의 이례성이 일반적 명제의 타당성을 부정하는 것은 아니라고 인식하는 듯하다.

오랫동안 정치경제학을 연구해 온 김승수 역시 초기에는 이 문제에 대해 비슷한 태도를 취했다. 그는 한때 자본의 논리로 미디어 산업을 충분히 설명할 수 있다는 관점을 고수했다. 가령 미디어 자본가에게 언론 미디어란 한편으로는 독점 자본의 시장 형성에 필요한 소비 집단을 창출하고 독점 이윤 획득에 필요한 환경을 조성하면서, 다른 한편으로는 자체 생산물을 판매해 이윤 창출을 추구하는 자본주의 기업이라는 경제적 성격에 주목한다. 하지만 기본적으로 자본가에게 언론 미디어란 이윤을 창출하는 생산 수단에 불과하다고 선언한다(김승수, 1988).

그렇지만 김승수는 비슷한 시기에도 주제에 따라 이와 다른 주장을 제시한 것을 보면, 그 역시 미디어의 특수성이 제기하는 분석적 난점을 외면할 수는 없었던 것으로 보인다. 김승수(1989a)는 "상품경제와 광고의 정치경제학"이라는 글에서 광고가 자본 축적 과정에서 수행하는 경제적 기능 외에도 자본과 임노동관계를 정당화하고 재생산하는 이데올로기 기능에도 주목한다. 그는 이윤 추구라는 경제 중심의 설명에서 더 나아가 상부 구조의 기능으로까지 정치경제학의 영역을 확장하면서 미디어의 특수성을 정치경제학이라는 설명 틀에 끌어들인다. 초기에 주장한 자본의 운동 법칙이라는 추상적 틀만으로는 미디어 산업의 경제적, 이념적 특성이라는 구체적 현상을 제대로 설명하지 못한다는 사실을 연구자 자신도 사실상 인정한 것이다.

김승수 역시 이처럼 구체적인 현상 측면들과 일반적 이론틀 간의 심각한 상충 문제를 인식한 듯, 후기에 이르면 지금까지 정치경제학적 분석의 기본 틀로 삼던 마르크스의 자본론 공식이나 머독과 골딩의 '소유와 통제' 가설(Murdock, 1982; Murdock & Golding, 1979)을 폐기하고 좀 더 유연한 입장으로 전환한다. 2002년에 출간한 신문 소유 관련 연구에서는 소유 집중과 통제의 틀에서 탈피해 '언론 권력' 개념을 정치경제학에 도입해야 한다고 주장한다(김승수, 2002a, 2002b, 2003b, 2010). 그리고는 베네수엘라, 이탈리아, 영국 등의 국가 사례 분석을 통해 '미디어 경제력 지배,' '국가권력에 대한 영향력,' '미디어 인력에 대한 통제' 등으로 언론 권력 개념을 구체화한다(김승수, 2003b). 이러한 개념화는 자본 축적 영역이자 계급적 지배의 정치적, 이데올로기적 장치라는 미디어의 다면적 성격을 '권력'이라는 포괄적 개념으로 재구성한 것으로 그가 초기에 제시한 자본의 운동 법칙이라는 경제주의적 틀과 거리가 있다. 자본의 일반적 작동 방식에 관한 공식으로 구체적 현실을 설명하려는 시도를 사실상 폐기한 셈이다.

이처럼 미디어 정치경제학에서 이론의 추상화와 구체 차원의 문제에서 일종의 딜레마가 드러나게 된 것은 이론화의 목적 차이와도 관련이 있다. 자본의 운동 법칙의 절대성을 고수하는 근본주의적 입장은 어떻게 보면 미디어 연구의 목적을 미디어 산업의 특수한 성격을 파악하는 데 두기보다는 자본주의 체제 작동 양식 규명 작업의 일환으로 간주하는 경향이 있다. 이렇게 되면 이론화에서 미디어의 특수성 규명은 자본주의 작동 방식의 보편성 파악보다는 전략적 우선순위가 떨어지는 문제가 된다. 그렇지만 미디어 산업 분석 자체에 초점을 두고자 한다면 자본주의 분석에서 고전적인 문제인 '총자본'과 '개별 자본' 간의 관계에 관한 질문으로 결국 되돌아갈 수밖에 없다. 자본의 운동 법칙의 보편성을 주장한 김동민(2006) 역시 총자본과 개별 자본 간의 관계 문제를 언급한 적이 있어 이 문제에 대한 고심의 흔적을 드러낸다. 설혹 (일반적) 자본의 운동 법칙이 시대와 상황을 초월해 보편성을 띤다고 하더라도 자본의 개별 부문마다 작동하는 방식은 다양하게 구현될 수가 있다. 이 특수성을 설명하지 못한다면 자본의 운동 법칙이라는 정치경제학의 공식은 미디어 경제 부문의 분석이론으로 쓸모가 없어지게 된다. 지금까지 한국의 미디어 정치경제학은 바로 이 특수성을 어떻게 파악해서 이론화할 것인가 하는 문제를 아직 해결하지 못했다.

이론의 추상-구체성 수준 문제와 관련해 또 한 가지 난제는 자본주의라는 개념 자체가 갖고 있는 초역사성이다. 미디어 정치경제학이 자본주의에서 (미디어) 자본의 작동 방식 규명에 초점을 둔다고 하더라도 이 자본주의 역시 계속 진화하는 역사적 현상이라는 사실을 외면할 수는 없다. 마르크스가 《자본론》을 구상할 때 염두에 둔 자본주의는 산업 혁명기 영국의 산업 자본주의였으며, 영국이란 특정 국가의 자본주의 역시 매우 이질적이고 다양한 개별 자본 부문으로 구성되어 있었다. 만약 우리가 추상화된 자본의 논리 수준에서 좀 더 구체적인 수준으로 내려와 현대 자본주의 체제, 더 구체적으로 특정 시기의 미디어 자본의 작동 방식을 규명하려 한다면 그 맥락을 이루는 자본주의의 역사적인 진화 단계를 염두에 둘 수 밖에 없다.

자본주의가 시대별로 구현되는 방식은 계속 진화해 왔다. 오늘날 자본주의 체제에서는 수십 년 전이라면 생소했을 주변적인 개별 자본 부문이 총자본을 대표하는 얼굴로 부상했다. '인지 자본주의'(김어진, 2017; 조정환, 2011), '플랫폼 자본주의'(이광석, 2017; 최철웅, 2017), '정보 자본주의'(백욱인, 2013, 2014a; 조동원, 2013) 등에 관한 논의는 자본주의의 축적 양식이 정보 기술 발전에 힘입어 새로운 단계로 진입했음을 시사한다. 비물질 노동 형태가 지배적인 정보재 산업이 자본주의 경제에서 차지하는 비중도 급증했다. 자본주의 산업 전반에서 지식, 정보, 특허 등 무형 자산intangible assets의 비율이 빠르게 증가한 것은 이 추세를 보여 주는 가시적 지표라고 할 수 있다(표 2를 보라). 이러한 현실 변화는 정치경제학의 이론적 논의에도 반영되고 있다. 마르크스주의 정치경제학에서 비물질적인 '정보재'는 한때 주변적인 현상에 불과했으나 최근 이를 가치론의 측면에서 조명한 논쟁이 대표적인 예다(강남훈 외, 2007).

표 2 S&P 500 기업에서 무형자산의 비율 추이(1975~2009)

연도	1975	1985	1995	2005	2009
무형자산 비율	17%	32%	68%	80%	81%

출처: Rigi, 2014: 919에서 재인용.

미디어 산업에서도 자본의 축적 방식이 새로운 형태로 진화하고 있음은 이미 여러 연구가 주목했다. 블로그(한선, 2007), 포털 시장(이항우, 2016; 한선, 2010), UCC(이남표, 2007), 검색 산업(김평호, 2007) 등의 새로운 커뮤니케이션 시장, 나아가 플랫폼화 혹은 플랫폼 경제(김동원, 2015, 2016; 김수철·이현지, 2019), '주목 경제'(김예란, 2012)라는 새로운 이윤 창출 방식은 현대 자본주의에서 부상한 자본 축적 양식의 새로운 양상으로 미디어 정치경제학에도 의미심장한 이론적 문제를 제기한다.[9]

물론 미디어 정치경제학에서도 이처럼 자본주의의 단계 문제를 외면하지는 않았다. 미디어 산업에서 과거와 상당히 다른 축적 양식이 등장하고 있어 이에 대한 경험적 연구도 일부 시도되고 있다(한동섭, 2002). 한때 고전적인 자본주의 분석 틀을 강경하게 주장하던 김승수(2007a) 역시 유료 방송 산업의 사례를 거론하면서, 정보 자본주의와 지구 자본주의 등 새로운 자본주의 양식에 맞는 분석 틀이 필요하다고 주장했다. 유료 방송 산업이라는 미디어 자본의 새로운 추세는 여전

9 새로운 커뮤니케이션 테크놀로지 기반의 시장 구조에서는 노동 영역의 확장과 변화(김동원, 2016; 박진우, 2011; 이광석, 2017; 채석진, 2016)도 점차 보편화하고 있다. 과거 산업 자본주의에서는 주변 현상으로 치부되던 서비스 노동과 이른바 비생산적 노동이 현재 산업에서 핵심 부문으로 부상한 가운데, 노동 시간에 기반을 둔 전통적인 가치론을 완강하게 고수하는 것은 과연 타당한가 하는 의문이 제기된다. 전통적인 가치론을 새로운 노동 환경에 맞게 어떻게 재해석할 것인지는 미디어 정치경제학에서 중요한 문제다.

히 고전적인 가치론 측면에서 접근해야 한다고 보면서도 변화된 생산 양식에 맞는 이론적 작업이 추가로 필요하다는 것이다. '광고자본주의'(김승수, 2011), '디지털제국주의'(김승수, 2000) 등 미디어 산업 특유의 자본 축적과 생산 양식에 관한 변형된 개념화 역시 이러한 고심의 산물로 보인다. 초기에 그가 고수한 《자본론》 도식 중심의 근본주의적 입장을 감안할 때 이는 엄청난 이론적 입장 선회라 할 수 있다. 하지만 이러한 인식은 원론적인 문제 제기 수준에 그쳤을 뿐 실제 미디어 현상에 본격적으로 적용한 사례는 거의 없다.

선언적 개념과 분석적 개념

이론의 추상화 수준과 관련되면서도 별도로 논의할 만한 또 하나의 쟁점은 연구자가 표명한 이론적 진술이 실제 분석에서는 어떻게 적용되는가 하는 문제다. 앞서 언급했듯이 미디어 정치경제학의 이론적 틀이 자본주의 일반의 설명에 머물고 현대 미디어 산업의 구체성을 제대로 담지 못했다는 사실은 여러 가지 이론적 난점을 낳았다. 무엇보다 논의에서 출발점으로 선언한 이론적 명제와 구체적인 분석 과정에 실제로 적용하는 틀이 서로 괴리를 보이기도 한다는 점을 들 수 있다(임영호, 2015). 이 괴리는 몇 가지 형태로 정리할 수 있다.

첫째, 사례 분석이 이론을 구체화하고 미디어 부문의 특성을 반영한 중범위 수준의 이론으로 발전하는 대신에 출발점인 자본 운동 양식이라는 공식을 '예시'하는 사례로만 선별적으로 활용되기도 한다. 국내에서 미디어 정치경제학 연구 초기에는 마르크스주의 경제학의 공식을 다양한 산업 부문이나 역사적 시기에 기계적으로 적용하거나, 분석 틀의 타당성을 입증하는 사례로 활용하려는 시도가 많았다(문종대, 1990; 성동규, 1990; 이용준, 1990; 이진로, 2008: 1부; 정연우, 1990). 자본의 작동 양식이라는 큰 틀 안에서 출발하더라도 개별 자본 부문에 대한 귀납적 분석으로 결과를 추론하기보다는, 전제가 된 이론적 공식의 타당성을 예시하는 증거로만 연구 결과를 해석하는 식으로 논리가 전개되는 경향이 있었다.

이러한 논지 전개 방식은 고전적인 마르크스주의 경제학의 기본 틀을 고수하는 근본주의적 입장에서 자주 등장한다(김동민, 2006; 김승수, 1988, 1990). 김동민(2006)은 《자본론》에 나오는 '이윤율의 경향적 하락의 법칙'을 설명하면서 이 법칙이 다양한 형태의 미디어 시장 현상을 설명할 수 있다고 주장한다. 하지만 실제로는 해당 법칙을 원론적으로 설명한 후 최근 방송 통신 융합 시장의 단기적 동향을 지목해 이론적 공식의 타당성을 입증하는 근거라고 주장한다. 여기서는 해당 산업 부문의 장기적 동향 분석이 아니라 구체적이고 단기적인 현상이 법칙의 보편적 설명력을 입증하는 근거로 '예시'된다. 하지만 개별적이고 단편적인 사례, 수치가 반드시 장기적 동향을 시사한다고 해석할 수는 없다. 논리적으로는 여기서 구체적 사실 분석을 통해 입증되는 것은 없다. 입증되지 않은 주장이나 명제로 다른 주장을 입증하려 하는 식의 동어 반복의 논리가 제시되었을 뿐이다(임영호, 1992).

둘째, 정치경제학적 분석에 동원되는 유관 개념을 유기적으로 연계해 적용하지 않고, 개념의 산발적이고 느슨한 '병치'로 설명을 대체하기도 한다. 가령 마르크스주의 계열의 미디어 정치경제학자들은 자본 축적 과정에 관한 《자본론》의 도식을 '분석 틀'로 빠짐없이 인용한다(김승수, 1989a, 1989b, 1990; 김동민, 2006). 그렇지만 구체적인 데이터나 사례 분석 수준으로 들어가면 이 도식은 그다지 유용성을 발휘하지 못하고 사실상 사장된다. 이때는 이데올로기, 국가이론 등의 다른 이론과 개념들이 슬그머니 동원되어 실질적인 분석 틀 구실을 한다.

특히 이윤 극대화를 목표로 삼는 자본의 예시라고 보기 어려운 미디어 현상을 접할 때 이러한 태도는 전형적으로 나타난다. 김동민(2001)의 신문 산업 분석에서는 정치경제학적 시각의 출발점이던 '자본' 개념조차 주변으로 밀려나고 이데올로기 기구로서의 성격이 설명 틀로서의 자리를 차지한다(김동민, 2001). 그의 주장대로 신문이 자본이 아니라 이데올로기 기구에 불과하다면 애초부터 미디어 정치경제학에 자본 축적의 공식을 끌어들일 필요가 없었던 것은 아닌가 하는 의문이 생겨난다.

또한 김승수의 초기 저작(김승수, 1989a)에서는 자본주의의 계급적 지배 체제를 설명하는 장치로 별다른 해명 없이 자본 축적, 이데올로기적 지배 등 다양한 개념이 동시에 동원된다. 미디어는 자본 축적의 수단이자 이데올로기적 국가 장치이며 국가는 이 모든 과정이 매끄럽게 작동하도록 개입하는 존재로 설명하는데, 이 모든 과정이 서로 어떤 관계를 맺는지는 뚜렷하게 설명하지 않는다. 자본과 이데올로기, 국가 장치 간에는 마치 보이지 않는 기능적 조화의 손이 작동하는 것처럼 가정될 뿐이다. 그리고는 이 모든 것이 정치경제학이라는 모호한 이름으로 포장된다. 선언적 개념과 분석적 개념 간의 극단적인 부조화가 발생하는 셈이다. 다양한 설명의 병치에 의해 발생하는 의미의 연상 효과가 논리적 설명을 대체하는 다소 기이한 논지 전개가 이루어지는 것이다.

셋째, 선언적 수준에서는 근본주의적인 입장을 고수하면서도 주제나 맥락에 따라 유동적으로 틀을 바꿔 가며 적용하는 방식도 나타나고 있다. 예컨대 김동민은 선언적 수준에서는 가장 강도 높게 마르크스-레닌주의의 수사를 구사하면서도 실제 사례 분석에서는 주제별로 유연하게 이론적 틀을 선택해 적용한다. 우선 그는 신문 상품의 '정치경제학적 고찰'에서 신문은 상품으로서의 속성을 공유하지만 이윤 추구 대상이 아니라 지배 계급의 이데올로기적 통제 수단으로 보아야 한다고 주장한다(김동민, 2001), 반면에 방송 통신에 대해서는 이와 다른 분석 틀을 적용해 자본의 운동 법칙으로 설명한다(김동민, 2006). 김동민은 통신과 방송의 융합 현상에서 통신 자본의 투자는 우연한 선택이 아니라 자본의 운동 법칙에 따른 필연적 현상이라고 규정한다. 이 특정 산업 부문을 자본주의 생산 양식의 필연적 논리에 의해 진화하는 전형적 사례로 본 것이다.

하지만 주요 미디어 산업마다 왜 이처럼 차별적으로 분석 틀을 적용해야 하는지, 그럼에도 불구하고 정치경제학이 어떤 점에서 하나의 일관된 분석 틀이 될 수 있는지에 대해서는 침묵한다. 이처럼 마르크스의 공식에서 출발하더라도 때로는 순수한 자본의 논리로 설명하기도 하고, 때로는 상부 구조 현상으로서의 특수성을 주장하는 등 맥락이나 주제에 따라 접근하는 틀이 선택적으로 바뀌는 경향은 김승수의 여러 저작(김승수, 1988, 1989a, 1998, 2009b, 2012)에서도 발견할 수 있다.

그렇다면 과연 미디어의 이데올로기적 편향을 경제학적으로 설명할 수는 없는 것인가? 이 질문에 대해 미디어 경제학과 합리적 선택이론의 전통을 따른 문종대(2001)의 설명은 시사점이 크다. 그는 한국 신문 시장에서 드러나는 보수 일변도 현상을 단지 언론사의 이념적 성향이 아니라 신문 시장에서 이윤 극대화를 구현하기 위한 개별 언론사의 합리적 선택의 결과로 해석한다. 이렇게 하면 이데올로기적 편향성에 자본의 논리라는 경제적 설명을 적용할 수 있다. 문종대의 분석은 미디어의 이념적 이례성을 이유로 본래의 경제학적 틀에서 과도하게 벗어나 버린 미디어 정치경제학자들에게도 상당한 시사점을 준다.

넷째, 미디어의 특수성이나 다양성에서 발생하는 분석적 난점에 대처하기 쉽도록 가능하면 포괄적으로 정치경제학을 정의하려는 전략도 흔히 볼 수 있다(김남석, 1994, 2010; 김평호, 2007; 이진로, 2008: 2부와 3부). 예컨대 김남석(1994)은 다소 느슨하게 언론과 국가, 경제 간의 관계에 관한 맥락화라는 의미로 정치경제학이라는 단어를 사용한다. 이진로(2008: 2부와 3부)도 이와 비슷하게 "언론의 성격이 시민, 자본, 국가와의 역동적인 관계에 의해서 형성된다"는 관점에서 정치경제학의 성격을 규정한다. 이렇게 되면 정치경제학은 현상에 적용되는 하나의 체계적인 분석적 틀이라기보다는 상황이나 주제에 따라 정치 변동에 관한 역사적 분석, 시장 분석, 시민사회론 등 다양한 이론을 자유롭게 채워 넣을 수 있는 열린 이론 체계 구실을 하게 된다(김남석, 2010). 정치경제학은 문제의 제기 단계에서 제시되는 선언적 명제 수준을 벗어나지 않으며, 실제 분석에서는 사실상 거의 활용되지 않는다. 이들이 시사하는 정치경제학 역시 하나의 이론적 조류로 일반화하기 어려울 정도로 연구나 연구자마다 각양각색이 된다.

국내에서 정치경제학적 접근이란 대체로 커다란 선언적 방향은 공유하지만, 현상을 설명하는 분석 틀은 갖추지 못한 불완전한 이론에 머무는 경향이 있다. 역설적으로 미디어 정치경제학은 모든 현상을 설명하면서도 아무것도 설명하지 못하고 있다. 이러한 정치경제학은 차별화된 설명 틀을 갖춘 이론적 패러다임이라기보다는 사실상 다양한 접근을 포괄하는 범주성 구호나 우산 개념에 그치고 있다. 정치경제학을 표방하지만 실제로는 큰 틀 안에 그때그때 적합한 각양각색의 이론을 접목할 수 있게 된다. 가령 극단적인 사례로 김미경(2000)은 《웹 미디어의 정치경제학》에서 웹 미디어 시대를 설명하는 큰 틀을 정치경제학으로 명명했다. 하지만 현상을 설명하는 분석적 개념으로 동원한 것은 마르크스도, 경제학도 아니라 앤서니 기든스Anthony Giddens의 '구조화structuration' 개념에 근거한 '자생적 변화'다. 이는 저자가 정치경제학을 문제 제기의 한 단계나 수단으로만 여길 뿐 현상 분석에 유용한 이론적 자원으로 보지는 않는다는 뜻이다.

미디어 정치경제학을 다룬 여러 국내 연구자는 모스코(Mosco, 2009)가 제시한 분류 틀을 자주 인용한다(권기욱, 2011; 김영욱, 2017; 문상현, 2009; 이남표·김재영, 2006). 모스코는 '상품화commodification,' '공간화spatialization,' '구조화' 등을 미디어 정치경제학을 구성하는 이론적 기본 틀로 제시하는데, 이는 기든스를 비롯해 공간 사회학 등 다양한 현대 사회학 이론을 선별적으로 빌어와 종합한 것이다. 전통적으로 비정치경제학적인 것으로 간주되던 이론으로 정치경제학의 기본 틀을 구성한 것은 그동안 정치경제학이 선언적 명제로 머물고 '현실 분석 틀'로서는 미흡할 정도로 공백이 많았음을 사실상 인정한 셈이다.

구체와 추상의 수준이 연계되지 못한 채 서로 겉돌고, 선언적 수준과 실행적 수준의 논의가 괴리되는 문제가 빈번했다는 것은 아직 정치경제학이 경제 현상 분석 도구로서 그다지 유용성을 인정받지 못했음을 시사한다. 이처럼 마르크스에서든 정치경제학에서든 보기 어려운 생소한 개념들을 동원한 것은 모스코 역시 '이론'으로서 정치경제학은 무엇인가 하는 문제에 대한 고민을 드러낸 것으로 해석하고 싶다. 정치경제학이라는 허울뿐인 큰 범주 안에 어떤 구체적 이론을 채워 넣을 것인지는 모스코뿐 아니라 한국의 미디어 정치경제학자들도 해답을 제시해야 할 질문이다.

4. 사회와 미디어의 관계

나열적 총체성과 유기적 총체성

미디어 정치경제학 개념의 용례에서 두드러진 또 하나의 특징은 총체성에 대한 언급이다. 사회구성체를 이루는 토대와 상부 구조의 관계는 그동안 미디어 정치경제학에서 중요한 이슈로 다루어졌다. 구체적으로 생산과 유통, 소비의 단계를 아우르는 자본의 축적 과정뿐 아니라, 국가와 이데올로기 장치 등 상부 구조도 중요한 이슈로 부각된다. 미디어 정치경제학은 대부분 자본의 작동 방식을 분석의 중심에 두면서도 총체성을 이루는 구성 요소 간에 어떤 상응 관계나 모순이 발생하는지를 나름대로 언급했다. 사회구성체 구성 요소 간의 '결정'이나 '필연적 상응 관계,' '상대적 자율성' 등의 관계는 미디어 정치경제학 문헌마다 빼놓지 않고 등장하는 핵심 키워드였다.

총체성에 대한 언급은 미디어 정치경제학에서 반드시 거쳐 가야 할 의례처럼 통했다.

미디어 정치경제학이 이처럼 총체성을 중시하게 된 이유는 무엇일까? 무엇보다 미디어 산업이라는 경제 현상이 상품으로서의 성격을 지니면서도 이윤 극대화나 자본 축적과 같은 경제적 틀만으로 파악할 수 없는 특수성을 갖기 때문이다. 상품이면서 자본주의 지배 체제에서 이데올로기적 기구이기도 하고, 공영 방송 등 자본의 지배에서 벗어난 일종의 '공유지commons' 부문을 포함한다는 점도 경제학적 분석을 어렵게 하는 난점이었다. 그래서 초기에는 경제적 계기에 중점을 두면서도 정치와 이데올로기 계기가 어떻게 자본의 논리를 변형시키는가 하는 질문에서 출발해 점차 총체성 문제를 끌어들이지 않았을까 짐작해 본다.

실제로 미디어 정치경제학 연구자들은 초기부터 총체성을 구성하는 다양한 계기에 대한 관심을 표명했다. 김동민은 이데올로기 연구와 경제 연구는 선택 문제가 아니라 정치경제학이라는 하나의 이름 아래 포괄해야 할 대상이라면서, 특정한 이데올로기를 생산하도록 결정적인 영향을 행사하는 자본의 성격에 주목해야 한다고 주장한다(김동민, 2001: 10, 14). 또한 김영욱(2018a)은 정치경제학이 자본의 축적 과정과 같은 경제적인 물질성에 강조점을 둔다는 점에서 이데올로기 중심의 비판이론과 차별화된다면서도 정치경제학은 자본의 문제, 프로모션의 문제, 이데올로기의 문제, 노동의 문제를 모두 주

제로 포함한다고 보았다.[10]

그러나 역설적이게도 이처럼 총체성을 구성하는 다양한 계기에 대한 강조가 곧 경제에 대한 총체적 이해에 기여하지는 않는다. 그간 국내에서 나온 정치경제학 문헌은 어떤 점에서는 주로 다원론적 관점에서 총체성을 이해하는 경향이 있었다(김승수, 2007b, 2009b; 김영욱, 2018a; 류웅재, 2008; 문상현, 2009; 조항제, 2008; 최진봉, 2013). 이 문헌들은 정치경제학이 소유와 통제 구조 등 미디어 자본의 실태나 작동 방식에 관한 분석에 그치지 않고 다양한 주제 영역으로 연구를 확장해야 한다고 제언한다. 다양한 주제의 통합, 조화, 수렴 등의 모색(이상기, 2009; 조항제, 2008)은 이러한 인식에서 출발해 자연스럽게 이어지는 주장들이다. 하지만 다양한 계기에 대한 관심을 표명할 뿐 이 계기들에 대한 조명이, 예컨대 '자본의 작동 방식'의 특성을 더 입체적으로 이해하는 데 기여하지는 못했다. 이 연구들이 시사하는 총체성은 다양한 계기가 서로 연계

10 마르크스주의의 영향에서 벗어나 정치경제학을 느슨하게 거시적, 구조적 접근으로 파악하는 관점에서도 비슷한 방식으로 총체성 문제를 다룬다. 류웅재(2008)는 정치경제학이 "문화를 복합적으로 구성하고 결정하는 다양한 힘과 요소들, 즉 생산과 소비, 유통과 규제, 국가의 정책과 법제, 국제 정세, 문화산업의 현황과 변화, 시민사회의 운동 등을…… 동시에 전체적으로 조망해야 한다"라고 주장한다(류웅재, 2008: 17). 그는 폴 뒤 게이Paul du Gay 등(du Gay, Hall, Janes, Mackay, & Negus, 1997: 3~4)이 제시한 '문화의 회로circuit of culture' 모델에서처럼 생산뿐 아니라 재현, 규제, 소비, 정체성 등의 차원을 아우르는 회로 전체를 정치경제학의 영역으로 염두에 둔 듯하다.

되어 작동하는 유기적인 실체가 아니라 파편화된 다양한 계기에 대한 기술을 열거한 '나열적 총체성'에 가깝다. 원용진(2005)이 한국 문화연구의 문제점으로 지적한 '더하기 전략' 위주의 사고 경향이 정치경제학에서도 반복되는 셈이다.

총체성 개념은 사회구성체를 이루는 각 부문이 상대적 자율성을 누리면서도 서로 결정적 영향을 미치고 관련성을 맺는 과정에 대한 규명을 의미한다. 그러나 이처럼 다양하게 쏟아져 나온 총체적 접근 선언은 실제 연구에서는 원론적 차원의 '립 서비스'에 머물 뿐 각 요소가 어떻게 유기적으로 연계되면서 총체성을 구성하게 되는지에 대한 연구로 실제로 발전한 사례는 극히 드물다. 〈한겨레신문〉이 진보적 편집 방침을 지향하면서도 어떻게 시장 진입에 성공할 수 있었는지에 관한 한동섭(1998)의 연구는 (이데올로기적) 이념과 경제의 관계를 다루면서 그나마 경제의 '선차성'이라는 개념으로 정치경제학적 관점의 정체성을 고수하려 한다. 그러나 대다수 문헌에서 총체성은 사회구성체를 구성하는 요소 간의 유기적이고 체계적인 관계라기보다는 단순히 개별적 요소에 대한 산발적 언급을 나열하는 형태에 그쳤다. 말하자면 총체성은 선언적 구호에 그치고 실제로는 파편화된 나열적, 다원론적 개념으로 변질했다.[11]

11 국내 미디어 정치경제학에서 총체성 개념의 파편화 경향은 초창기부터 예견되었다. 김왕석 등(1990)의 《한국언론의 정치경제학》은 당시의 연구 성과를 집대성한

이처럼 총체성 개념이 연구자마다 필수적인 일종의 '립 서비스'로 통용될 뿐 실제 연구와 유리되면서 몇 가지 문제점이 나타났다. 첫째, 토대와 상부 구조의 결정 관계를 유기적으로 연계해서 파악하려는 노력이 정작 정치경제학 본래의 관심사 실종으로 이어지는 경향이 있다. 류웅재(2008, 2010)는 문화연구/담론 분석과 정치경제학의 '조우,' '통합'을 통해 "언어와 상징작용이 구조와 물질, 생산과 제도 등과 맺는 교호적 관계"(류웅재, 2010: 37)를 파악하려고 시도한 대표적인 학자다. 그렇지만 그의 문제의식은 물질과 구조 등의 영향력을 좀 더 반영한 문화연구자의 관심사에 가까울 뿐, '정치경제학'적 요인들의 이론적 정교화는 부차적인 데 그친다. 그의 제안에서는 경제적 문제를 이미 해결된 당연한 전제처럼 기정사실화할 뿐 경제의 작동 방식에 대한 이해를 높일 수 있는 정교한 설명은 미완의 숙제로 방치했다.

그가 제시한 분석 틀을 가장 가깝게 구현한 연구 사례

저작으로 유물론적 언론학을 정치경제학의 이론적, 방법론적 토대로 선언한 후, 언론 산업의 자본 축적 문제 외에도 헤게모니와 이데올로기, 문화제국주의, 언론 운동, 북한 언론 등 다양한 주제를 정치경제학의 영역하에 개괄했다. 이처럼 방대하고 다양한 주제가 그동안 실제로도 정치경제학의 연구 영역으로 이해되고 있었음은 분명하다(가령 김승수, 2004, 2009b에서 언급한 광범위한 주제를 보라). 그렇지만 이러한 연구 주제 선정이 어떤 기준에 따라 이루어졌으며 그 선택을 이론적으로 정당화하는 근거가 무엇인지는 확실하지 않다. 이 책에서 다룬 '주제'나 '영역'이 오랫동안 비판적 성향을 고수한 정치경제학자의 관심사인 것은 분명하지만, 엄밀히 말하면 이들의 개인적 관심사를 곧 정치경제학의 영역과 동일시할 수는 없다.

로는 스튜어트 홀 등(Hall, Critcher, Jefferson, Clarke & Roberts, 1978)이 《위기 관리*Policing the Crisis*》에서 수행한 '국면 분석conjunctural analysis'이 떠오른다. 실제로 조항제(2008)는 그러한 유형의 비판적 연구를 미디어 정치경제학의 미래로 제시한다. 그렇지만 이 연구 모델에서 경제는 어디까지나 총체성의 구성 과정에서 고려할 하나의 부차적 요소로만 간주된다는 점을 감안하면, 이를 여전히 미디어 정치경제학으로 불러야 할지는 모르겠다.

류웅재(2008) 등 '통합'론자들의 문제의식은 문화/미디어와 경제의 접점 문제를 제기하기는 하지만 관심의 초점을 어디까지나 문화에 둔다. 일찍이 문화연구자인 박명진은 정치경제학의 지향점을 "경제를 통한 정치적, 이데올로기적 지배의 수행"(박명진, 1989: 36)이라고 규정했는데, 통합론자의 문제의식은 이 전통을 현대적 맥락에서 계승하고 있다. 그렇지만 문화의 문제의식을 견지하더라도 경제가 작동하는 방식에 관한 더 정교한 분석, 예컨대 E. P. 톰슨(Thompson, 1971)의 '도덕경제' 개념처럼 이념, 가치, 도덕이 경제 구조와 관행에 미치는 영향에 관한 이해를 확장할 만한 시사점은 포함되어 있지 않다. 문화연구의 관심사인 경제가 이데올로기에 미치는 영향뿐 아니라 그 반대로 이데올로기가 경제 현상을 규정하는 방식은 이른바 '토대'의 작동 방식을 이해하는 데도 큰 시사점을 줄 수 있지만(임영호, 2017), 그러한 노력은 아직 보이지 않고 있다. 이처럼 '경제'의 특성에 대한 탐구가 실종된 총체성 분석은 비판적 연구의 한 갈래라고 할 수는 있어도 정치경제학이라 보기 어렵다.

기존의 총체성 개념에서 나타난 또 한 가지 문제점의 양상은 암묵적인 기능주의의 경향이다. 미디어 정치경제학 문헌에서는 사회구성체의 총체성을 구성하는 다양한 '주제'와 '영역'의 작동 방식 간에 정교한 설명이 대개 생략되고 그 대신 일종의 기능주의적 공모 관계가 암시된다. 특히 마르크스주의 성향의 초기 연구들(김승수, 1988, 1989b, 1990)은 이론적으로는 《자본론》의 도식에 충실한 정치경제학을 표방하면서도 실제로는 자본 분석과 국가, 이데올로기 기구 영역에 관한 논의를 자유롭게 넘나드는데, 이 분석들은 이 영역들 간에 일종의 기능적 조화나 '필연적 상응 관계necessary correspondence'를 가정하는 경향이 있다.

가령 김승수는 경제적 측면에서 언론 산업은 "독점 자본의 시장 형성에 대규모 소비자 집단을 창출하고 독점 이윤 획득에 필요한 환경을 조성"하고 "사적 소유 체제로 상품화한 자체 생산물을 판매하며 그 이윤 획득을 생명으로 삼는 대규모 자본주의 기업"(김승수, 1988)이라는 점을 강조한다. 하지만 이와 동시에 국가는 자본의 이익을 보장하는 방식으로 개입하며 미디어는 자본의 재생산 체제를 공고화하는 이데올로기 역할을 수행한다고 주장한다(김승수, 1989a). 그렇지만 자본 축적과 국가 개입, 이데올로기 기능 수행 등 다양한 계기 간에 발생할 수 있는 상대적 자율성의 작동과 모순, 불일치 등의 문제는 전혀 언급하지 않는다. 각 문제를 개별적으로 진술하면서 마치 이것들이 보이지 않는 손에 의해 기능적으로 서로 조화를 이루면서 작동하는 것처럼 암시할 뿐이다. 기능주의적 시각의 문제점은 사회구성체를 이루는 다양한 계기 간의 관계를 설명하는 데 주력할 필요가 없으며, 이 때문에 다양한 결정 요인에 대한 관심이 정작 경제의 구체적 작동 방식을 이해하는 데에도 기여하지 못한다는 것이다.

하지만 불완전한 설명을 제공하는 다양한 분석 틀을 섞어 놓는다고 해서 그것들이 저절로 융합해 체계적인 설명력을 더 갖추지는 못한다. 최영묵의 지적처럼 미디어 정치경제학은 온갖 주제를 건드리기만 할 뿐 "이들을 공통으로 묶을 수 있는 이론적 틀 혹은 세계관이 무엇인지"(최영묵, 2009: 900) 제시하지 못했다. 정치경제학이 총체성 문제에서 이처럼 다양한 주제를 다원론적으로, 나열식으로 다루게 된다면 이러한 접근 방식을 비판 커뮤니케이션이나 문화연구의 다른 조류와 차별화된 하나의 이론적 패러다임이나 체계로 주장할 근거도 희박해진다. 정치경제학자가 수행한 미디어의 이데올로기 기능 분석 역시 문화연구가 지향하는 분석과 어떤 차이가 있는지도 불확실하다. 이러한 상황에서 총체성에 대한 강조는 역설적으로 총체성의 실종에 대한 수사적 알리바이에 그칠 수도 있다. 미디어 정치경제학은 자본의 운동 방식에 관한 분석에서 출발해야 하고, 총체성에 대한 관심 역시 경제의 특수성에 대한 이해를 더 심화하는 방향으로 이루어져야 한다.

총체성이 미디어 정치경제학에서 거의 필수적인 의례처럼 통용된 것과 마찬가지로, 정치경제학 관련 일부 문헌에서는 이론적 입장 표명에 정당성의 근거를 보장하는 일종의 '선언적 의례' 구실을 하는 또 다른 개념들이 있다. '반反경제결정론'이나 '정통주의'에 대한 무의식적 강박관념이 아마 이에 해당할 것이다.

서로 개념적 대척점을 이루는 이 문제에 대한 반응은 연구자에 따라 상반된 방향으로 작동하기도 한다. 한편으로는 경제결정론을 일종의 이론적 파문에 해당할 정도의 극단적 비난으로 간주하고는 자신의 입장이 결코 경제결정론에 빠지지 않았음을 입증하려는 노력으로 나타난다(Garnham, 1990: 6; Murdock, 1989: 229; Murdock & Golding, 1979; 류웅재, 2008, 2010; 문상현, 2001; 조항제, 2008 등의 '통합'론자들도 이 경향을 보여 준다). 아니면 다른 한편으로는 경제결정론이라는 비판에 대한 거부 반응으로 오히려 당당하게 마르크스와 레닌 등의 고전적이고 도식화된 입장으로 돌아가자는 식의 정반대 반응도 종종 보인다(김동민, 1992).

흥미로운 점은 이처럼 양극단처럼 보이는 입장 표명이 어느 쪽이든 실제 분석에서는 그대로 구현되지 않고 훨씬 더 유연한 자세로 나타나기도 한다는 것이다. 예컨대 김동민(1992)은 마르크스, 레닌, 유물론 등 구사하는 수사로만 보면 가장 극단적인 정통 마르크스주의로 보이지만, 구체적인 현상 분석에서는 의외로 유연하게 관련 개념을 적용한다. 신문 산업은 이윤 극대화를 추구하는 자본으로 보기 어렵다며 이데올로기 기구의 사례로(김동민, 2001), 방송 통신 융합은 전형적인 자본 축적 방식의 구현 사례로 간주한 것이 그 증거다(김동민, 2006). 나아가 김승수의 지적 편력에서 볼 수 있듯이, 경제결정론의 기피와 정통주의로의 회귀가 동일한 연구자에게서 시차를 두고 번갈아 나타나기도 한다.

이 두 양극단의 비난은 일종의 명분 투쟁에서 상대를 공격하는 데 유용한 무기 구실을 한다. 때로는 상대의 입장을 단순화해서 싸잡아 공격하거나 양측의 입장 차이를 과장하는 식의 수사적 기법도 동원된다. 머독이나 골딩 등 영국의 초창기 미디어 정치경제학(Murdock, 1982; Murdock & Golding, 1979)이나 초기의 국내 연구(김승수, 1988, 1990)가 소유와 통제 중심의 토대 연구가 중요하다고 주장한 것은 그간 미디어 연구가 경제적 토대를 소홀히 하고 미시적 효과 등에 치중한 데 대한 반작용으로 기존의 흐름을 교정해야 한다는 선언의 성격이 강했다. 이들의 취지는 문화적 생산이 이루어지는 과정에서 "통제의 계급적 기초"와 더불어 "이 통제가 행사되는 전반적인 경제적 문맥"을 강조하고자 한 것이다(Murdock & Golding, 1979: 12).

물론 이들 역시 경제적 토대가 모든 현상을 결정한다는 기계적 관점을 믿지는 않았다. 하지만 이들의 다소 투박한 이론적 틀에 대한 신랄한 비판은 때로는 경제 현상에 대한 천착 자체를 경제결정론과 동일시해 버리는 또 다른 반작용으로 이어지는 경향이 있었다(Curran, Gurevitch, & Woollacott, 1982: 26; Hall, 1986: 47). 이 상반된 방향의 선언들은 이론적 의제의 중요성을 강조하기 위해 나온 구두 선언이 자칫 허구의 표적에 대한 비생산적 공격으로 변질할 수도 있음을 보여 준다.

국내에서도 이와 비슷한 경향을 볼 수 있다. 정치경제학의 초기에 경제의 우선성을 강조하는 정통주의가 득세한 데는 그동안 커뮤니케이션 연구가 지나치게 미시적으로 흘렀고, 비판 커뮤니케이션 연구 역시 이데올로기와 의미 분석에 과도하게 치우쳤다는 부정적 인식도 작용했다. “상부 구조의 상대적 자율성에 대한 반발이 경제 분석에 매달리게 만든 것”이라는 김동민(2001: 12)의 실토가 이러한 정황을 엿볼 수 있게 해 준다. 정치경제학과 문화연구 등 여러 비판 커뮤니케이션 연구 흐름 간에는 강조점의 차이만 있을 뿐 실제로는 총체성과 이데올로기의 상대적 자율성 등 탈경제결정론의 관심사를 상당 부분 수용해 서로 입장이 수렴해 가고 있었다. 그런데도 이론적 주장에서 공통점보다는 차이를 더 부각한 것은 정치적 차별성을 표명하는 선언적 의미가 더 큰 것 같다. 어떤 점에서 국내 미디어 정치경제학에서 반경제결정론과 정통주의는 야누스처럼 상반된 얼굴을 하면서 공존했다.

이상에서 언급한 경향을 보여 주는 한 가지 사례를 들어보자. 이남표(2007)는 수용자상품론이 이용자가 주도적 역할을 하는 최근의 UCC 환경을 잘 설명해 준다는 데 동의한다. UCC에서는 이용자가 자신의 일상과 놀이를 대상으로 상품화 과정에 참여하므로 사실상 생산적 노동에 종사한다고 평가한다. 여기까지만 보면 이남표의 논의는 정치경제학의 입장을 고수하면서도 전통적인 가치론의 도식에서 탈피해 매우 혁신적 자세를 취할 것이라는 예상을 불러일으킨다. 하지만 이남표는 텔레비전 시청이라는 소비 행위를 생산적 노동의 범주로 보기는 어렵다면서 수용자상품론이 정치경제학의 노동가치론과 양립하기 어렵다고 선을 긋는다. 현상 기술에서는 자본 축적 과정에서 미디어 소비자의 주도적 역할을 강조하면서도 이론적 선언에서는 자본 축적에 기여하는 새로운 노동 형태로서의 위상을 부정하는 양가적 태도를 취한다.

이남표의 주장은 생산수단 소유 구조 중심의 시장 분석에 치중하는 '경제주의' 경향을 비판하고 수용자에 대한 관심을 촉구하면서도 정작 수용자의 정치경제학적 설명에서는 결국 가장 전통주의적인 가치론의 주장(비생산적 노동에서는 잉여 가치가 생산될 수 없다)으로 되돌아간다(이남표, 2007; 이남표·김재영, 2006). 정치경제학에서 수용자론이라는 수정주의적 입장의 가능성과 중요성을 주장하면서도 근본주의적인 마르크스주의의 논리를 고수하는 모호한 전략을 채택한 셈이다. 이렇게 되면 수용자상품론은 자본 축적의 토대인 가치이론의 난점을 해결하는 데 기여하는 핵심적 논의로는 격상되기 어려워진다. 그는 다른 글에서 미디어 정치경제학의 난국을 타개하기 위해서는 "창조적 긴장을 적극적으로 재해석할 필요"(이남표·김재영, 2006: 218)가 있다고 서술했는데, 이는 아마 마르크스주의에서 정치적으로나 이론적으로나 핵심적이면서도 민감한 이 문제에 대해 전략적으로 모호한 태도를 취한 것으로 해석할 수밖에 없다.

경제결정론이라는 비판에 대한 지나친 거부 반응은 정치경제학에서 자본의 작동 방식을 분석하는 이론적 틀의 발전이 미진한 현 실태에 일부 책임이 있다. 총체성과 비결정론적 경제분석 등에 대한 집착은 때로는 경제에 대한 강조 자체를 결정론과 동일시해 매도하는 부작용도 초래했다. 또한 미디어 경제의 특수성 설명이라는 과제를 아직 제대로 진척시키지 못한 상태에서 정치경제학의 관심사를 과도하게 확장하는 바람에 연구자의 역량 집중에도 그다지 우호적이지 않은 결과를 낳았다. 말하자면 정작 경제적 분석은 부실한 정치경제학만 넘쳐나게 된 데에는 이러한 경향도 원인이 되었을 것이다(임영호, 2015).

정치경제학에서 의외로 '경제'의 상대적 취약성을 보여주는 한 가지 징후가 바로 경제이론 '체계'의 부실함이다. 마르크스주의 정치경제학은 미시적인 '가치론'에서 출발해 점차 자본 축적과 유통, 화폐이론, 장기적 경기 동향 등 장기적 현상 분석으로 이어진다. 이 주제들은 각기 나름대로 독립된 연구 영역이 될 수는 있지만 서로 긴밀하게 연계되어 하나의 큰 이론 체계를 이룬다. 그러나 한국의 미디어 정치경제학에서는 온갖 경제 현상과 주제에 관한 산발적인 연구만 존재할 뿐 여러 연구를 이론으로 결집해 주는 체계성은 찾기 어렵다. 대표적인 미디어 정치경제학자인 김승수(1998)는 한때 정치경제학을 버리고 미디어경제학으로 전환을 공개적으로 선언한 적이 있다. 이 사건은 미디어 정치경제학이 복잡한 현실을 설명하는 '경제이론'으로서 유용성을 갖추지 못한 데 대한 내부자의 고민을 보여 주는 일화로 해석할 수도 있다.

무엇보다 이론 체계의 출발점이자 '미시적 토대'(임영호, 2015)에 해당하는 부분이 부재한다는 점이 문제다. 일부 연구자들은 바로 이 점에서 스마이드(Smythe, 1977, 1978)가 제기한 '수용자 상품' 논쟁의 잠재력에 주목한다(김동원, 2015; 김영욱, 2017, 2018a, 2018b; 임영호, 2015). 전통적인 가치이론은 노동에 투입되는 시간 계산을 통해 잉여 가치 추출과 착취를 설명한다. 그런데 텔레비전 시청과 같은 소비 행위를 통해 이윤이 대부분 생산되는 미디어 산업에서는 노동 시간 중심의 가치론이 자본 축적 과정을 설명하기 어렵다. 나아가 최근 정보재 중심으로 진화하는 정보 자본주의에서 미디어 산업은 예외적인 주변부가 아니라 중심적인 산업 부문이나 노동 형태로 부상하고 있어 가치론에 대한 재조명이 필수가 되었다. 강남훈(2002)의 지적처럼 설혹 정보 혁명이라는 변화로 가치론이라는 자본주의의 기본적인 경제 법칙 자체가 달라지는 것은 아니라는 전통주의의 입장을 고수한다 치더라도, 적어도 그 경제 법칙의 '표현 형식'의 정교한 분석이 수반되어야만 오늘날의 자본주의 축적 양식을 규명할 수 있다.

미디어 산업의 노동 관련 주제에 국한해서 보자면 신현우(2019)의 '플레이 노동' 개념은 노동가치론을 디지털 환경에 맞게 재해석해 자본주의 진화를 이해하는 토대로 삼으려 했다는 점에서 매우 드물지만 의미 있는 시도다. 그는 게임 플레이가 '플레이 노동'으로 전화하기까지는 재미 차원에서 이루어지는 기술 놀이의 게임 산업 포섭 과정, '게임플레이의 추상 노동화,' '게임 플레이의 실질적 상품화' 등의 차원을 거쳐 간다고 진단했는데, 이를 근거로 플레이 노동을 자본주의 노동의 역사적 진화라는 측면에서 재해석할 필요가 있다고 보았다.

과거로 좀 더 거슬러 올라가자면 스마이드의 논의, 그리고 최근 국내 학자들이 다시 주목한 수용자 상품 논쟁 역시 미디어 노동의 가치론적 분석에도 큰 시사점을 제공했다는 점에서 재조명할 만하다. 이 논의들은 미디어 정치경제학의 미시적 토대를 이론화하는 기회가 될 수도 있다는 점에서 해외 학계에서도 다시 주목받고 있다(McGuigan & Manzerolle, 2013에 수록된 여러 논의를 보라). 하지만 많은 국내 정치경제학자들은 이러한 시도를 단지 정치경제학에서 다루는 수많은 연구 주제 중 하나로만 분리해서 파악할 뿐이다(김승수, 2009b). 앞서 이남표와 김재영(2006)의 사례에서 보듯이, 가치론을 정치경제학의 출발점으로 선언한 연구자가 가치론을 현대 상황에 좀 더 적합하게 발전시키기 위해 제기한 논쟁을 지엽적인 연구 '주제'로 격하시킨 것은 매우 역설적인 일이다. 정통주의 강박관념은 혹시 이러한 퇴행적 입장 선택에 영향을 미치지 않았나 하는 의혹에서 자유롭지 않다.

5. 다시 정치경제학의 존재 의미를 묻는다

일찍이 미디어 정치경제학은 미디어 자본이 작동하는 방식에 대한 관심에서 출발했고 이는 여전히 이 접근 방식 고유의 영역이자 관심사다. 그런데 미디어 융합과 플랫폼 지배 시대를 맞아 자본의 규모와 영향력은 무한하게 확장하고 있지만, 이러한 움직임을 분석하고 진단하는 데서 미디어 정치경제학은 제 구실을 하지 못하고 있다. 이는 미디어 정치경제학이 경제 현상을 정교하게 분석하는 비판적 학문으로서 이론적 체계성을 발전시키는 데 실패했기 때문이다. 그동안 미디어 정치경제학은 고유의 과업에 충실하기보다는 외연적 확장에만 치중하면서 정체성과 이론적 정교함을 잃어 갔다고 본다. 새로운 상황에 맞는 이론적, 정치적 분석에 대한 요구가 증가하는 오늘날 정치경제학은 오히려 쇠퇴하고 있는 역설을 탈피하기 위해 무엇을 해야 하는지 짚어 본다.

지금까지 나온 미디어 정치경제학 관련 연구는 규범성에 근거한다는 점, 미디어 자체보다는 미디어를 사회와의 관계라는 큰 틀에서 접근한다는 점 등의 공통된 특성을 갖고 있다. 하지만 정치경제학이라는 용어는 연구자마다, 문헌마다 각양각색으로 사용되면서 다른 접근 방식과 차별화된 영역과 이론적 정체성을 확립하는 데 실패했다. 특히 마르크스주의의 퇴조로 정치적 문제의식이 계급 중심에서 벗어나 다원화한 이후 정치경제학 개념의 모호성은 더 확대되었다.

분석 수준 측면에서의 문제점도 정치경제학 고유의 이론 개발을 저해하는 요인이 되었다. 구체적 현상 기술에 치중하거나 추상화된 공식을 고수하는 양극단의 태도가 지배했는데, 두 수준을 이어 주는 중간 수준의 이론화를 추구한 연구는 드물었다. 이론 틀에서도 선언적 개념과 실제 연구에 적용하는 분석적 개념 간의 괴리가 발생하는 문제점을 드러내면서 구체적인 연구 결과가 미디어 경제의 특성을 이론화하는 데 그다지 기여하지 못했다.

미디어 자본의 특수성을 설명하기 위한 장치로 경제 외적인 관계에 대한 총체적인 이해의 추구를 표방했는데, 여기서 정치경제학의 영역 확장 전략을 추구하면서 오히려 다른 비판적 접근 방식과의 차별성을 상실했다. 더구나 총체성 문제를 둘러싼 논쟁에서는 '반경제결정론'과 '정통주의'를 둘러싼 공방이 비생산적 명분 논쟁으로 흐르면서 정작 정교한 경제이론 개발을 소홀히 하는 결과를 낳았다. 요컨대 거시적으로는 미디어 정치경제학이 차별화된 정체성과 방향을 뚜렷이 설정하지 못했다는 점과 더불어, 미시적으로는 개념적, 분석적 수준에서의 혼란과 엄밀성 부족 등이 융합해 미디어 정치경제학은 경제의 특수성을 규명하는 이론적 패러다임으로 성장하는 데 실패했다. 미디어 정치경제학이 미디어 경제의 '특수성' 규명이라는 본래 과제를 소홀히 하고 정치경제학이란 용어의 외연을 지금처럼 거의 마구잡이로 확장하는 전략은 개념적 혼란만 초래할 뿐 그다지 유용성이 없다.

초창기부터 미디어 정치경제학은 학문이면서 실천적 성격이 강한 분야였다. 이론은 이론 자체의 학문적 권위와 위상 확장에 충실할 뿐 아니라 현실을 진단하는 데 기여할 수 있어야 한다. 오늘날 미디어 환경에서 연구자는 미디어 정치경제학 초기 세대보다는 이론을 개발하기에 훨씬 더 유리한 위치에 있다. 머독과 골딩, 김승수 등으로 대표되는 초기 정치경제학자들은 전통적 미디어 산업의 특수한 성격을 이론적으로 분석하면서 온갖 난관에 부닥쳤다. 미디어는 자본주의 체제에서 산업으로서의 비중은 미약하고, 공유지의 성격이 강하고 상부 구조의 기능이 두드러졌을 뿐 아니라 개성이 강하고 파편화된 미디어 산업들을 일관된 경제적 틀로 설명하기도 쉽지 않았다.

오늘날 미디어 산업은 적어도 경제적 측면에서는 초기 세대가 마주하던 현상과는 확연하게 다르다. 미디어 정보 산업 자체가 자본주의 경제를 주도하는 세력으로 부상했고, 여러 미디어는 서로 실타래처럼 얽힌 거대한 미디어 생태계로 변해 가고 있다. 애플, 마이크로소프트, 구글, 아마존, 페이스북은 미디어 생태계의 핵심을 차지하는 플랫폼으로 시장에서 이른바 '빅 5'로 불린다. 미국 경제에서 이 빅 5의 현재 시장 가격은 무려 9조 3000억 달러로 기업 주가 총액 순위에서, 테슬라, 월마트, JP모건 체이스 등 이들 다음 순위 기업 27개를 합산한 액수보다 크다(Ovide, 2021. 7. 29).

광고 매출액을 기준으로 플랫폼 기업의 시장 지배력을 전통적 미디어와 비교해 보더라도 엄청난 격차는 확연하게 드러난다. 마이크로소프트는 빙Bing이라는 검색 엔진을 보유하고 있는데, 검색 플랫폼 산업에서 주변적 존재에 불과한 이 기업이 판매하는 광고 매출액만 하더라도 100억 달러가 넘는다. 이는 전통적 뉴스 기업에서 대표 주자이며 디지털 기사 유료화의 성공 사례로 꼽히는 〈뉴욕 타임스*the New York Times*〉의 2021년도 광고 매출액의 20배가 넘는 수치다(Ovide, 2022. 2. 3). 더구나 플랫폼 기업들은 제품 생산자이자 유통업자, 소프트웨어, 정보 거래, 금융 등 온갖 업종으로 영역을 빠르게 확대하면서 자본주의 경제를 주도하고 있다.

국내에서는 네이버가 신문 기사의 거의 독점적인 유통 경로로 자리 잡은 지 오래다. 벌써 10여 년 전인 2010년에 광고 매출액이 지상파 방송사나 중앙 일간지 등 모든 미디어를 추월했고 당시 조중동 3개 일간지의 합산치보다 규모가 더 컸다(최진봉, 2011. 6. 20). 네이버의 성장세는 과거 미디어 정치경제학자들이 분석한 그 어떤 미디어 기업도 뛰어넘는 수준이다. 그렇다면 '어뷰징'이나 '가짜 뉴스' 등은 단지 저널리즘의 일시적 타락을 보여 주는 윤리적 현상이 아니라 포털 중심으로 뉴스 산업이 재편되는 과정에서 취약한 뉴스 기업의 생존 전략으로 발생하는 경제적인 병리 현상으로 파악할 수도 있지 않을까? 어뷰징과 선정적 뉴스의 범람은 2006년 네이버가 뉴스 편집에서 인링크 방식의 자체 편집을 포기하고 뉴스 제공자로 연결되는 아웃링크 방식으로 전환한 이후에 눈에 띄게 나타난 현상이다. 이는 넓게 보면 네이버가 광고나 검색 등에 주력하는 종합 포털에서 이용자 참여에 기반한 플랫폼형 포털 단계로 이행하던 시기를 배경으로 한다(원용진·박서연, 2021: 189).

이처럼 미디어 유관 산업의 거대화와 급격한 변화에도 불구하고 국내 미디어 정치경제학자들은 아직 이러한 현실을 외면하고 있다. 미디어 정보 생태계가 이용자 중심의 새로운 '착취' 형태로 진화하는데 이를 둘러싸고 등장한 다양한 '사회적 적대' 형태(Mosco, 2009)의 전개에 대한 관심도 아직 부족하다.[12] 이 모든 주제가 정치경제학적 분석의 손길을 기다리고 있으며, 그러한 연구는 사회적으로도 의미심장한 파장을 던질 수 있다. 국내 미디어 정치경제학이 미디어 산업의 이례적인 '특수성'에만 주목해 새로운 확장, 융합, 수렴 등의 정교한 개념적 유희에 몰두하는 동안 현실이 너무나 급격히 변해

12 미디어를 둘러싼 경제적 관계를 노동뿐 아니라 젠더나 인종, 지역 등 다양한 '사회적 적대'라는 측면에서 분석해 보는 작업도 필요하다. 문종대와 이강형(2005), 임영호(2002b) 등은 '지역'을 매개로 한 사회적 적대 관계에 관한 연구의 가능성을 보여 주었다.

버린 것이다.

빠르게 변해 가는 새로운 현실의 진단에는 아직 탐색해 보지도 않은 다양한 경제적 분석 도구를 동원할 여지가 많이 있다. 초기의 정치경제학자들이 소유나 통제 구조 등 현상의 제한된 정태적 기술에 의존할 수밖에 없었다면, 지금은 미디어 생태계를 관통하는 경제적 역동성을 좀 더 다양한 경제 이론의 힘을 빌어 분석할 여지가 많지 않을까? 이러한 작업은 오직 정치경제학만이 할 수 있는 영역이다. 정치경제학에서 방점은 다시 경제에 두어야 하며, 미디어 정치경제학은 미디어 '경제'의 특수성을 규명한다는 초기의 취지로 돌아가 경제적 분석에 주력하는 학문 분야로 거듭나야 한다. 그것이 시대적 요구에 부응하고 학문적 존재 의의를 다시 주장하는 길이다.

4장

미디어 정치경제학의 한계와 가능성

1. 왜 다시 정치경제학인가

1980년대 이래로 한국 언론학에서 비판적 접근은 주요한 지적, 정치적 흐름의 하나로서 새로운 정치적, 학문적 의제를 발굴하고 대안적 관점에서 조명하는 데 크게 기여했다. 다양한 비판적 접근 방식 중에서도 특히 정치경제학은 미디어와 사회의 관계를 거시적이고 폭넓은 관점에서 파악해 비판적 시각의 지형을 넓히는 데 핵심적인 역할을 했다. 하지만 정치 민주화와 제도 사회주의권의 몰락 이후 국내 언론학 분야에서 정치경제학에 대한 관심은 눈에 띄게 쇠퇴했다.

전 세계적으로 보더라도 특히 지난 수십 년 동안 자본의 논리는 국가 단위를 넘어 지구 구석구석까지 확장하면서 미디어 환경을 크게 바꿔 놓았다. 시장 환경 측면에서는 규제 약화에 따라 국가 간, 산업 간 경계가 희석되고 여러 미디어가 점차 통합 시장으로 수렴되고 있다. 물론 이러한 변화는 디지털화, 미디어 융합을 통해 미디어 간의 기술적 장벽이 사실상 소멸했다는 점에 힘입은 바 크지만, 미디어 이념 지형의 변화 역시 중요한 배경이 되었다. 전통적으로 미디어는 공적 영역이라는 이념이 지배적이었지만, 신자유주의의 부상 이후 미디어 산업에서도 경제적 효율성의 논리가 점차 강화되면서 자본의 논리를 대변하는 목소리도 커졌다.

따라서 지금은 과거 그 어느 때보다도 미디어 산업의 변화 추이와 자본 축적 양상을 진단하고 대안을 모색하는 작업의 필요성이 높아지고 있다. 그런데 국내 언론학계에서 구조 중심의 거시적인 접근은 오히려 퇴보하는 추세이며, 미디어 정치경제학 역시 환경 변화에 맞춘 이론적 성과를 내놓지 못하고 있다. 한국 미디어 정치경제학의 이러한 침체 현상은 유럽과 북미 등 해외 학계에서 미디어 환경의 변화를 반영하는 새로운 경험적 연구와 이론적 대안이 속속 등장하는 추세와 대비된다. 한국 미디어 정치경제학의 영향력 상실은 넓게 보면 정치적, 경제적 환경 변화와 관련이 있겠지만, 좁게는 학문적 엄밀성 상실과 이론적 토대 빈곤이라는 내부 요인에서 유래한다.

만약 미디어 정치경제학자의 역할이 안토니오 그람시 Antonio Gramsci가 말한 '유기적 지식인'상에 가깝다고 본다면, 연구자는 늘 현실 개혁과 대안적 사회에 대한 희망을 의제로 견지하면서도 지식의 최전선에서 이론적 논리와 엄밀성을 동원해 다른 이념, 이론과 투쟁할 수 있는 역량을 갖추어야 한다. 하지만 한국의 미디어 정치경제학은 기존의 사회적, 지적 질서에 끊임없이 의문을 던지는 비판성을 생명으로 하는데도, 정작 자신에 대해서는 지속적인 자기 성찰을 통해서 거듭나려는 태도를 유지하지 못했다. 이 때문에 미디어 정치경제학은 학문의 장에서 점차 고립되어 영향력을 상실했고, 새로운 환경에 맞는 의제 발굴에서 만족스러운 성과를 거두지 못했다. 이러한 한계를 넘어서려면 학문의 출발점으로 다시 돌아가 정치경제학이 무엇이며, 어떤 이론적 틀 속에서 현상을 접근해야 하는지 이론적으로 성찰해 볼 필요가 있다. 이러한 문제의식하에서 한국의 미디어 정치경제학이 어떤 점에서 취약했고, 타 분야나 해외 학계의 흐름과 어떤 점에서 뒤떨어졌으며, 앞으로 어떤 방향을 지향해야 할지 살펴본다.

2. 정치경제학의 정체성 혼란

한국 언론학에서 정치경제학 패러다임의 유용성이나 한계 문제를 본격적으로 논의하기 전에 먼저 국내에서는 정치경제학이라는 기본적 용어조차 중구난방식으로 사용되었다는 점을 지적하고 싶다. 미디어 연구에서 정치경제학이란 용어는 맥락이나 연구자, 연구 주제에 따라 다양한 의미로 일관성 없이 사용되는 경향이 있다. 때때로 철학적으로는 유물론, 정치적으로는 마르크스주의, 혹은 학문적 접근 방식으로는 마르크스주의 경제학을 의미하기도 하고, 토대와 상부 구조의 관계에 관한 이론을 포괄하는 광범위한 접근 방식으로서 비판적 접근과 사실상 동일한 의미로 혼용되기도 했다. 아니면 더 포괄적인 뜻에서 단순히 폭넓은 정치, 경제적인 구조적 맥락을 강조하는 거시적 접근 방식으로 파악하기도 했다. 물론 이처럼 정치경제학이란 용어 사용에서 난맥상은 언론학뿐 아니라 영어권의 사회과학에서도 비슷한 양상으로 나타나고 있다.

> 영어권의 이른바 '비판이론' 안에서 정치경제학이란 개념을 사용하는 방식은 매우 특징적이다. 그것은 신고전경제학을 제외한 경제학적 담론을 모두 망라하는 즉 비주류적인 경제학적 사고를 모두 망라하는 모호한 용어이다. 게다가 정치경제학이란 용어를 사용할 때 그것은 '경제적인 것'이 정치를 비롯한 외적 계기들에 의해 규정된다는 점을 강조할 목적으로 사용되기도 한다. 따라서 그것은 제도주의 경제학을 비롯한 다양한 경제학적 지식을 가리키는 것이 될 수도 있다(물론 마르크스주의 경제학도 정치경제학의 일부가 될 것이다). 혹은 주류 경제학 담론이 자신의 분석대상에서 배제하는 주체나 장소, 실천들을 자본주의와의 관련 속에서 파악하면 그것은 정치경제학적 분석이라 칭해지기도 한다. (서동진, 2011: 32)

말하자면 이 용어의 의미는 그 대척점에 해당하는 이론

적 조류에 따라, 또한 연구자의 관심사에 따라 설정되는 상대적인 성격을 띠었다는 점에 주목할 필요가 있다. 이러한 용어 사용의 모호함은 미디어 정치경제학에서는 훨씬 더 광범위한 형태로 나타났다. 하지만 그동안 미디어 정치경제학 관련 문헌에서 드러난 용례에 비추어 볼 때 이 단어의 의미는 다음과 같이 몇 가지 차원으로 정리할 수 있다.

첫째, 철학적 입장에서는 정치경제학을 "유물론"(김승수, 1989a) 혹은 물질적, 경제적 계기의 우선성이라는 결정론적 의미로 사용하는 경향이 있다. 이 해석은 영국의 초창기 미디어 정치경제학자인 머독과 골딩에서 시작되었다고 할 수 있는데(Murdock, 1982; Murdock & Golding, 1979), 국내에서는 1980년대 후반 이후 정치경제학이 수입되던 초기 연구에서 흔히 발견된다. 물론 이 용례는 그동안 경멸적인 의미로 사용되던 경제결정론을 옹호하는 형태로 나타나는데, 어떤 점에서는 주창자들이 실제로 결정론의 입장을 취했다기보다는 비판적 미디어 연구에서 담론과 이데올로기 등 상부 구조의 측면에 치우쳐 구조적 맥락을 소홀히 했다는 점에 대한 반작용의 성격을 띤다.

둘째는 경제적 구조의 중요성을 강조하면서도 경제결정론에서 탈피하기 위해 토대와 상부 구조를 아우르는 '총체성' 파악을 정치경제학의 과제로 설정하는 입장이다. 예컨대, 정치경제학이란 생산과 소비, 거시와 미시, 구조와 행위를 아우르는 '총체성'에 관한 탐구(이남표·김재영, 2006; 이상기, 2009; 조항제, 2008)라고 규정한 입장이 대표적인 예다. 이 관점을 취하는 연구자들은 제한된 경제 분석에서 더 나아가 사회 구조의 다양한 측면 분석으로 탐구 영역을 확장하여 경제결정론의 단점을 극복하려 한다. 예컨대, 김승수(2007a)는 정치경제학을 구조, 체제에 대한 분석이라 규정하면서, 생산 방식, 계급성, 비판, 저항과 대안 등으로 구성되는 폭넓은 모형으로 제시한다. 그런데 상당수의 연구에서는 이러한 확장이 선언에 그칠 뿐 자본, 국가, 이데올로기 장 등 총체성을 구성하는 다양한 계기, 부분 간의 연계성, 불균형과 모순 등 복합적인 관계 형태를 탐구해 이론화하지는 못했다. 그보다는 오히려 자본의 독과점 심화, 국가 개입 강화, 지배 체제의 이념적 정당화 등 전 체제를 관통하는 일사불란한 공모론적 지배 체제를 가정해, 탈경제결정론을 표방하면서도 사실상 다시 경제결정론으로 후퇴하는 경향을 드러낸다.

셋째는 다양한 형태의 구조적 맥락 분석이 지향하는 규범적 가치 준거와 관련된 입장으로, 사회 현상의 권력 효과를 강조하는 관점이다. 정치경제학은 자본 증식과 지배 이념 확산에 초점을 두는 접근 방식(김승수, 2013)이라는 주장, "지식과 기술의 상업적 왜곡 현상"에 나타나는 "이윤과 권력" 추구(김평호, 2007)를 규명하려는 연구, 중심부와 주변부 국가 간의 제국주의적 관계(임동욱, 2006)에 관한 연구는 현상 배후에 작용하는 사회적 권력관계를 탐구하거나, 분석 대상 현상이 초래하는 불평등한 권력 효과를 강조한다는 점에서 이 관점에 가깝다(또한 문상현, 2009). 원래 정치경제학은 자본과 권력 관계에 중점을 둔 "계급 분석"(김승수, 2005)이나 지배 체제 분석에서 출발했다는 점에서 이 의미 차원은 비록 형태는 다를지라도 거의 모든 정치경제학적 접근에서 핵심 요소를 이룬다. 하지만 때로는 경제적, 구조적 분석과 무관한 텍스트 분석에서도 정치경제학이란 용어가 원용되는 등(심훈, 2004), 정치경제학이란 용어가 지나치게 폭넓게 사용되어, 개념의 명확성을 상실해 버리는 경향도 있었다.

요컨대, 미디어 정치경제학은 현상 기술과 설명에 그치지 않고 규범적 가치 판단을 포함한다는 점에서 공통점이 있지만, 구조적 분석에서 경제 현상의 이론적 위상이나 경제의 의미 해석이라든지 실제 분석 대상이나 범위는 학자마다 상당한 편차가 있다. 정치경제학이란 용어는 개별 상황에 따라 다양한 의미로 사용되면서 개념의 엄밀성이나 체계성, 일관성을 상실했다. 말하자면 지금까지 정치경제학이라는 용어는 마치 일종의 유동적 기표floating signifier처럼 비판적 접근, 마르크스주의, 경제적 분석, 거시적 분석 등 서로 유관성은 있으나 상당한 차이가 있는 개념군 사이를 오가며 끊임없이 외연을 확장하면서도 명확한 개념 규정은 기피하는 경향이 있었다.

여기서 정치경제학의 개념적 모호성 문제는 다음과 같이 좀 더 구체적인 두 가지 쟁점으로 세분화해 볼 수 있다. 우선 미디어 정치경제학의 연구 대상과 범위 문제를 들 수 있다. 앞서 언급한 미디어 정치경제학의 첫 번째 의미 규정과 두 번째 정의 간의 차이는 언뜻 설정한 연구 범위의 폭과 관련이 있어 보인다. 하지만 이러한 범위 설정은 동시에 연구 대상을 구성하는 다양한 현상 간의 관계에 관한 진술까지도 수반하게 된다. 대체로 전자가 경제적 분석만으로도 미디어의 사회적 성격을 규명할 수 있다는 관점이라면, 후자는 정치와 이데올로기의 계기를 포함하는 총체적 현상 분석을 통하지 않고는 설명이 불가능하다는 입장에 가깝다. 전자가 설득력을 지니려면 경제 과정의 복잡다단한 현상을 정교한 경제학의 분석 틀로 잘 설명해야 하고, 후자는 총체성을 구성하는 요소들의 기술을 넘어서 그 요소 간의 관계에 관한 체계적인 이론을 발전시킬 필요가 있다. 그러나 지금까지 국내의 미디어 정치경제학에서는 두 가지 입장 모두 구체적 양상은 다르면서도 공통된 한계를 드러냈다.

이와 관련해 국내에서 미디어 정치경제학이란 용어는 다른 인접 사회과학에서 통용되는 경제학 중심의 용례에서 크게 벗어나 있다는 점도 주목할 필요가 있다. 한국 언론학에서 미디어 정치경제학이란 용어는 1980년대부터 사용되었는데, 그 무렵 사회과학 전반에서 유행하던 비판 사회과학으로서의 정치경제학에서 영향을 받은 듯하다(가령 서울대학교 사회과학대학 커뮤니케이션발전연구회, 1987; 또한 박명진, 1989의 서술 내용은 당시의 지적 분위기를 잘 보여 준다). 당시 사회과학계에서 정치경제학은 남북 분단과 냉전 시대라는 정치적 상황 때문에 직접적인 언급을 회피했을 뿐 사실상 마르크스주의 경제학과 거의 동의어로 통했다. 역사적으로 볼 때 서양의 학문에서 오랫동안 경제학은 곧 정치경제학과 같은 의미로서 경제와 다른 사회 영역 간의 관계를 다루는 거시적인 학문이었다. 그러다가 1870년대 이후 경제학이 개인의 경제 행위에 초점을 두게 되면서 경제라는 분리된 영역만을 전담하는 학문으로 바뀐다(김수행, 2014: 11). 말하자면 정치경제학은 시대 환경에 따라 경제학뿐 아니라 사회과학 분야 전반에 걸쳐 광범위하게 사용되긴 했지만, 주로 경제학을 중심으로 발전하였다.

이와 달리 미디어 분야의 정치경제학은 경제 분석을 출발점으로 표방하면서도 한정된 도식주의에 안주하는 바람에 정작 경제 부문에서의 이론적 설명력을 발전시키지 못했다. 따라서 앞서 언급한 경제결정론적 정치경제학 개념으로는 설명할 수 없는 '예외적' 측면이 미디어 현상에서 너무 많다는 문제가 발생했다. 경제결정론적 정치경제학은 경제의 우선성(선차성)을 강조하면서도 원래 취지와 달리 경제 과정의 이론을 통해 경제와 비경제 간의 관계를 설명하는 설득력 있는 이론을 구축하지 못한 것이다.

미디어 정치경제학이 '경제' 없는 경제이론으로 정체되어 있다는 사실은 몇 가지 징후로 나타난다. 무엇보다 그동안 정치경제학적 미디어 연구의 실제 작업 양상은 마르크스주의 정치경제학의 개념적 선언이자 출발점과 상당한 편차를 보인다. 적어도 표면적 주장만 보면 미디어 정치경제학은 마르크스주의 가치론이라는 추상적 원론에서 출발해 이를 통해 자본주의 경제의 작동 방식을 설명한다고 선언한다. 하지만 상당수의 연구에서는 실제 분석 대상과 주제가 너무 경험적이고 구체적인 각론에 머무르는 경향이 있어, 원론과 각론의 괴리, 이원화 현상이 뚜렷이 나타나고 있다.

미디어 정치경제학에서 가장 고전적인 연구자로 꼽히는 머독과 골딩의 접근 방식이나 관심사를 살펴보면 이 경향은 잘 드러난다(Murdock, 1982; Murdock & Golding, 1979). 이 두 연구자는 자본주의의 경제적 토대인 계급 관계의 관점에서 미디어 현상을 접근하면서, 생산 수단에 해당하는 미디어의 소유와 통제 문제에 초점을 맞추었다. 자본주의에서 미디어의 체제 옹호적인 성격은 사적 소유와 이윤 추구 형태에서 유래한다고 보는데, 이러한 형태에서 예외 사례(가령 비상업적인 공영 방송 등) 때문에 발생하는 이론적 난점에 대한 비판을 이들은 반박하면서 기존 주장의 타당성을 옹호하려 한다. 이 두 사람뿐 아니라 이들에게 영향을 받은 후속 연구들은 대개 미디어 기업의 이사회 구성이나 법적인 지분 소유관계, 시장 점유율 등에 관심을 갖고 대차대조표나 재무제표 자료 분석을 전형적인 연구 방법으로 활용해 자본의 성격과 작동 원리를 간접적으로 추론하려 하였다.

이처럼 미디어 정치경제학은 원론 차원에서는 마르크스주의 가치이론을 표방하지만, 각론이나 실제 적용에서는 구체적인 데이터에 의존해 소유와 통제구조 등 경험적 사례 분석에 몰두하는 형태에 주로 의존한다. 국내에서도 나타나는 이러한 연구 경향은 초창기에 미디어 정치경제학을 주도한 김승수가 영국의 연구 동향을 사실상 그대로 수입해서 재현하려 했다는 사실과 무관하지 않을 것이다. 국내 정치경제학에서 다루어진 대표적인 연구는 광고 산업(김승수, 1989a), 신문 소유 구조(김승수, 2002a), 교차소유(김승수, 2009a), 디지털 방송(김승수, 2003a), 검색 산업(김평호, 2007), 스타 권력(김승수, 2013), 유료 방송 산업(김승수, 2007a), 미디어 산업의 독점 유형(한동섭, 2002) 등 다양한 주제에 걸쳐 있다.

그렇지만 문제는 이처럼 다양한 주제의 연구가 이론적 심화로 이어지는 사례가 드물다는 점이다. 이러한 일련의 사례 분석은 출발점이 되는 원론적 명제를 점차 구체화, 정교화, 수정해 나가는 데 기여하기보다는 분석의 전제가 된 자본주의 경제의 일반적 원리를 재확인하고 입증하는 예시로 주로 활용되는 경향이 있다. 선험적 결론을 입증하는 근거로서 구체적 증거가 선별적으로 활용된다는 점에서 이 무렵의 정치경제학 연구에서는 일종의 동어 반복의 논리가 적용된 셈이다(임영호, 1992). 더구나 소유와 통제, 정치적 규제 제도 등 자본주의 국가에서 미디어 산업의 현상적 패턴 기술에 치중하는 정태적 접근 방식은 정치경제학이라기보다는 제도주의 경제사의 접근 방식과 더 유사해 보이기도 한다. 그렇다면 이처럼 현상 기술적 방식으로 자본주의 경제, 혹은 자본의 운동에 관한 이론화를 달성할 수 있을 것인지에 대해서는 다소

회의적일 수밖에 없다.

정치경제학의 개념 규정에서 두 번째 입장, 즉 외연이 확장된 미디어 정치경제학은 첫 번째 입장의 한계를 탈피하려는 시도의 산물이다. 이 입장은 경제와 비경제 간의 관계에 관한 총체적 설명을 지향하기 때문에 경제결정론의 편협함에서 벗어날 수 있다는 장점을 지닌다. 그렇지만 이 대안적 개념화에서도 한계가 드러나는데, 이는 크게 두 가지 형태로 정리할 수 있다. 첫째, 이처럼 광의의 개념화는 정치경제학이라는 범주로 파악하기에는 지나치게 넓고 모호한 주제에까지 영역을 확장하게 되고, 이 때문에 '비판적 접근'과 같은 다른 용어와 차별성이 없어진다. 둘째, 이러한 총체성 지향은 주로 선언 수준에 머물 뿐 실제로 경제의 작동 과정에 영향을 미치는 구성 요소 간의 관계에 관한 구체적 분석이나 이론화로 이어지지 못했다.

우선 확장된 개념화는 현상에 관한 총체적이고 체계화된 이론 체계를 제시하기보다는 여러 가지 불완전하고 부분적 설명을 모아놓은 혼종적 우산 개념 수준에 머물렀다. 실제로 정치경제학이란 용어는 맥락에 따라 '비판적,' '창의적' 등 별도의 수식어를 붙여 사용하기도 하는데(김승수, 2007a; Hardy, 2014), 이는 미디어 정치경제학이라는 용어 자체가 갖는 포괄성과 모호성, 자의성이라는 한계와 무관하지 않다. 현실의 정치경제학은 체계화된 개념적 실체라기보다는 다양한 접근 방식을 결집하는 정치적, 수사학적 구호에 가까우며, 사실상 비판적 접근과 거의 동의어처럼 사용되었다. 그렇다면 왜 비판적 접근이라는 더 정확한 용어를 두고 굳이 정치경제학이라는 용어를 고수해야 하는지 의문이 제기될 수 있다. 어떻게 보면 정치경제학이라는 용어는 미디어와 사회의 관계를 포괄하는 거대 이론에 대한 향수가 깊이 투영된 학문적 이상향 구실을 하지만, 현실로 존재하는 정치경제학이라는 실체는 이러한 희망과 실제 간의 큰 간극을 재확인해 줄 뿐이다.

총체성을 지향하는 새로운 개념화가 성립하려면 기존의 경제결정론에 비해 훨씬 더 구체적이고 정교한 구조적 결정 개념의 개발이 필수적이다. 머독과 골딩은 자본주의 미디어 체제에서 경제의 중요성에 주목하면서 분석의 '구체성'을 거듭 강조했는데, 이들처럼 구체성을 데이터에 대한 매몰로 해석해서는 곤란하다. 여기서 말하는 구체성이란 작업 수준의 구체성이 아니라 개념화 수준을 의미한다. 홀은 마르크스의 결정 개념을 논의하면서 비판적 사유란 "추상abstraction"에서 수많은 결정의 결과인 "사유 속의 구체concrete-in-thought"로 점차 옮아간다는 뜻이라고 해석하였다(Hall, 1985/1996: 63). 다시 말해 추상적 이론(가치 법칙)이 현실의 구체적 양상을 모두 설명해 주지는 못하기 때문에 이론적 작업이 필요하다는 뜻이다.

이러한 구체성의 추구는 경제결정론을 고수하든, 총체성을 지향하는 입장이든 모두 필요하다. 그리고 어느 쪽 입장을 취하든 경제 분석 틀을 정교화하는 데서 출발하지 않으면 정치경제학이라는 용어를 표방해서는 안 된다고 생각한다. 이를 정치경제학에 원용하자면, 자본의 운동(가치 법칙)이라는 추상적, 일반적인 원칙의 반복이나 재확인이 아니라 특정한 산업이나 시기의 구체적인 작동 양상을 점차 이론화, 개념화해 나가는 '추상에서 구체로의 상승' 과정을 추구해야 한다는 것이다. 정치경제학 분석을 통해 도출되는 이론은 미디어 정치경제학 문헌에서 흔히 언급하듯이 자본주의 일반에 적용되는 추상적 원리의 반복이 아니라, 미디어 산업의 '특수성'을 설명해 주는 일종의 중범위 이론화를 지향해야 한다. 미디어 정치경제학은 기본적으로 '경제'에 관한 이론으로서 자본주의 '경제'의 작동 방식에 관한 이론화를 표방했지만, 여기서 경제를 파악하는 방식에는 근본적인 한계가 있었다. 경제가 마치 이미 초역사적으로 주어진 자명한 개념인 것처럼 가정하는 무비판적 자세, 바로 이 부분에 관해 근본적인 성찰이 있어야만 미디어 정치경제학을 혁신할 수 있다.

실제로 유럽과 북미의 정치경제학은 초기의 도식주의적 접근에서 탈피해 점진적으로 이론적 정교화와 구체적 분석을 아우르는 방향으로 진화했다. 빅 데이터와 클라우드(Mosco, 2014/2015), 지적 재산권(Bettig, 1996), 디지털 노동(Fuchs, 2014; Fuchs & Mosco, 2012; Sandoval, et al., 2014)과 지식 노동(McKercher & Mosco, 2007; Mosco & McKercher, 2008) 등 새로운 미디어 환경에서 부상하는 시의적이고 중요한 쟁점을 경험적이고 심층적으로 탐구하거나, 구체적인 연구 성과와 새로운 이론적 자원을 수렴하여 정치경제학의 이론적 지형을 확장, 정교화하는 등 다양한 성과를 내놓았다(Mosco, 2009; Wasko, Murdock & Sousa, 2011). 하지만 국내의 연구는 갈라파고스섬처럼 이러한 국제적 흐름에서 괴리된 채, 아직 과거의 틀에서 크게 탈피하지 못하고 있어 안타까울 뿐이다.

3. 미시적 토대: 가치 법칙의 재검토

정치경제학이 현실 진단에 유효한 분석 틀이 되려면 이론적 체계성을 갖춘 패러다임으로 발전해야 한다. 이론적으로 이처럼 정교한 분석력을 갖출 때 비로소 정치경제학은 정치적으로도 의미 있는 문제 제기와 대안 제시를 할 수 있다. 마르크스주의 정치경제학의 현실 진단에서 가장 미시적이면서 기본적인 이론적 토대이자 출발점은 '가치value' 법칙이다. 주류경제학의 비유를 들자면 가치 법칙은 정치경제학의 미시이론에 해당한다.

마르크스의 노동가치론에서는 자본과 노동이라는 생산요소 중에서 노동을 통해서만 잉여 가치가 발생할 수 있다고 본다. 노동을 통한 잉여 가치 창출은 자본주의 생산 관계를 이해하는 토대이자 정치경제학의 모든 분석에서 출발점이 된다. 노동이 생산한 가치 중에서 잉여 가치는 노동력 유지, 재생산에 필요한 가치의 양, 즉 '필요 노동 시간'을 근거로 산출한다. 이 필요 노동 시간을 초과하는 노동 시간이 곧 잉여 가치이자 착취를 이루게 된다. 문제는 노동 시간을 기준으로 착취를 설명하는 가치 개념이 자본주의 체제를 지배하는 추상적이고 일반적인 법칙일 뿐이지 현실에서 접하는 구체적인 경제 현상이 모두 이 설명에 맞아 떨어지지는 않는다는 것이다. 그동안 미디어 정치경제학에서 가치 법칙은 원론적으로는 늘 출발점으로 설정되면서도 실제 분석 차원에서는 제대로 효용성을 발휘하지 못했다. 이 법칙은 우리가 실제로 경험하고 친숙해진 미디어 현실과 상당한 괴리를 보이기 때문이다. 미디어 자본 자체가 자본의 특수한 한 형태일 뿐 아니라 미디어 자본 역시 미디어 유형별로나 국가별로 다양한 양상을 띤다.

미디어 경제학 문헌에서 거의 보편화한 공공재 개념을 떠올려 보면 개념과 현실 간의 이 괴리가 거의 모든 미디어 정치경제학자들의 이론화 작업에서 심각한 고민거리임을 직감할 수 있다(Owen & Wildman, 1992: 23~24; Ryan, 1991). 가령 텔레비전 프로그램이라는 상품은 첫 단위를 생산하는 데 비용이 투입된 후에는 추가 단위 생산 비용이 거의 들지 않는다. 한 번 생산된 프로그램이나 콘텐츠 상품은 추가 비용 없이 배포 창구를 바꾸어 가면서 무수하게 복제, 판매해 수익을 올릴 수 있다. 소비의 비경합성과 무임승차 배제 불가라는 특징은 공공재로서 미디어 상품의 기본적인 특성을 이룬다는 점을 미디어 경제학자들은 이미 간파했다(김호석, 1998). 이 해석에 따르면 미디어 상품에서는 노동 시간과 생산량, 이윤 창출 액수가 서로 비례하지 않기 때문에, 노동 시간에 근거한 노동가치이론으로는 설명하기 어려운 공백이 발생한다. 미디어 상품의 가치 생산 방식은 일반 제조업 상품과 달리 특이한 양상으로 나타난 셈이다.

전통적인 정치경제학 이론에 의하면 자본은 기본적으로 노동 착취에 의한 가치 생산으로 이윤을 얻지만, 현실에서는 이러한 가치 생산 없이도 이윤을 얻을 수는 있다. 물론 노동 투입과 상품 생산 과정을 거치지 않는 이윤 창출이라 할지라도 적지 않은 노력이 투입되는 것처럼 보이지만 이렇게 창출된 이윤은 경제 과정 전체로 보면 독자적인 가치를 생산하지 못하고 다른 생산적 노동에 의해 생산된 가치가 단순히 이전된 '독점 이윤'으로 간주된다. 유통과 금융 부문의 노동이 대표적인 사례인데, 정치경제학에서 이는 생산적 노동이 창출한 가치에 기생한다는 점에서 '비생산적 노동'으로 분류된다.

고전적인 마르크스주의 정치경제학의 공식에 따르면 미디어 상품에서는 생산품 판매가 아니라 주로 유통 과정에서 광고를 통해 이윤이 창출된다는 점에서 미디어 노동은 대부분 비생산적 노동이자 기생적 노동이며, 미디어 노동을 통해 창출되는 이윤은 가치 생산이 아니라 다른 생산적 노동에서 발생한 가치의 단순한 이전에 불과하다고 해석할 수도 있다. 실제로 미디어 정치경제학자 중에서도 이 관점을 취하는 이가 적지 않다. 일찍이 퍼트리샤 아리아가Patricia Arriaga(1984)가 광고의 정치경제학적 의미에 대해 제시한 해석이 대표적이다.

즉 광고란 자본주의 경제에서 극히 일부에 불과한 소비재 자본의 순환 수준에서 발생하는 특수한 현상에 불과하며 이를 자본주의 경제의 일반적 작동을 설명하는 데 적용하는 것은 부적절하다고 본다. 광고는 자본 순환 과정에서 발생하는 순수한 유통 비용으로서 자본의 재생산에 필요하긴 하지만 잉여 가치를 생산하지 못하는 비생산적 노동에 불과하다고 주장한다. 광고 자본이 얻은 이윤은 다른 생산적 노동에서 창출된 가치 일부가 이전된 데 불과하다는 것이다. 국내에서도 김승수(1989a: 234)는 광고가 직접적으로 가치를 생산하지 못한다는 점에서 비생산적 지출에 불과하다고 규정하였다(이남표·김재영, 2006 역시 이와 비슷한 견해를 취한다).

하지만 이처럼 전통적인 공식을 고수하는 입장 역시 복잡한 현실에 대해 설득력 있는 대안적 설명을 제시하지는 못했다. 전통적인 노동가치론의 입장에서 벗어나는 노동 형태를 전부 비생산적 노동으로 규정한다면, 오늘날 선진 자본주의 국가의 주력 산업인 미디어 문화 산업을 기본적으로 비생산적 노동 부문으로 간주할 수밖에 없다. 이는 곧 고전적인 정치경제학적 접근보다는 다른 이론적 접근 방식이 현실 분석에 오히려 더 적합하다는 뜻이다. 만약 미디어 산업 생산 과정의 핵심 부분을 설명하는 데 기여하지 못한다면, 정치경제학이 무슨 이론적 가치가 있으며, 잉여 가치를 창출하지 못하는 '기생' 산업에 굳이 노동가치이론 적용을 고수해야 할 이유가 있을까 하는 근본적인 의문을 제기할 수 있다. 따라서 미디어 연구에서 정치경제학적 전제를 견지하는 한 해결하기 어려운 이론적 딜레마가 발생한다. 미디어 정치경제학자 사이에서 이 문제에 대한 반응은 몇 가지 형태로 나타났다.

첫째, 미디어 산업의 특수성을 감안하여 전통적인 접근 방식의 한계를 인정하고 좀 더 절충적인 대안을 모색하려는 시도를 볼 수 있다. 국내에서 초창기 정치경제학을 주도한 김승수(2005) 역시 최근에는 미디어 노동이 생산적 노동과 비생산적 노동의 혼합적 성격을 띤다고 보거나, 이전에는 생산 과정에서 배제한 방송 시청 행위를 "상품 생산이자 이윤 창출 과정"으로 규정(김승수, 2007a)하는 모호한 입장으르 물러섰다. 그렇지만 그 역시 이러한 입장 수정에 대해 어떤 체계적이거나 뚜렷한 근거를 제시하지 않고 수정된 관점을 간략하게 언급할 뿐이어서, 과거의 공식화가 안고 있던 문제점에 대해 만족스러운 해결책을 제시했다고 보기는 어렵다.

이 밖에도 한 걸음 더 나아가 미디어 산업 자체가 가치이론이나 소유 통제 위주의 틀로 파악하기 버거울 정도로 다변화해 가고 있음을 감안해, 미디어를 단순히 경제 현상으로 보지 않고 다양한 경제 외적인 기능을 포괄하는 방식으로 논의 범위를 확장하려는 시도도 나왔다. 자본주의 사회의 미디어를 기본적으로 상품으로 간주하면서도 이윤 추구 목적보다는 "사회적 무기" 역할을 더 강조하는 입장을 예로 들 수 있다(김동민, 2001). 하지만 이 절충안은 어떤 면에서는 새로운 시각 제시라기보다는 과거의 전통적인 접근 방식에다 이데올로기 연구 등 다른 비판적 연구의 관심사를 뒤섞어 놓은 절충적 타협안에 대한 수사학적 합리화에 가깝다. 이 입장에서는 종래의 경제적 분석과 새로운 이데올로기적 문제의식을 체계적으로 종합하는 새로운 틀을 제시하지는 못한 채, 양자를 절충 병치시키는 바람에 이론적 일관성만 상실하게 됐다. 그렇다면 이처럼 어정쩡한 다원주의적 타협안에 굳이 정치경제학이라는 전통적인 이름을 고수할 필요가 있는가? 이처럼 '확장,' 수정된 정치경제학적 접근은 이전의 접근 방식이 지닌 한계를 보완하거나 극복했다기보다는 근본적인 문제점을 유보한 채 수사학적 포장으로 논점을 희석하고 비판을 우회하려 했다는 평가를 내릴 수 있다.

이처럼 절충주의적인 정치경제학에는 또 한 가지 문제점이 있다. 자본주의에서 상품은 사용 가치와 교환 가치로 구성되는 모순된 실체이며, 정치경제학은 상품이라는 경제 현상에 내재하는 모순을 전제로 삼아 분석을 시작한다. 자본주의 상품 경제는 단순히 교환 가치 영역에서 물질적 이익의 산술적인 착취에 의존하는 데 그치지 않고, 동시에 이 관계를 마치 자유와 평등의 영역인 것처럼 물신화, 신비화하는 방식으로 작동한다. 어떤 면에서 미디어 상품의 이데올로기 효과는 앞서 언급한 절충적 시각에서 파악하는 것처럼 경제적 착취 기제와 별개의 '영역'으로 간주해서는 안 되며, 그보다는 상품의 사용 가치 측면의 속성, 혹은 주류 경제학에서 말하는 경제 행위의 '외부 효과externalities' 문제와 관련지어 이해할 수도 있지 않을까 한다.

따라서 '경제'란 그동안 미디어 정치경제학에서 파악한 것보다 훨씬 더 넓은 사회 영역을 지칭하는 복합적이고 동적인 사회 과정이라 볼 수 있다. 만일 그렇다면 미디어 정치경제학자는 경제이론 외부가 아니라 내부에서도 해답을 찾을 수 있고 또 그리 해야만 한다는 뜻이다. 그런데 김동민(2001)의 접근 방식에서는 기본적으로 교환 가치와 이윤 창출이라는 측면만으로 미디어 현상을 설명하기는 어렵다고 판단한다. 이 접근 방식은 교환 가치로 산출 가능한 영역, 즉 산술적인 손익 계산이 가능한 측면으로 국한해서 경제 개념을 협소하게 파악하는 경향이 있다. 정치경제학은 미디어 상품의 이윤 추구라는 전통적인 관심사를 체제 옹호적인 사회 영역으로 확장해야 한다고 주장한 것은 아마 이러한 인식 때문일 것이다.

둘째, 미디어 산업의 특수성을 감안하여, 정치경제학의 고전적인 틀을 수정하고 재해석하려는 시도도 나왔다. 스마이드(Smythe, 1977, 1978, 1981a)의 수용자상품론은 미디어 정치경제학의 근본적인 맹점에 대해 최초로 문제를 제기했다는 점에서 의미가 있다. 스마이드는 미디어 산업의 수입이 생산물 판매가 아니라 광고에서 대부분 창출된다는 현실에 주목하여, 이를 설명할 수 있는 이론적 해답을 모색한다. 스마이드의 주장은 시장에서 거래되는 미디어 상품은 프로그램이 아니라 시청자라는 명제로 요약할 수 있다. 방송사는 프로그램을 생산해서 판매한다기보다는 수용자를 생산해서 광고주에게 판매해 이윤을 창출한다는 것이다.

스마이드의 주장은 전통적인 미디어 정치경제학의 틀에서 볼 때 파격적인 주장을 담았다. 우선 생산이 아니라 텔레비전 시청이라는 유통과 소비 과정에서 이윤과 가치가 창출된다고 보고 가치 생산을 전통적인 생산 영역 바깥으로까지 확장하였으며, 소비 영역으로만 간주되던 수용자의 미디어 이용 활동도 가치 생산에 기여할 수 있다고 파악했다. 스마이드는 가치란 생산 과정에서 노동을 통해 생산되지만 순환 과정에서 화폐 형태로 실현되어야만 자본 축적으로 이어진다는 점에 주목해 새로운 공식을 제안한 것이다. 빌 라이언Bill Ryan(1991)이 제시한 "홍보 잉여publicity surplus" 개념 역시 자본 유통 과정에서도 잉여 가치가 창출될 수 있다고 간주한다는 점에서 스마이드의 시각을 계승했다고 할 수 있다.

물론 전통적인 미디어 정치경제학자들은 마르크스의 가치 법칙에 비추어 볼 때 비생산적 노동에 해당하는 소비 행위가 가치를 창출할 수는 없다면서 스마이드의 주장을 정면으로 부정했다. 스마이드의 주장은 상업 방송이 지배적인 북미의 예외적 사례를 확대 해석한 데 불과하며, 광고 의존도가 낮은 미디어에는 적용되지 않는다는 비판도 나왔다(Murdock, 1978: 111~113). 하지만 특히 이용자 참여와 정보가 낳는 빅 데이터가 미디어뿐 아니라 거대 플랫폼 기업에게 수입의 원천을 이루는 오늘날의 미디어 환경을 감안하면 머독의 비판은 이슈의 핵심적 측면보다는 주변적인 예외 사항을 지적한 데 불과하다. 더구나 미디어 현상에서 광고를 둘러싸고 발생하는 독특하고도 핵심적인 부분을 어떤 개념으로 설명할 것인지 대안을 제시하지 못했다.

스마이드의 주장은 광고의 경제적 원리를 설명하는 국지적 이론에서 더 나아가 자본주의 전반을 관통하는 가치 법칙을 재해석하려는 파격적 시도라는 점에서도 이른적 파급력이 컸다. 스마이드의 주장은 단순히 미디어 산업의 특수성을 설명하는 이론을 제시한 데 그치지 않고, 거시적인 자본주의 체제의 상품 순환 과정 안에서 자본과 미디어의 관계, 즉 미디어가 수행하는 경제적 역할을 규명하려는 시도였다는 데 주목할 필요가 있다. 수용자는 프로그램과 광고를 시청하면서 상품 생산 노동에 참여할 뿐 아니라, 여가 시간을 통해 자신의 노동력 상품을 재생산하고 광고 접촉을 통해 상품 수요 확대에 참여해 총자본의 재생산에도 기여하기 때문이다. 스마이드의 수용자상품론은 미디어 상품에 관한 이론일 뿐 아니라 넓게는 불완전하나마 미디어의 관점에서 자본주의 경제체제 작동 과정을 설명하는 새로운 이론적 명제를 제시한 셈이다(김동원, 2015; 임영호, 2000).

4. 새로운 미디어 환경과 스마이드의 재조명

최근 자본주의 경제에서 진행되는 추이를 보면 시대를 앞서 간 스마이드의 통찰력을 엿볼 수 있다. 스마이드가 주목한 미디어 상품의 특성은 이제 특정한 산업 부문의 경계를 넘어서 자본주의 경제 전반을 규정하는 키워드로 진화했다. 이는 무엇보다 마르크스가 이론화의 기반으로 삼았던 제조업 중심 사회에서 정보재와 플랫폼 기반 경제로 옮아가게 된 자본주의 경제 전반의 변화와 무관하지 않다. 이에 따라 이러한 산업적 흐름의 새로운 특성을 개념화하려는 시도도 잇따라 나왔다.

제러미 리프킨Jeremy Rifkin(2014/2014)이 제시한 "한계 비용 제로 사회"나 마이클 골드하버Michael Goldhaber(1997)의 "주목 경제attention economy"는 자본주의의 새로운 시대 추이를 포착하려는 시도다. 골드하버는 오늘날과 같은 인터넷과 웹 기반 사회에서 '주목'이 어떻게 해서 자본주의 체제의 주도적인 경제 원리로 부상하게 되었는지를 관찰하고 이를 주목 경제로 개념화하였다. 원래 경제의 기본 원리는 자원의 희소성에 근거하는데, 정보는 성격상 양적으로 풍부할 뿐 아니라 쉽사리 공유할 수 있어 희소성이 없다. 반면에 사람들의 인지 능력, 즉 주목은 제한적이어서, 정보에 부여되는 사람들의 주목도는 큰 차이가 있다. 리프킨에 의하면 정보의 상품 가치는 희소성이 아니라 바로 주목 정도에 따라 달라진다. 변화된 자본주의 환경에서도 희소성이 경제의 핵심 원리라는 사실은 변함이 없으나, 이제는 그 희소성의 대상이 달라진 것이다.

미디어 연구 분야에서도 주목 경제 개념이나 이용 행위의 경제학이란 관점에 따라 현상을 분석한 연구도 등장했다. 김예란(2012)은 K팝의 지구적 생산과 소비 현상을 주목 경제의 틀을 통해 해석했다. 오늘날 유튜브를 통해 전 지구적으로 확산하고 있는 리액션 비디오 시청 문화는 텔레비전의 뮤직비디오 프로그램을 원천으로 한다. 이 프로그램에 대한 반응으로 생성된 리액션 비디오는 수용자의 감정 노동을 통해 디지털 재매개되어 지구적으로 재생산, 확장된다는 것이다. 또한 한선(2007)은 블로그 생산에서 이용자의 자발적 참여가 어떻게 자본의 이윤 창출에 기여하는지를 미시적 수준에서 분석하였다. 미디어 정치경제학의 맥락에서 볼 때 이 두 연구의 의의는 미디어 자본 축적에서 생산 이외에 유통, 소비 단계에서도 가치와 이윤이 생산되는(혹은 생산 과정의 일부로 편입되는) 메커니즘을 간파했다는 데 있다. 흔히 소비자 권한 강화로 예찬하는 이용자 참여 행위가 이 관점에서 보면 새로운 경제적 착취 형태로 재조명된다는 점에서 미디어 정치경제학에도 시사하는 점이 적지 않다.

나아가 마크 안드레예비치Mark Andrejevic(2002)는 현대 자본주의 경제에서 광범위하게 이루어지는 개인 정보 관리가 어떠한 경제적, 정치적 역할을 수행하는지를 "피감시 노동the work of being watched" 개념을 통해 고찰했다. 기업들은 개인의 정보 이용 행태 정보를 체계적으로 관찰, 수집, 분석하는데, 이는 소비 영역의 과학적 관리를 통한 새로운 착취 형태에 비견할 수 있다. 이처럼 조직적인 정보 관리를 통해서 개개인은 자신도 모르는 사이에 자본의 논리에 이용당하는 피감시 노동에 종사하게 된다는 것이다. 일찍이 스마이드는 수용자 상품화가 단지 미디어 산업에 국한되는 현상이 아니라, 자본주의 체제의 거시적인 틀, 즉 자본 순환 과정이라는 큰 흐름에서 핵심적 축을 구성한다고 지적했는데, 안드레예비치의 연구는 바로 이 지적이 현재의 온라인 기반 경제 체제에서 구현되는 양상을 구체적으로 예시했다.

그렇다면 자본주의 경제에서 유통이나 소비 과정의 역할, 좁게는 수용자의 경제적 의미에 대해 미디어 정치경제학은 어떻게 대응해야 하는가? 전통적 해답의 완고한 고수, 혹은 침묵을 넘어서 만족스러운 해답을 제시한 학자는 아직 많지 않다. 하지만 지금까지 지적한 미디어 노동과 산업의 특수성은 정치경제학의 가치이론에서 더이상 비생산적이고 주변적이며 예외적인 부분으로 치부하고 넘어갈 수 없다는 점은 분명하다. 특히 이처럼 '예외적인' 특수성이 자본주의 경제의 핵심적 특징으로 부상한 현실을 감안하면 더욱 그렇다. 소비자 정보 축적과 알고리즘의 적용은 이제 정보 산업이라는 특정 업종의 작동 원리가 아니라 상거래와 금융 등 자본주의 경제 전반을 움직이는 핵심적 메커니즘이다. 포털은 검색 장치를 통해 정보와 뉴스를 유통하는 채널에서 더 나아가 자본주의 경제 전반의 하부 구조를 이루는 핵심 행위자로 떠올랐다. 이러한 상황에서는 가치이론의 원론적인 선언을 넘어서 이 특수성을 구체적으로 개념화하는 작업이 이루어져야만 미디어 정치경제학은 현실을 진단하고 주도하는 영향력 있는 패러다임으로 존속할 수 있다.

여기서 우리는 오래전 국내 정치경제학자 사이에서 전개된 '정보재 가치 논쟁'(강남훈, 2002; 강남훈 외, 2007)에서 오늘의 미디어 현실을 읽어 내는 데 유용한 시사점을 얻을 수 있다. 이 논쟁의 쟁점들을 보면 일찍이 스마이드를 비롯해 여러 미디어 연구자가 제기한 고민이 이제는 자본주의 경제 전반을 이해하는 핵심 쟁점으로 부상했음을 깨달을 수 있다. 이는 무엇보다 자본주의 경제가 디지털, 네트워크 기반 체제로 옮아가면서 무형의 정보재 비중이 급격하게 커졌다는 점과 관련이 있다(Rigi, 2014: 919).

정보재 논쟁에서 미디어 연구에 특히 시사점이 큰 쟁점은 두 가지를 들 수 있다. 첫째는 정보재에서 가치의 단위 문제다. 정보재 생산에서는 가치(혹은 가치의 화폐적 표현인 이윤) 창출 규모와 투입된 노동 시간 간의 불일치가 발생하는데 이를 해결하는 대안으로 전통적인 상품 단위에 가까운 "카피" 외에도 "버전"(강남훈, 2007), 업데이트용 패치를 포함한 "알고리듬"(이경천, 2007) 등의 대안이 제시되었다.

가령 채만수(2007)는 여전히 전통적인 입장에서 카피를 상품 생산량을 측정하는 단위로 고수해야 한다고 주장한다. 이런 관점에서 보면 정보재는 첫 단위 생산 이후에 추가 생산에 거의 비용이 들지 않기 때문에 정보재의 가치는 사실상 전무하다. 이에 비해, 강남훈(2002)은 정보 상품 생산의 단위는 카피가 아니라 버전으로 파악해야 한다는 파격적인 제안을 내놓았다. 정보 상품 생산에 소요되는 노동량이 단위별로 균일하지 않은 것은 사실이나 정보 상품의 가치는 하나의 버전을 생산하는 데 필요한 노동량과 같으며 버전의 가치가 여러 카피에 분산되어 실현된다고 보면 가치이론은 여전히 유효하다는 것이다.

이채언(2007) 역시 강남훈의 주장에 동조하면서 노동가치 이론은 평균 원리에 근거하므로 최초 단위 생산에 투입된 (연구 개발) 노동이 이후 카피에 분산되어 반영되는 것은 상품 생산의 전형적인 양상이라고 본다. 말하자면 정보재는 가치 생산 원리의 예외적 현상이 아니라 그 원리가 작동하는 독특한 양상 중의 하나라는 것이 이 주장의 요지다. 이 논의들은 가치이론을 정보재라는 현대적 경제 현상에 적용하는 데서 발생하는 특수성을 규명하기 위한 시도라는 점에서 또 다른 특수한 형태인 미디어 상품을 이해하는 데에도 큰 시사점을 준다.

둘째는 정보재가 창출하는 가치의 내역과 성격을 어떻게 평가할 것인가 하는 문제다. 마르크스의 저작에서 가치라는 추상적 개념은 유통 과정에서 가격이라는 구체적 현상을 통해 구현되는데, 정보재에서는 이 둘 사이에 큰 격차가 발생한다. 원래 마르크스주의 정치경제학의 가치이론에서도 화폐가 노동 과정에서의 가치 문제를 기계적으로 반영하는 그림자 형태에 불과하다고 보지는 않았다. 노동이 투입된 상품이 순환 과정에서 판매되어 다시 화폐로 전환되지 않는다면 자본 축적 과정은 지속할 수 없다. 마찬가지로 최초의 버전이 생산된 후 추가 카피 생산에 노동 시간이 투입되지 않고도 화폐 형태로 표현되는 이익은 대규모로 창출될 수 있는데, 이 양자 사이에 발생하는 커다란 간극을 어떻게 이론적으로 설명할 수 있는가 하는 문제가 제기된다.

채만수에 의하면 정보재는 추가 단위 재생산에 비용과 노동 시간이 들지 않기 때문에 애당초 상품화에 부적합한 재화이며, 따라서 정보재가 창출하는 화폐 가치란 사회적 관습이나 제도(예컨대 지적 재산권 설정)에 의해 인위적으로 조성된 독점 가격에 불과하다(채만수, 2007: 92). 정보재의 화폐 가치는 당연히 가치나 노동 시간과 일치하지 않는다. 하지만 이러한 전통주의의 시각을 고수할 경우 현대 자본주의에서 설명하기 어려운 현상이 너무 많이 발생하여 정치경제학 자체가 분석틀로서 유용성을 상실할 우려가 있다.

정보재의 대명사인 구글과 페이스북이 없는 미국 자본주의 경제는 이제 상상하기조차 어렵다. 국내에서도 2000년대 초반의 네이버는 정보 검색이라는 특수한 소규모 주변 업종으로 출발했지만 지금은 기업 가치 순위에서 최상위 기업이자 수많은 산업 플랫폼을 아우르는 메가플랫폼으로 부상했다. 이 거대 산업을 예외로 두고 가치이론을 통해 현대 자본주의를 설명하려 한다는 것은 어불성설이다. 정치경제학의 이론과 현실 간에 존재하는 이 큰 격차는 마르크스의 가치이론이 자본 '일반'을 설명하기 위한 추상적 이론으로 출발했지만 현실의 가격을 설명하는 문제, 특히 독점 가격에 관한 한 아직 충분한 분석 틀을 제공하지 못했기 때문이다(강성윤, 2007: 50).

이에 대해 강남훈(2002, 2007)은 정보재 가격은 가치에 의해 설명되는 부분(잉여 가치, 특별 잉여 가치, 지대)과 가치를 초과하는 부문(독점 이윤)으로 구성된다는 복합적 공식을 대안으로 제시한다(류동민, 2007; 박성수, 2007 역시 이와 비슷한 견해를 표명한다). 이들의 설명에 따르면 특별 잉여 가치는 기술 혁신에 따라 증대된 가치이고, 지대는 생산력 외적 조건에 의해 발생하는 가치이며, 독점 이윤은 총자본 내부의 다른 생산 부분에서 이전된 비생산적 노동의 결과로서 발생한다.

여기서 주목할 부분은 강남훈이 정보재 유통에서 발생하는 "네트워크 효과"와 지적 재산권에 전통적인 "지대rent" 혹은 "정보 지대" 개념을 적용해 설명을 시도했다는 점이다. 포털이나 페이스북처럼 이용자가 많아질수록 부수 효과로 정보재의 가치가 높아지는 현상이라든지, 생비자의 적극적인 참여를 통한 이윤 창출 현상은 토지의 질적 차이(비옥도나 위치)에 따라 지대라는 수익이 발생하는 과정과 흡사하다. 과거 지대 개념은 자본가나 지주가 토지를 점유해 지대를 수취하는 현상에만 적용했지만, 현대 자본주의에서는 토지 외에 가상 공간과 지식 소유를 통해서도 이익을 창출할 수 있게 되었다는 점에 주목해 지대 개념을 확장한 것이다(강남훈, 2005: 226). 정치경제학자들 사이에서 아직 논란이 있기는 하지만, 지대 개념은 특히 플랫폼 기반으로 변화한 현재의 미디어 환경을 설명하는 데 시사점이 크다.

이상의 정보재 논쟁은 몇 가지 측면에서 미디어 정치경제학에 시사하는 바가 적지 않다. 지금까지 미디어 연구자들이 표방한 가치이론은 추상적 원리 선언 수준에 머물러 현실의 특수성을 설명하는 데는 그다지 유용하지 못했다. 반면에 정보재 논쟁에서 제기된 몇몇 논점은 구체적 현실에 적용하는 데 참고할 만한 세분화된 '분석적' 틀의 가능성을 보여 준다. 이 논의들은 미디어 상품에서 가치 측정의 구체적 방안을 마련하는 데 유용한 함의를 제공한다. 스마이드의 문제 제기 이후 수용자 상품을 구체적으로 측정 가능한 개념으로 발전시키려는 시도는 큰 진전을 보지 못했는데,[13] 정보재 논쟁은 이 문제에 관해서도 좀 더 구체화된 실행 방안의 가능성을 열어 주었다. 또한 일부 미디어 경제학자들은 이미 '스타' 현상 등 미디어 산업의 특수한 측면에 지대 개념을 원용하는

13 스마이드가 제시한 모호한 수용자 상품 개념을 정교화하기 위해 미핸(Meehan, 1984)은 '시청률' 개념을 대안으로 제시했고, 리번트(Livant, 1982)는 노동가치론의 도식을 적용해 '필요 시청 시간'과 '잉여 시청 시간'의 구분을 제안하기도 했다.

등 훨씬 더 분석적인 대안을 도입한 바 있는데(김호석, 1998), 정보재 논쟁은 이처럼 진전된 논의를 정치경제학의 틀 안에 수렴해 체계화할 수 있는 가능성도 시사해 준다.

구체적인 주장 내용의 수용 여부와 상관없이, 정보재 논쟁은 스마이드 이후 미디어 정치경제학의 발전 과정에서도 이정표가 될 만한 비슷한 고민거리를 다루었다. 자본주의가 계속 진화하면서 《자본론》의 틀로서는 해명하기 어려운 복잡한 난제가 구체적 현실에서 속속 등장했는데, 이러한 현실에 맞게 구체화된 개념 틀을 모색하지 않으면 미디어 정치경제학은 현실과 동떨어진 이론으로 전락할 수밖에 없다. 가치와 노동이 마르크스주의 정치경제학에서 이론적 출발점이라면 이 개념을 현실에 적용하는 과정에서 발생하는 문제점을 해결하지 않고는 정치경제학의 발전이 불가능하다. 특히 미디어 정치경제학에서 개념적 분석의 토대에 해당하는 미시이론의 개발은 이러한 변신 노력에서 필수적인 첫걸음에 해당한다.

에런 피셔Eran Fisher와 푹스(Fischer & Fuchs, 2015)의 《디지털 시대의 가치와 노동에 대한 재검토*Reconsidering Value and Labour in the Digital Age*》는 시의적절하게 바로 이 점과 관련한 이론적 쟁점을 다각도로 다룬다. 이 책에 실린 글은 디지털 시대에 가치와 노동 개념의 의미(Fuchs, 2015), 육체노동과 정신노동(Sandoval, 2015), 수용자 노동의 착취 문제(Nixon, 2015), 가치와 지대 개념(Frayssé, 2015), 생산과 소비(Jarrett, 2015), 생산적 노동과 비생산적 노동(Pitts, 2015), 자본의 노동 포섭(Fumagalli,

2015) 등 노동가치론과 관련된 기본 개념을 현대 미디어 환경이라는 새로운 맥락 안에서 검토한다. 최근 해외 미디어 정치경제학의 관심사가 어디를 향하고 있는지 이 논의들을 통해 가늠할 수 있다. 이 책은 국내에서도 이 주제에 관해 좀 더 심화된 개념적 논의가 필요하다는 사실을 일깨워 준다.

5. 거시이론적 쟁점

미디어 정치경제학이 현실을 진단하는 데 유용한 이론으로 자리 잡으려면, 경제 현상의 미시적 분석이 장기적, 거시적 분석과 연계되어야만 한다. 주류 경제학의 비유를 빌자면 일종의 거시 경제학 이론의 개발이 필요하다는 것이다. 물론 지금까지 미디어 정치경제학에서도 이러한 거시이론에 해당하는 부분이 전혀 없지는 않았다. 《자본론》에서 제시된 "이윤율의 경향적 하락"을 미디어 산업에 적용되는 역사 법칙으로 해석하려 한 김동민(2006)의 시도가 대표적인 예다. 앞서 논의한 가치 법칙과 미디어 산업의 장기적 추세를 설명하는 이른바 이윤율 하락의 경향 사이에는 어떤 관련이 있으며, 이러한 거시이론적 전망에서 공백이나 한계는 무엇인가?

지금까지 미디어 산업에 관해서는 대체로 독점적 대기업이나 미디어별 사례 분석 등 현상 기술적인 연구가 주류를 이룰 뿐, 장기적 흐름에 관한 진단이나 이론적 분석 틀을 갖춘 연구는 아직 그다지 활발하게 이루어지지 못했다.[14] 여기에는 크게 두 가지 이유를 들 수 있다. 첫째는 미시적 토대가 되는 가치이론을 분석적인 개념 틀로 정교화하지 못하고, 가치이론을 모호한 선언적 수준에 남겨둔 채, 소유 지분 등 구체적인 정태적 현상 기술에만 주력하는 등 이론과 분석의 괴리가 일반적이었다는 데 있다. 그러나 단순히 매출액이나 소유 지분 등 현상 기술적 분석 틀이 아니라 특별 잉여 가치, 독점 이윤, 지대 등 가치 실현의 다양한 방식을 분석의 새로운 개념적 토대로 삼는다면 시장 독점과 집중에 관한 연구 역시 분석의 엄밀성이나 체계성, 거시이론과의 연계성 측면에서 큰 진전을 이룰 수 있을 것이다.

가치 창출 방식 변화에 관한 논의는 장기적인 산업 추이 분석에서도 중요하게 다룰 만한 쟁점이다. 크리스토퍼 바냇Christopher Barnatt과 켄 스타키Ken Starkey(1994)는 1980년대 이후 영국 텔레비전 산업에서 "유연 전문화"와 "동적 네트워크dynamic network"형 노동 구조가 뚜렷한 흐름으로 부상했으며, 비정규직 확산이 거의 일관된 추세로 나타났다고 보았다. 이처럼 미디어 산업의 노동 부문에서 일어나는 추이를 자본의

14 한동섭(2002)은 미디어 산업의 독점 문제를 다루면서도 기존의 관련 연구가 사례 소개를 통해 자본의 집중이라는 틀을 반복적으로 확인하는 데 그쳤다고 비판하면서, 집중과 독점 구조의 꾸준한 추세 속에서 나타나는 변화를 추적했다. 그는 기존의 개별적 사례 연구를 넘어서 산업 내부의 경쟁과 협력 패턴을 파악해서 유형화하려 했다는 점에서도 상당히 진전된 양상을 보여 준다.

수익률 하락과 노동 착취율 강화의 징후로서 미디어 자본 축적 양상의 변화와 연계해서 추적해 보면, 새로운 거시이론적 함의가 높은 추이를 발견할 수도 있다.

둘째로는 미디어 정치경제학의 산업 분석에서 이론적 문제의식이나 분석 틀이 빈약했다는 점을 지적하고 싶다. 기존 연구에서는 대개 분석 대상인 사례나 산업은 바뀌지만 시장 집중도나 소유 구조 등 거의 평면적이고 비슷한 분석 틀만을 반복했을 뿐 아니라 결론 역시 자본의 독점 체제 재생산과 강화, 지배 체제 정당화로 이어지는 도식적인 주장을 거의 매번 재확인하는 수준에 그쳤다. 따라서 미디어 산업 전반을 관통하는 자본의 불균등한 작동 양상, 흐름을 구체적으로 읽어 내거나, 미디어 산업에서 자본 운동 방식의 특수성을 개념화하는 데 유용한 이론적 함의를 이끌어 내지 못했다. 이처럼 수많은 개별 사례를 관통하는 역사적 추세나 특징을 도출해 내려면 단순히 연구 사례 축적뿐 아니라 좀 더 구체화된 중범위의 이론적 분석 틀도 필요하다.

강남훈(2002)은 정보통신 기술 발전으로 자본주의에서 일어난 변화(경향, 특성, 단계)를 포착하기 위해, "축적 체제regime of accumulation"[15]와 "조절 양식mode of regulation"이라는 조절

15 축적 체제 개념은 이처럼 자본 축적 과정에서 발생하는 왜곡, 불균형, 모순을 해소하여 자본 축적의 진행을 일관된 형태로 보증해 줄 수 있는 "규칙성의 총체"를 의미한다(강남훈, 2002: 191).

이론의 개념을 활용하여 생산 조건과 소비 조건의 구체적인 양상을 살펴보았다. 반면에 미디어 정치경제학에서는 이처럼 추상적 원론과 구체적 사례 분석 사이를 매개하는 중범위의 분석 틀이 사실상 거의 만들어지지 않았다. 이 때문에 "이윤율의 경향적 하락의 법칙"(김동민, 2006)이라는 《자본론》의 구절을 마치 일종의 예측 가능한 법칙laws처럼 기계적으로 적용하는 도식주의에 빠지기도 했다. 하지만 자본주의의 구체적 현실에 관한 한 이 명제는 불변의 원칙을 의미하는 법칙보다는 경향tendency이라는 비결정론적 방식으로 해석하는 것이 더 구체적 현상의 부침을 설명하는 데 적합하다.

그러기 위해서는 훨씬 더 동적이고 입체적인 분석 틀에 근거한 장기적 추이 분석 작업이 필요하다. 현실에서는 기계화나 자동화라는 동일한 변화라 하더라도 평균 이윤율 하락과 상승이라는 서로 상반되고 모순된 흐름이 교차하는 복합적 양상이 더 일반적이기 때문에 추상적 '법칙'이 구체적 현실의 모든 부침을 설명하거나 예측해 줄 수는 없다(김수행, 2014: 219~221). 조절이론에서 말하는 축적 체제는 자본주의의 경향 자체가 지니는 비결정성이나 복합성, 불균형, 불확실성을 반영한 좀 더 구체화된 분석 틀인 셈이다. 미디어 정치경제학 역시 조절이론에서 신테일러주의나 포드주의, 포스트포드주의 등의 축적 체제 유형에 해당하는 중범위 이론 수준의 분석 틀을 다양하게 개발할 필요가 있다.

미디어 정치경제학에서 이처럼 거시적 이론화의 청사진

을 구현하려면 어떠한 작업이 필요한가? 이에 관해서는 앞으로 논의가 필요한 몇 가지 쟁점을 생각해 볼 수 있다. 물론 이는 지금까지 시행착오를 통해 축적된 연구 성과의 의미를 부정하고 완전히 새로운 연구가 전면적으로 이루어져야 한다는 뜻은 아니다. 오히려 기존의 연구를 큰 이론적 청사진 속에서 새롭게 맥락화하고 공백이나 미진한 부분을 점진적으로 채워 나가야 한다는 것이다.

첫째로는 미디어 자본 축적 과정에서 나타나는 추이와 특징에 관한 귀납적인 분석이 활발하게 이루어져야 한다. 물론 지금처럼 독과점 심화 등 자본주의 시장 경제의 극단적 문제점을 부각하는 예시적 사례 연구도 중요하지만, 미디어 시장에서 장기간에 걸친 추이를 정리하는 기초 작업이 무엇보다 선행되어야 한다. 미디어 부문별, 혹은 부문 간 자본 축적 규모, 이윤 창출 경로 변화 등이 이 작업에 해당한다.

뉴스 산업에 국한해서 보자면 신문사의 매출액이나 부수 추이뿐 아니라, 다른 뉴스 미디어나 포털의 매출액 추이를 연계해서 살펴보면서 각 부문의 변화가 서로 어떻게 연계되는지도 종합적으로 추적할 필요가 있다. 또한 통신사는 전통적으로 뉴스 도매상으로서 언론사를 고객으로 삼았지만 이제는 개별 이용자를 놓고 신문과 경쟁 관계에 있는 만큼 이 부문의 추이도 신문 산업과 연동해서 세부적으로 추적해 보아야 한다. 이 모든 데이터는 미디어 자본의 축적 양식 변화를 파악하는 기초 자료로 활용될 수 있을 것이다. 나아가 이러한 데이터 축적을 근거로 할 때 비로소 《자본론》에서 언급한 이윤율 하락과 상승 경향이 역사적으로 어떤 양상으로 나타나는지 추적할 수 있게 된다.

미디어 관련 부문 중에서 특히 작업이 시급한 부분은 포털에 관한 연구다. 뉴스 산업에 국한해서 보더라도 오늘날 포털은 가장 주된 뉴스 이용 경로이며 포털 의존적 정보 이용 양상은 미디어 전반을 넘어서 다른 경제적, 사회적 활동으로까지 확산하고 있다. 포털 이용 행태를 통해 축적된 개인 정보와 알고리즘 기반의 정보 제공은 개인의 사회적, 정치적 활동에 영향을 미칠 뿐 아니라 상거래나 금융 등 경제 활동 전반을 지배하는 하부 구조이자 경제적 문법으로도 구현되고 있다. 이미 포털은 모든 미디어 산업을 이어 주는 핵심 고리가 되었고 포털 산업의 축적과 진화 과정은 한국 자본주의 단계의 진화 과정을 이해하는 핵심적 단서로 떠올랐다.

원용진과 박서연(2021)의 《메가플랫폼 네이버: 한국 인터넷 산업의 성장과 그늘》은 오랫동안 공백으로 남아 있던 이 중요한 연구 주제에 관한 선구적인 저작이다. 이 두 저자는 이 작업을 "엄격한 정치경제학이라기보다는 부드러운 정치경제학"(13)에 해당한다고 밝혔다. 한국의 미디어 정치경제학에서 가장 시급한 주제에 관한 선구적인 작업을 오랫동안 대표적인 문화연구자로 활동해 온 연구자가 내놓았다는 것은 현재 정치경제학의 답보 상태를 보여 주는 역설적인 징후다.

둘째, 미디어 자본 축적에서 구조적 환경, 특히 기술 발전의 추이를 생산력 발전이라는 측면에서 검토하는 작업도 중요하다. 오랫동안 여러 미디어 산업은 각 산업 부문 간 경계에 따라 별개의 분석 대상으로 다루어졌다. 물론 정치적, 정책적, 이념적 차원에서 미디어별로 전통이 다르기도 했지만, 이는 기본적으로 미디어별로 전달 테크놀로지의 특성과 수익 모델이 상이했기 때문이다. 하지만 기술 발전으로 미디어 간의 장벽은 점차 무너지고, 산업 측면에서도 시장 통합이 가속화하는 등 미디어 융합 추세가 확산하고 있다. 이러한 추이는 미디어 산업 전체를 총체적으로 서로 연계해서 파악할 필요가 있을 뿐 아니라 그러한 작업의 실행 가능성도 커지고 있음을 시사해 준다.

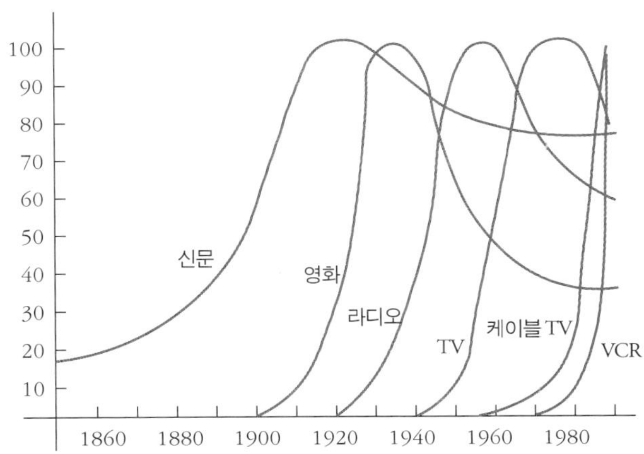

그림 1 미디어별 보급률의 역사적 추이

출처: Neuman, 1991: 119.

예컨대 그림 1은 여러 미디어 보급률의 역사적 추이를 정리한 곡선이다. 지금까지 미디어마다 진화 과정은 나름대로 특성이 있어 매우 다양했지만, 보급률 측면에서 각 미디어 산업의 부침은 비슷한 패턴을 보인다는 점에 주목할 필요가 있다. 이는 미디어에 대한 수요가 어느 정도 한정되어 있기 때문에, 특정 미디어의 부상은 다른 미디어의 쇠퇴를 초래한다는 사실과 관련이 있다. 미디어 관련 이론 중에서도 미디어 총 이용량/지출 비용은 일정한 수준을 유지한다고 보는 "상대적 불변성" 가설 역시 미디어 수요 간의 상호 연관성과 더불어 산업 측면에서도 미디어 간의 연계성을 시사한다 (McCombs, 1972; McCombs & Nolan, 1992).

실제로 그림 2를 보면 최근 종이 신문의 구독률과 열독

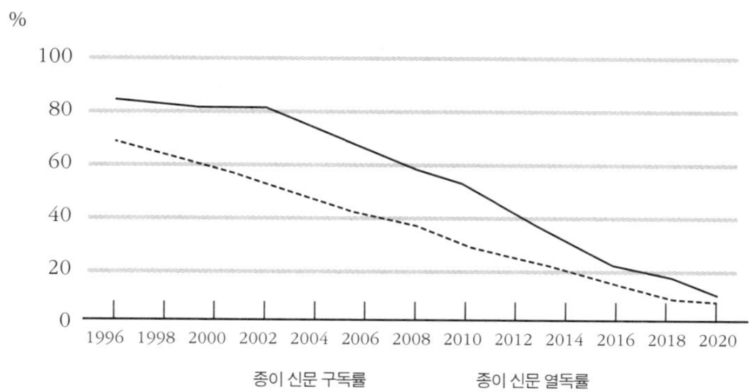

그림 2 종이신문 구독률과 열독률의 추이

출처: 한국언론진흥재단, 2019; 2021.

률은 꾸준히 하락하는 추세이지만, 다양한 경로의 뉴스 이용률을 합산한 결합 열독률은 유지되거나 오히려 완만히 상승하는 패턴을 엿볼 수 있다. 이는 그동안 미디어 구분에 근거한 자료에서는 눈에 띄지 않던 패턴을 수치 집계 방식의 변화만으로도 읽어 낼 수 있음을 보여 주는 사례다. 그렇다면 산업 측면에서 볼 때 최근의 미디어 융합은 전혀 예기치 못한 새로운 역사적 사건이 아니라, 오랫동안 사실상 서로 연계된 미디어 산업 간의 장벽이 기술 혁신 덕분에 점진적으로 제거되고 마침내 자본이 자유롭게 이동하는 단계에 이르는 진화 과정에서 한 가지 변화의 이정표에 지나지 않는다.

셋째, 넓게는 미디어 산업에서 제작 방식, 좁게는 노동 양식의 변화를 추적하는 작업이 필요하다. 미디어 산업은 고도

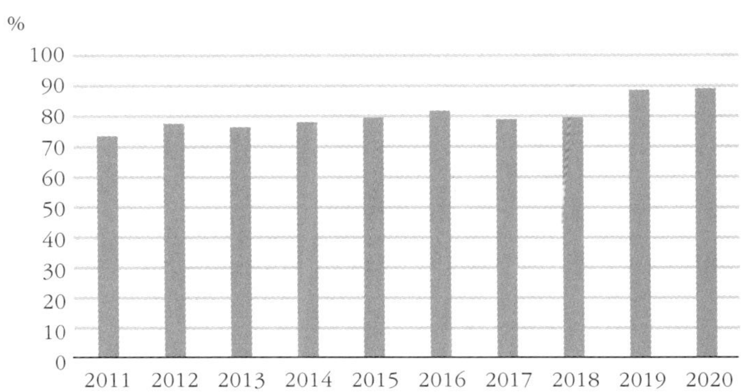

그림 3 뉴스 결합 열독률의 추이

출처: 한국언론진흥재단, 2019; 2021.

의 노동 집약적 업종이고 여기서 발생하는 높은 임금 지출은 자본의 수익 추구(잉여 가치 추출)에 큰 부담을 주기 때문에, 자본은 안정적인 고용에 대한 투자를 꺼리는 경향이 있다. 그래서 미디어 문화 산업에서는 항상 일정 규모로 산업예비군이 존재하며 비정규직의 비중이 상대적으로 높게 유지되는 것이 특징이다. 실제로 영국 사례를 중심으로 텔레비전 산업에서 비정규직의 증가가 역사적 추이임을 입증한 연구도 있다(Barnatt & Starkey, 1994). 이처럼 업계 전반에 보편화한 착취 구조는 수많은 젊은 문화 산업 지망생의 열정을 악용하여 "열정 페이"라는 이름으로 정당화되기도 한다(안진용, 2015. 1. 8).

이처럼 독특한 착취적 고용 구조는 미디어 산업 자체의 경제적 특성과도 관련이 있다. 미디어 문화 산업에서는 상품 자체의 경험재적 속성 때문에 수요 예측은 어렵고 이윤의 실현 가능성은 매우 불확실하다. 물론 특정한 원본이 성공을 거둘 경우 판매 증가에 따른 추가 생산 비용이 거의 들지 않아 높은 수익률을 달성할 수 있다는 점은 자본에게 장점이지만, 수요의 불확실성 때문에 불가피하게 원본을 과잉 생산할 수밖에 없는 구조적 한계도 있다(Ryan, 1991). 정규직 고용 등 고정 비용의 지출 최소화는 문화 자본이 불확실한 시장 상황에서 투자의 위험성을 회피하는 전략 중의 하나다. 이는 미디어 문화 산업에서 왜 항상 고용 불안정이 핵심적 특성을 이루는지도 잘 설명해 준다.

미디어 산업의 이러한 경제적 특성에 맞추어 축적 체제,

혹은 좁게는 제작 체제가 어떤 형태로 진화했는지 분석하는 일은 미디어 자본의 축적 과정을 파악하는 데 중요한 요소다. 데이비드 보드웰David Bordwell, 재닛 스테이거Janet Staiger, 크리스틴 톰슨Kristin Thompson(1985)은 1960년대에 이르기까지 미국 할리우드 영화 산업에서 생산 양식이 어떻게 진화해 왔는지 추적했는데, 다른 미디어에서도 이와 유사한 작업이 이루어져야 한다. 신문 산업에서 신기술 도입으로 노동 과정이나 작업 방식이 어떻게 변화했는지 분석한 연구(임영호, 1999)라든지, 텔레비전 산업에서 제작 양식 변화나 신기술 도입으로 어떤 변화가 초래되었는지를 살펴본 연구(김동원, 2009. 12)처럼 제작 체제 변화의 의미를 넓은 산업적, 역사적 맥락과 연계해 고찰할 필요가 있다. 미디어 자본의 노동 비용 축소에 따른 착취율 변화, 기술 혁신에 따른 특별 잉여 가치 확대, 분업 구조 혁신이 초래한 노동 위축과 고용 구조 변화는 미디어 자본의 독특한 운동 방식을 이해하는 데도 유용한 시사점을 던져 주는 요소라는 점에서 미디어 정치경제학의 이론화 작업에서도 반드시 연구가 필요한 부분이다.

넷째로는, 미디어 산업에서 생산과 유통, 소비 등 산업 유관 부문 간의 관계를 입체적으로, 또 역사적으로 추적하는 작업이 수행되어야 한다. 정치경제학은 생산에 관한 분석에서 출발하지만 유통 과정에서 어떤 방식으로 화폐 형태로 실현되어 다시 자본으로 증식되며, 창출된 이윤이 어떻게 다양한 자본 형태(생산자, 상업, 토지 등)로 분배되는지도 관심을 둔다. 미디어 정치경제학에서도 이와 비슷한 작업이 필요하다.

과거 역사를 돌이켜 볼 때 미디어 산업은 특정 생산자가 생산, 유통을 모두 겸하던 방식에서 시작하지만 점차 일부 생산 기능이나 유통 기능을 외부에 넘겨 주는 단계로 진화하고, 그다음에는 유통 기능 중심의 미디어가 뉴스 산업의 핵심이 되는 단계로 옮아갔다. 신문 산업의 역사적 변화 과정을 보면 이러한 추이를 쉽게 읽어 낼 수 있다. 대중 일간지가 급성장하던 과정에서 통신사 등장과 일부 제작 기능 외주화가 뉴스 생산의 효율화를 위한 산업 구조 개편의 첫 번째 단계에서 일어난 징후라면, 주된 뉴스 생산자이자 유통업자이던 신문의 유통 기능은 쇠퇴하고 포털과 모바일 앱이 뉴스 유통을 주도하는 경로로 부상한 것은 최근 단계에서 두드러진 특징이다. 포털은 이제 미디어 정보 산업을 넘어서 게임, 상품 유통, 금융 등 다각적 업종으로 영역을 확장해 플랫폼의 플랫폼인 메가플랫폼으로 진화하고 있다. 이렇게 해서 포털이라는 뉴스-검색 업종은 미디어 유형 간, 미디어와 통신업체 간, 미디어-통신과 유통-금융 등 일반 산업 간의 경계를 허물고 정보 자본주의라는 새로운 생산 양식의 대명사로 부상하게 됐다.

텔레비전 산업에서도 이와 유사하게 외주 제작과 유관 산업(시청률 조사 등)의 활성화와 다변화가 전개되었고, 최근에는 넷플릭스 등 콘텐츠 유통 중심으로 산업 재편 양상이 두드러지고 있다. 나아가 콘텐츠 생산자와 유통업자 외에도 유튜브처럼 이용자가 주도하여 일종의 정보 지대 형태로 자본에 수익을 창출해 주는 패턴이 확산하고 있는데, 이러한 산업 부문 간의 연계 추이 역시 자본주의의 새로운 역사적 진화 형태로서 맥락화해 고찰해야 한다. 물론 이 현상은 비용 절감과 이윤 극대화라는 자본의 속성에서 유래한다는 점에서는 시대를 초월하는 보편적 성격을 지니겠지만, 어쨌든 구체적인 이윤 창출, 배분 방식 진화라는 측면에서 검토해 보면 미디어 정치경제학에 흥미로운 시사점을 줄 수 있을 것이다.

이 밖에도 미디어 산업의 거시적 분석을 위한 의제는 적지 않다. 비록 정치경제학 영역에 속하지는 않지만, 이미 커뮤니케이션 산업의 새로운 경향과 추이를 감지해 키워드로 제시한 저술은 적지 않다. '한계 비용 제로 사회'(Rifkin, 2014/2014), '노동의 종말'(Rifkin, 1995/1996), '공유 경제'(Weitzman, 1986) '네트워크 경제,' '집단 지성'(Levy, 1994/2002) 등은 현재의 자본주의 사회에서 급속히 진행되는 시대적 추세와 미래 징후를 보여 주는 개념들이다. 물론 이러한 부류의 책 중 대다수는 본격적인 학술서라기보다는 일반 독자의 흥미를 자극하는 대중적인 미래 예측서에 가깝다. 하지만 이 키워드에서도 미디어 정치경제학에 유용한 연구 주제나 방향을 발굴해 낼 수 있다. 이 개념들은 자본주의 진화의 역사적 추이나 미래의 징후를 반영한다는 점에서 미디어 자본의 변화하는 추이를 읽어 내는 데에도 유용한 단서를 제공해 준다.

물론 지금까지 제시한 주장이 모두 미디어 정치경제학에

서 실현 가능하다고 낙관하지는 않는다. 논리적으로는 가능하지만 연구 수행과 관련된 여러 현실 여건 때문에 실제로 연구를 수행하기에 어려운 부분도 적지 않다. 미디어 산업 자체가 경제 외적 논리에 의해 규정되는 측면이 크다는 점이라든지, 거시적 추이 분석을 수행하기에는 체계적인 데이터가 턱없이 부족하다는 현실적 여건도 난점이다. 하지만 최근 디지털, 미디어 융합 환경이 도래하면서 새로운 이론적 청사진에 따라 분석할 수 있는 영역이나 주제가 점차 확대되고 있다는 점은 미디어 정치경제학자들에게는 매우 불길하면서도 동시에 고무적인 현상이다.

6. 미디어 정치경제학의 부활을 위해

미디어 환경이 디지털과 모바일 기반의 융합 환경으로 옮아가고 산업 간, 국가 간의 인위적 경계가 소멸하면서 자본의 논리는 갈수록 강화되고 있다. 미디어 안팎의 환경 자체가 급격한 구조적 전환기에 접어든 지금 이러한 변화를 진단하고 대안을 제시하는 데 미디어 정치경제학이 기여해야 할 부분은 유례없이 커졌다. 하지만 적어도 한국의 미디어 정치경제학은 대내외의 시대 흐름을 포착하지 못한 채 이전의 낡은 틀 안에 갇혀 이러한 기대에 부응하지 못하고 있다.

미디어 정치경제학이 현실 진단 수단으로서 제구실을 못

하는 이유는 외부적으로는 정치 경제적 여건 변화와 관련이 있지만, 학계 내부적으로는 이론적 역량과 자기 혁신 노력 부족에도 있다. 무엇보다도 정치경제학은 경제에 관한 설명에서 출발하는데도, 영역의 외연 확장에만 치중해 정작 경제에 관한 체계적인 이론을 발전시키는 데 소홀했다. 이 때문에 이론적 출발점이 되는 추상적 원론과 구체적 분석 사이의 괴리가 너무 커지는 문제점도 발생했다. 일찍이 마르크스는 "현상과 본질이 같다면 과학은 필요 없다"라고 말했다(김수행, 2014: 44 재인용). 정치경제학은 추상적인 자본의 논리에서 출발하지만 복잡한 현실의 구체성 속에서 그러한 원리가 구현되는 양상을 포착하려 한다. 정치경제학자는 이처럼 '추상에서 구체로의 상승' 과정을 거쳐서, 특정한 시대나 산업 부문에서 자본의 작동 양상을 이해하게 된다. 그동안 미디어 정치경제학자들은 역설적이게도 자본에 관한 추상적 명제와 구체적인 데이터 기술 사이의 양극단에 치우쳐 이처럼 미디어 산업에 관한 정치경제학적 이론화 작업을 제대로 수행하지 못했다.

미디어 정치경제학이 이론적 자기 혁신을 달성하려면 이론의 미시적 토대인 가치 법칙과 거시적 분석 틀을 모두 재검토할 필요가 있다. 마르크스의 가치 개념은 노동 시간을 근거로 한다는 점에서 미디어 상품의 공공재적 특성을 설명하는 데는 한계가 있다. 스마이드의 수용자상품론은 시청자 행위를 비롯한 유통-소비 과정에서 미디어 상품의 가치 창출에 기여하는 방식을 설명하고, 나아가 자본주의 경제에서 미디어가 수행하는 경제적 기능을 파악하려 했다. 바로 이 점에서 스마이드는 미디어 정치경제학의 이론적 토대인 가치 이론에서 드러난 근본적인 문제점이자 한계에 대해 문제를 제기했다고 할 수 있다. 최근의 정보재 논쟁 역시 이 논의가 미디어 연구 내부에 국한되지 않고 자본주의 경제 전체를 이해하는 데도 핵심적인 쟁점임을 강조하고 있어, 미디어 정치경제학에도 시사하는 점이 적지 않다.

미디어 정치경제학은 더 나아가 이러한 개념적 토대를 거시적 구조 분석으로 확장, 연계할 수 있는 다양한 분석 틀을 개발해야 한다. 미디어 자본의 극단적 폐해를 예시해 부각하는 개별 기업, 미디어 단위의 사례 분석 일변도에서 벗어나 자본 축적 과정의 추이 분석, 기술 혁신에 따른 생산력 발전 과정, 제작 방식과 노동 양식의 변화, 미디어 관련 생산, 유통 산업과 소비 양식 간의 관계 등을 추적하는 중범위 수준의 작업이 체계적으로 이루어져야 한다. 이 작업을 통해서 미디어, 정보, 문화 산업에 독특한 축적 체제를 유형화, 개념화하는 단계로 나아가고, 아울러 미디어 자본의 구체적 작동 양식 규명을 통해 넓게는 자본주의 진화 과정을 이해하는 데 기여할 수 있어야 한다.

지금까지 한국 미디어 정치경제학의 연구 경향에서 드러난 이론적 한계를 지적하면서, 앞으로 지향해야 할 방향과 연구 의제를 제안해 보았다. 이 거대한 청사진 속에서는 이미 상당한 성과가 나온 부분도 있지만, 아직 채우지 못한 공백과

허점, 단기간에 달성하기 어려운 영역도 있다. 하지만 단기적인 실행 가능성이라는 실용성에 매달려 장기적으로 지향할 방향을 상실해서는 학문적 발전이란 불가능하다. 미디어 정치경제학자들이 현실과 이론 간에 점점 더 커지는 괴리에 묶여 머뭇거리는 사이에 자본주의 미디어 산업의 현실은 빠른 속도로 변해 가고 있다. 하지만 현실이 절박할수록, 또 불확실한 미래의 흐름을 읽어 내고 대비하려면 다시 이론이라는 기본으로 돌아가야 한다. 이론이야말로 그 어느 것보다도 현실의 문제점을 진단하고 대안을 추구하는 개혁의 움직임에서 강력한 무기가 될 수 있기 때문이다. 미디어 정치경제학자에게 성찰을 통한 이론적 혁신은 현실 개혁의 첫걸음이 될 수도 있다.

참고 문헌

강남훈 (2002). 《정보혁명의 정치경제학》. 문화과학사.

강남훈 (2005). "정보혁명과 지대에 대한 소고," 〈마르크스주의 연구〉, 2권 1호, pp.212~227.

강남훈 (2007). "정보의 가치와 특성," 강남훈 외. 《정보재 가치논쟁》. 한신대학교 출판부, pp.179~205.

강남훈 (2008). "착취와 수탈: 김창근에 대한 답변," 〈마르크스주의 연구〉, 5권 4호, pp.234~249.

강남훈 외 (2007). 《정보재 가치논쟁》. 한신대학교 출판부.

강남훈 · 이채언 (2005). "디지털혁명과 자본주의 재생산구조의 변화," 〈사회경제평론〉, 25호, pp.7~41.

강상현 (2018). 《크리스티안 푹스의 초국적 정보자본주의 비판》. 커뮤니케이션북스.

강상호 · 이원락 편역 (1986). 《현대자본주의와 매스미디어》. 미래사.

강성윤 (2007). "정보상품 가치논쟁의 전개와 쟁점들," 강남훈 외. 《정보재 가치논쟁》. 한신대학교 출판부, pp.13~52.

강준만 (2011. 5). "소통의 정치경제학: 소통의 구조적 장애에 관한 연구," 한국언론학회 심포지움 발표 논문.

고경민 (2001). 《한국 텔레커뮤니케이션 자유화의 정치경제학》. 커뮤니케이션북스.

권기욱 (2011). "정보사회에 대한 정치경제학적 분석의 한계와 한국의 특수성," 〈정보사회와 미디어〉, 21호, pp.73~104.

김경모 · 김나래 (2013). "이용자 협업형 뉴스제작의 참여 결정요인: 합리적 행동 모형과 동기 분석의 통합적 접근,” 〈언론과학연구〉, 13권 4호, pp.89～134.
김남석 (1994). 〈한국 신문 산업 구조개편에 관한 정치경제학적 연구〉. 서울대학교 박사 학위 논문.
김남석 (2010). “1960년대 초반의 정치 변동과 신문 산업의 성격 변화,” 〈한국언론학보〉, 54권 4호, pp.168～188.
김동민 (1992). “정치경제학과 한국언론의 구조 연구,” 〈한국사회와 언론〉, 1호, pp.105～132.
김동민 (1998). “비판 커뮤니케이션 연구의 평가와 과제: 미디어 정치경제학을 중심으로,” 〈한국언론정보학보〉, 11호, pp.62～84.
김동민 (2001). “신문상품의 속성에 관한 정치경제학적 고찰,” 〈언론과학연구〉, 1권 2호, pp.5～35.
김동민 (2006). “방송통신융합 현상의 정치경제학적 고찰: ‘이윤율의 경향적 하락의 법칙’을 중심으로,” 〈한국언론정보학보〉, 34호, pp.7～33.
김동원 (2009. 12). “디지털 테크놀로지와 노동의 유연화: 6mm 디지털 카메라의 정치학,” 한국언론정보학회 가을학술대회 발표 논문.
김동원 (2015). “이용자를 통한 미디어 자본의 가치 창출,” 〈한국언론정보학보〉, 70호, pp.165～188.
김동원 (2016). “플랫폼 담론과 플랫폼 자본: 삶정치 노동의 확장,” 〈문화과학〉, 87호, pp.75～97.
김미경 (2000). 《웹 미디어의 정치경제학》. 커뮤니케이션북스.
김수철 · 이현지 (2019). “문화산업에서의 플랫폼화: 웹툰산업을 중심으로,” 〈문화와 사회〉, 27권 3호, pp.95～142.
김수행 (2014). 《자본론 공부: 김수행 교수가 들려주는 자본 이야기》. 돌베개.
김승수 (1985). “비판 커뮤니케이션’과 이데올로기 생산: 전개, 그리고 전망,” 〈크로노스〉, 16호, pp.59～71.
김승수 (1988). “한국의 독점자본과 언론산업,” 〈동향과 전망〉, 3호, pp.323～344.
김승수 (1989a). “상품경제와 광고의 정치경제학,” 〈사회비평〉, 2호, pp.229～265.
김승수 (1989b). “한국자본주의 언론생산의 본질,” 〈사회비평〉, 3호, pp.116～153.
김승수 (1990). “언론학의 방법론적 기초,” 김왕석 외. 《한국언론의 정치경제학》. 아침, pp.21～67.
김승수 (1998). 《매체경제분석: 언론경제학의 관점에서, 제2판》. 커뮤니케이션북스.
김승수 (2000). 《디지털 제국주의》. 커뮤니케이션북스.
김승수 (2002a). “신문소유에 대한 비판적 연구,” 〈한국언론학보〉, 46～2호, pp.122～149.

김승수 (2002b). 《매체소유연구》. 전국언론노동조합연맹.
김승수 (2003a). 《디지털 방송의 정치경제학》. 전국언론노동조합연맹.
김승수 (2003b). "언론 권력의 정치경제학: 베네주엘라, 이탈리아, 영국의 사례분석," 〈한국언론정보학보〉, 22호, pp.39~75.
김승수 (2004). 《언론 산업의 정치경제학》. 개마고원.
김승수 (2005). "한국매체산업의 계급론적 분석," 〈한국언론정보학보〉, 31호, pp.113~165.
김승수 (2007a). "유료방송산업의 비판적 이해," 〈한국방송학보〉, 21-1호, pp.98~137.
김승수 (2007b). 《정보자본주의와 대중문화산업》. 한울.
김승수 (2008). "문화제국주의 변동에 대한 고찰," 〈한국방송학보〉, 22권 3호, pp.51~85.
김승수 (2009a). "미디어 교차소유의 정치경제학적 비판," 〈한국언론정보학보〉, 45호, pp.113~150.
김승수 (2009b). "비판커뮤니케이션 50년," 한국언론학회 50년사 편찬위원회 엮음, 《한국언론학회 50년사》. 한국언론학회, pp.867~896.
김승수 (2010). 《미디어 시장과 공공성》. 한울아카데미.
김승수 (2011). "광고자본주의 정치경제학," 〈방송통신연구〉, 76호, pp.9~36.
김승수 (2012). "정보 권력의 소멸을 위한 이론적 실천," 〈커뮤니케이션 이론〉 8권 3호, pp.145~178.
김승수 (2013). "스타권력의 정치경제학적 분석," 〈한국언론정보학보〉, 62호, pp.119~138.
김승수 (2014). 《저널리즘의 몰락과 정보공유혁명》. 한울.
김승수 (2016). "미디어와 불평등의 변증법," 〈한국언론정보학보〉, 80호, pp.7~39.
김승현 (편) (1990). 《정보사회정치경제학》. 나남.
김어진 (2017). "4차 산업혁명: 구글과 인지자본주의론 그리고 노동가치론," 〈마르크스 21〉, 22호, pp.114~131.
김영욱 (2017). "PPL에 대한 커뮤니케이션 정치경제학 해석: 노동으로서 시청 시간과 물신숭배를 통한 프로모션 사회 비판," 〈한국광고홍보학보〉, 19권 1호, pp.65~101.
김영욱 (2018a). "디지털 노동 착취와 감시의 상품화: 온라인 맞춤형 광고에 대한 커뮤니케이션 정치경제학 해석," 〈언론과 사회〉, 26권 1호, pp.34~78.
김영욱 (2018b). "디지털 프로모션에서 생산소비자와 감시의 작동 원리: 디지털 노동에 대한 감시사회의 착취 구도 해석," 〈커뮤니케이션 이론〉, 14권 4호, pp.5~57.
김예란 (2012). "리액션 비디오의 주목경제: K-pop의 지구적 생산과 소비를 중심으로," 〈방송문화연구〉, 24권 2호, pp.161~192.
김왕석 외 (1990). 《한국언론의 정치경제학》. 아침.
김위근 · 김선호 (2018). "2018년 한국 디지털 뉴스 지형을 읽는 7개 지표," 〈미디어 이슈〉, 4

권 6호. 한국언론진흥재단 미디어연구센터.
김장호 (2015). “도덕경제와 노동관계의 규범성,” 〈산업관계연구〉, 25권 3호, pp.129~161.
김지운 엮음 (1990). 《매스미디어 정치경제학》. 나남.
김지운 · 방정배 · 정재철 (2000). 《비판 커뮤니케이션: 정치경제, 문화연구, 미디어 비판》. 커뮤니케이션북스.
김지운 · 방정배 · 정재철 · 김승수 · 이기형 (2011). 《비판 커뮤니케이션: 비판이론 · 정치경제 · 문화연구》 (개정판). 커뮤니케이션북스.
김지운 · 정회경 엮음 (2005). 《미디어 경제학: 이론과 실제》. 커뮤니케이션북스.
김창근 (2008). “정보재 가치 논쟁에 대한 비판적 평가,” 〈마르크스주의연구〉, 5권 1호, pp.253~299.
김평호 (2007). “지식과 기술의 상업적 왜곡의 문제,” 〈한국방송학보〉, 21-6호, pp.132~155.
김호석 (1998). 《스타 시스템》. 삼인.
류동민 (2007). “정보상품의 가치와 지대,” 강남훈 외, 《정보재 가치논쟁》. 한신대학교 출판부, pp.169~178.
류웅재 (2008). “한국 문화연구의 정치경제학적 패러다임에 대한 모색: 한류의 혼종성 논의를 중심으로,” 〈언론과 사회〉, 16권 4호, pp.2~27.
류웅재 (2010). “담론분석과 정치경제학의 조우 가능성에 대한 탐색적 연구: 커뮤니케이션 질적 연구방법론의 몇 가지 논점을 중심으로,” 〈언론과 사회〉, 18권 4호, pp.37~73.
류웅재 (2015). “‘쿡방’의 정치경제학: 주체의 자기 통치의 관점에서,” 〈문화과학〉, 83호, pp.160~173.
문상현 (2009). “미디어 정치경제학의 학문적 지형과 이론적 과제,” 〈한국언론정보학보〉, 45호, pp.77~110.
문종대 (1990). “1970년대 신문산업의 자본축적과정,” 김왕석 외, 《한국언론의 정치경제학》. 아침, pp.189~212
문종대 (2001). 《시장의 감옥: 정책과 언론보도》. 커뮤니케이션북스.
문종대 · 이강형 (2005). “내부 식민지로서의 지역방송 재생산에 관한 연구,” 〈언론과학연구〉, 5권 2호, pp.175~208.
박명진 (1989). 《비판적 커뮤니케이션 연구의 성과와 그 쟁점》. 서강대학교 언론문화연구소.
박성수 (2007). “정보재 가치론 논쟁에 대한 방법론적 시각,” 강남훈 외. 《정보재 가치논쟁》. 한신대학교 출판부, pp.135~152.

박진우 (2011). "유연성, 창의성, 불안정성," 〈언론과 사회〉, 19권 4호, pp.41~87.
박홍원 (2011). "비판적 커뮤니케이션 연구의 기본 접근들: 이론적 소고," 〈언론과학연구〉, 11권 2호, pp.215~248.
백욱인 (2013). "한국 정보자본주의의 전개와 정보자본주의 비판," 〈문화과학〉, 75호, pp.23~44.
백욱인 (2014a). "정보자본주의와 인터넷 서비스 플랫폼 장치 비판," 〈한국언론정보학보〉, 65호, pp.76~92.
백욱인 (2014b). "서비스 플랫폼의 전유 방식 분석에 관한 시론: '플랫폼 지대와 이윤'을 중심으로," 〈경제와사회〉, 104호, PP.174~195.
서동진 (2011). "심미적인, 너무나 심미적인 자본주의: 문화연구의 위기와 그 비판적 전환을 위하여," 〈경제와 사회〉, 92호, pp.10~41.
서울대학교 사회과학대학 커뮤니케이션발전연구회 (1987). 《자본주의와 한국언론》. 한울.
성동규 (1990). "한국출판산업의 자본축적과 국가통제," 김왕석 외. 《한국언론의 정치경제학》. 아침, pp.257~287.
신현우 (2019). "디지털게임에서의 '플레이노동'에 대한 이론적 연구: 플레이의 '기계적 예속'의 정치경제학 비판," 〈한국언론정보학보〉, 97호, pp.7~36.
심훈 (2004). "1995년 북한 기아에 대한 뉴욕 타임스와 워싱턴 포스트의 보도 분석: 허만과 촘스키의 프로파간다 모델을 중심으로," 〈한국언론학보〉, 48권 1호, pp.57~83.
안성용 (2013). "뉴미디어의 정치경제학: 영화의 발명과 감각의 경지," 〈미디어, 젠더 & 문화〉, 28호, pp.43~70.
안임준 (2008). "미디어 정치경제학," 김우룡 외. 《커뮤니케이션 연구와 방법》. 나남, pp.285~304.
안진용 (2015. 1. 8). "부당 대우도 감수하라? … '열정페이'에 멍드는 연예계," 〈문화일보〉.
원용진 (2005). "언론학 내 문화연구의 궤적과 성과," 〈커뮤니케이션 이론〉, 1권 1호, pp.163~190.
원용진 · 박서연 (2021). 《메가플랫폼 네이버: 한국 인터넷 산업의 성장과 그늘》. 컬처룩.
이경천 (2007). "정보재의 단위, 기치 및 가격문제에 대하여," 강남훈 외. 《정보재 가치논쟁》. 한신대학교 출판부, pp.113~134.
이광석 (2017). "자본주의 종착역으로서 '플랫폼 자본주의'에 관한 비판적 소묘," 〈문화과학〉, 92호, pp.18~47.
이남표 (2007). "낡은 이야기와 새로운 상품화: UCC에 대한 정치경제학적 접근," 〈프로그램/텍스트〉, 16호, pp.109~129.
이남표 · 김재영 (2006). "방송통신 융합 시대의 정치경제학," 〈한국언론정보학보〉, 33호,

pp.193～225.
이상기 (2009). “분석적 마르크시즘의 공과: ‘마르크스주의 경제학’과 ‘신고전파 경제학’의 방법론 논쟁을 통한 미디어/커뮤니케이션 정치경제학의 방향 찾기,” 〈한국언론정보학보〉, 45호, pp.7～48.
이상희 엮음 (1983). 《커뮤니케이션과 이데올로기: 비판이론적 시각》. 한길사.
이선엽 (2010). “방송제도의 정치·경제학적 회고: 종속에서 공생, 경쟁,” 〈한국행정사학지〉, 27호, pp.23～54.
이용준 (1990). “1960년대 신문산업의 재생산구조,” 김왕석 외. 《한국언론의 정치경제학》. 아침, pp.157～187.
이진로 (2008). 《커뮤니케이션 구조의 정치경제학》. 한국학술정보.
이채언 (2007). “정보재 가치론 논쟁에서의 몇 가지 논점,” 강남훈 외. 《정보재 가치논쟁》. 한신대학교 출판부, pp.153～168.
이항우 (2016). “이윤의 지대되기와 정동 엔클로저: 구글과 페이스북의 독점 지대 수취 경제,” 〈한국사회학〉, 50권 1호, pp.189～219.
임동욱 (2006). “문화시장 개발의 정치경제학: 문화제국주의 논쟁과 비판적 수용,” 〈한국언론정보학보〉, 35호, pp.114～146.
임영호 (1992). “수정주의적 전통과 한국의 비판커뮤니케이션 연구,” 〈한국사회와 언론〉, 제1호, pp.46～74.
임영호 (1999). 《기술혁신과 언론노동: 노동과정론으로 본 신문노동의 역사》. 커뮤니케이션북스.
임영호 (2000). “미디어 정치경제학의 한계와 전망: 생산 개념의 비판과 수용자상품론의 함의,” 부산대 언론정보연구소 엮음. 《21세기 미디어 연구의 패러다임》. 한나래, pp.94～128.
임영호 (2001). “한국 언론학에서 비판적 패러다임의 문제설정: 반성과 전망,” 〈한국방송학보〉, 15-2호, pp.343～379.
임영호 (2002a). “공간이론을 통해 본 한국 방송학의 정체성 문제: 지역방송 관련 연구를 중심으로,” 〈한국방송학보〉, 16-2호, pp.275～303.
임영호 (2002b). “텔레비전 오락물에 나타난 내부 오리엔탈리즘과 지역 정체성 구성: 〈좋은 세상 만들기〉의 텍스트 분석,” 〈한국언론학보〉, 46-2호, pp.576～605.
임영호 (2015). “한국 미디어 정치경제학의 한계와 가능성 탐색,” 〈한국언론정보학보〉, 70호, pp.9～34.
임영호 (2017). “도덕경제와 미디어 경제 연구,” 〈언론정보연구〉, 54권 2호, PP.39～79.
임영호 (2021). “미디어 정치경제학이란 무엇인가? 국내 문헌에서 용례 분석,” 〈언론과학연구〉, 21권 3호, pp.5～50.
임영호·김은진·홍찬이 (2008). “도덕경제와 에로 장르 종사자의 정체성 구성,” 〈언론과 사회〉, 16권 2호, pp.107～147.
임영호·김정아 (2011). “프리랜서 방송 진행자의 직업 현실인식과 대응전략: 근거이론에 의한 분석,” 〈언론과 사회〉 19권 2호, pp.49～109.
정연우 (1990). “1980년대 신문산업의 사회적 성격,” 김왕석 외. 《한국언론의 정치경제학》. 아침, pp.213～256.
조동원 (2013). “정보의 자본화 과정 비판,” 〈정보사회와 미디어〉, 26호, pp.1～37.
조연상 편역 (1984). 《가치논쟁사》. 나남.
조정환 (2011). 《인지자본주의》. 갈무리.
조항제 (2006). “지역방송의 지역성 변화: 개념적 접근,” 〈한국언론정보학보〉, 34호, pp.275～305.
조항제 (2008). “한국의 비판언론학에 대한 비판적 성찰: 문화연구와 정치경제학을 중심으로,” 〈한국언론정보학보〉, 43호, pp.7～46.
채만수 (2007). “과학기술혁명과 상품의 가치,” 강남훈 외. 《정보재 가치논쟁》. 한신대학교 출판부, pp.55～100.
채석진 (2016). “테크놀로지, 노동, 그리고 삶의 취약성,” 〈한국언론정보학보〉, 79호, pp.226～259.
최영묵 (2009). “비판커뮤니케이션 50년: 토론문,” 한국언론학회 50년사 편찬위원회 엮음. 《한국언론학회 50년사》. 한국언론학회, pp.899～901.
최영준 (2017). “시청자는 왜 TV먹방(쿡방) 프로그램에 열광하는가: 정치경제학적 접근과 스트레스 해소에 대한 고찰,” 〈정치커뮤니케이션연구〉, 44호, pp.121～150.
최은경 (2015). 《커뮤니케이션 정치경제학자들》. 커뮤니케이션북스.
최진봉 (2011. 6. 20). “광고 시장의 지각 변동: 뉴스 소비 반영 여파 NHN 광고 1조 1천억 .... 특정 소비자 겨냥한 광고 전략 새 틀 짜야,” 〈미디어 오늘〉.
최진봉 (2013). 《미디어정치경제학》. 커뮤니케이션북스.
최철웅 (2017). “플랫폼 자본주의의 정치경제학: 사회적 삶의 상품화와 노동의 미래,” 〈문화과학〉, 92호, pp.48～73.
하윤금 (2004). “금융세계화와 미디어 산업,” 〈한국언론학보〉, 48권 5호, pp.161～187.
한국언론진흥재단 (2019). 〈언론수용자 의식조사 2018〉.
한국언론진흥재단 (2021). 〈2020 언론 수용자 조사〉.
한국언론학회 50년사 편찬위원회 엮음 (2009). 《한국언론학회 50년사》. 한국언론학회.
한동섭 (1998). “미디어의 생산과 재생산에 미치는 이데올로기적 의도의 결정력에 관한 연

구: 한겨레신문의 사례를 중심으로," 〈언론과 사회〉, 19호, pp.45~80.
한동섭 (2000). 《한겨레신문과 미디어 정치경제학》. 커뮤니케이션북스.
한동섭 (2002). "미디어 산업의 독점유형 및 독점구조 변동에 관한 연구: 미디어 정치경제학적 관점에서," 〈한국방송학보〉, 16-1호, pp.463~495.
한선 (2007). "블로그 생산의 이윤화 기제에 관한 연구," 〈한국언론정보학보〉, 37호, pp.307~341.
한선 (2010). "네이버와 포털 시장 내 구조 변화와 사회적 함의," 〈한국언론학보〉, 54권 1호, pp.107~127.

Abdullah, I. (1994). "Rethinking the Freetown Crowd: The Moral Eeconomy of the 1919 Strikes and Riot in Sierra Leone," *Canadian Journal of African Studies*, 28(2), pp.197~218.
Andrejevic, M. (2002). "The Work of Being Watched: Interactive Media and the Exploitation of Self-Disclosure," *Critical Studies in Media Communication*, 19(2), pp.230~248.
Arvidsson, A. & Colleoni, E. (2012). "Value in Informational Capitalism and on the Internet," *The Information Society*, 28, pp.135~150.
Arriaga, P. (1984). "On Advertising: A Marxist Critique," *Media, Culture and Society*, 6, pp.53~64.
Banks, M. (2006). "Moral Economy and Cultural Work," *Sociology* 40(3), pp.455~472.
Baran, P. A. & Sweezy, P. M. (1966). *Monopoly Capital: An Essay on the American Economic and Social Order*. Baltimore, MD: Penguin Books.
Barnatt, C. & Starkey, K. (1994). "The Emergence of Flexible Networks in the UK Television Industry," *British Journal of Management*, 5, pp.251~260.
Benkler, Y. (2002). "Coase's Penguin, or, Linux and The Nature of the Firm," *The Yale Law Journal*, 112, pp.369~446.
Bennett, J., Strange, N., & Medrado, A. (2015). "A Moral Economy of Independent Work? Creative Freedom and Public Service in UK Digital Agencies," in J. Bennett & N. Strange (eds.), *Media Independence: Working with Freedom or Working for Free?* New York, NY: Routledge, pp.139~158.
Bermejo, F. (2009). "Audience Manufacture in Historical Perspective: From Broadcasting to Google," *New Media & Society*, 11(1 &2), pp.133~154.
Bettig, R. V. (1996). *Copyrighting Culture: The Political Economy of Intellectual Property*. Boulder, CO: Westview Press.

Block, F. (2001). "Introduction," in K. Polanyi, *The Great Transformation: The Political and Economic Origins of Our Time*. Boston, MA: Beacon Press, pp.xviii~xxxviii.

Bolton, S. C., Houlihan, M., & Laaser, K. (2012). "Contingent Work and Its Contradictions: Towards a Moral Economy Framework," *Journal of Business Ethics*, 111, pp.121~132.

Bolton, S. C. & Laaser, K. (2013). "Work, Employment and Society through the Lens of Moral Economy," *Work, Employment and Society*, 27(3), pp.508~525.

Bolton, S. C., Laaser, K. & McGuire, D. (2016). "Quality Work and the Moral Economy of European Employment Policy," *Journal of Common Market Studies*, 54(3), pp.583~598.

Booth, W. J. (1994). "On the Idea of the Moral Economy," *American Political Science Review*, 88, pp.653~667.

Bordwell, D., Staiger, J. & Thompson, K. (1985). *The Classical Hollywood Cinema: Film Style and Mode of Production to 1960*. New York, NY: Columbia University Press.

Bruns, A. (2008). *Blogs, Wikipedia, Second Life, and Beyond: From Production to Produsage*. New York: Peter Lang.

Caraway, B. (2010). "Online Labor Markets: An Inquiry into oDesk Providers," *Work Organization, Labour and Globalization*, 4(2), pp.111~125.

Calabrese, A. (2005). "Communication, Global Justice and the Moral Economy," *Global Media and Communication*, 1(3), pp.301~315.

Chandler, D. & Fuchs, C. (eds.) (2019). *Digital Objects, Digital Subjects: Interdisciplinary Perspectives on Capitalism, Labour and Politics in the Age of Big Data*. London: University of Westminster Press.

Cohen, N. S. (2008). "The Valorization of Surveillance: Towards a Political Economy of Facebook," *Democratic Communiqué*, 22(1), pp.5~22.

Curran, J., Gurevitch, M., & Woollacott, J. (1982). "The Study of the Media: Theoretical Approaches," in M. Gurevitch, et al. (eds.), *Culture, Society and the Media*. London: Methuen, pp.11~29.

Dogan, M.G. (2010). "When Neoliberalism Confronts the Moral Economy of Workers: The Final Spring of Turkish Labor Unions," *European Journal of Turkish Studies*, 11, pp.2~17.

du Gay, P., Hall, S., Janes, L., Mackay, H., & Negus, K. (1997). *Doing Cultural Studies: The Story of the Sony Walkman*. London: Sage.

Edelman, M. (2005). "Bringing the Moral Economy Back in to the Study of 21st-Century

Transnational Peasant Movements," *American Anthropologist*, 107(3), pp.331~345.

Elder-Vass, D. (2015). "The Moral Economy of Digital Gifts," *International Journal of Social Quality*, 5(1), pp.35~50.

Fisher, E. & Fuchs, C. (eds.) (2015). *Reconsidering Value and Labour in the Digital Age*. New York: Palgrave Macmillan.

Frayssé, O. (2015). "Is the Concept of Rent Relevant to a Discussion of Surplus Value in the Digital World?" in E. Fischer & C. Fuchs (eds.), *Reconsidering Value and Labour in the Digital Age*. New York: Palgrave Macmillan, pp.172~187.

Freedman, C. (1989). "The Transformation Problem and Cultural Theory," in C. N. Moore & R. A. Moody (eds.), *Comparative Literature East and West: Traditions and Trends*. Honolulu: College of Languages, Linguistics and Literature, University of Hawaii and East-West Center, pp.22~28.

Freidberg, S. (2014). "Moral Economies and the Cold Chain," *Historical Research*, 88(239), pp.125~137.

Fuchs, C. (2009). "Information and Communication Technologies and Society: A Contribution to the Critique of the Political Economy of the Internet," *European Journal of Communication*, 24(1), pp.69~87.

Fuchs, C. (2010). "Labor in Informational Capitalism and on the Internet," *The Information Society*, 26, pp.179~196.

Fuchs, C. (2012). "With or Without Marx? With or Without Capitalism? A Re-joinder to Adam Arvidsson and Eleanor Collenoi," *tripleC*, 10(2), pp.633~645.

Fuchs, C. (2014). *Digital Labour and Karl Marx*. New York, NY: Routledge.

Fuchs, C. (2015). "The Digital labour Theory of Value and Karl Marx in the Age of Facebook, YouTube, Twitter, and Weibo," in E. Fischer & C. Fuchs (eds.), *Reconsidering Value and Labour in the Digital Age*. New York: Palgrave Macmillan, pp.26~41.

Fuchs, C. (2016). *Reading Marx in the Information Age*. London: Routledge.

Fuchs, C. (2019). *Rereading Marx in the Age of Digital Capitalism*. London: Pluto Press.

Fuchs, C. & Mosco, V. (eds.). (2012). "Marx Is Back: The Importance of Marxist Theory and Research for Critical Communication Studies Today [Special Issue]," triple C: Communication, Capitalism & Critique [On-line], 10(2). Retrieved from: http://www.triple-c.at/index.php/tripleC/issue/view/25

Fumagalli, A. (2015). "The Concept of Subsumption of Labour to Capital: Towards Life Subsumption in Bio-Cognitive Capitalism," in E. Fischer & C. Fuchs (eds.),

Reconsidering Value and Labour in the Digital Age. New York: Palgrave Macmillan, pp.224～245.

Gandy, O. (1993). *The Panoptic Sort: The Political Economy of Personal Information*. Boulder, CO: Westview Press.

Garnham, N. (1979). "Contribution to a Political Economy of Mass-Communication," *Media, Culture and Society*, 1, pp.121～133.

Garnham, N. (1990). *Capitalism and Communication: Global Culture and the Economics of Information*. London: Sage.

Garnham, N. (1995a). "Political Economy and Cultural Studies: Reconciliation or Divorce?" *Critical Studies in Mass Communication*, 12(3), pp.62～71.

Garnham, N. (1995b). "Reply to Grossberg and Carey," *Critical Studies in Mass Communication*, 12(3), pp.95～100.

Genovese, E. F. (1973). "The Many Faces of Moral Economy: A Contribution to a Debate," *Past and Present*, no.58, pp.161～168.

Gerlitz, C. & Helmond, A. (2013). "The Like Economy: Social Buttons and the Data-Intensive Web," *New Media & Society*, 15(8), pp.1348～1365.

Gerstein, I. (1976). "Production, Circulation and Value: The Significance of the 'Transformation Problem' in Marx's Critique of Political Economy," *Economy and Society*, 5(3), pp.243～291.

Gibson, C. (2003). "Cultures at Work: Why 'Culture' Matters in Research on the 'Cultural' Industries?" *Social & Cultural Geography*, 4(2), pp.201～215.

Goldhaber, M. (1997). "The Attention Economy and the Net," [On-Line]. First Monday, 2(4-7). Retrieved from http://firstmonday.org/article/view/519/440

Goodman, M. K. (2004). "Reading Fair Trade: Political Ecological Imaginary and the Moral Economy of Fair Trade Foods," *Political Geography*, 23, pp.891～915.

Götz, N. (2015). "'Moral Economy': Its Conceptual History and Analytical Prospects," *Journal of Global Ethics*, 11(2), pp.147～162.

Green, J. & Jenkins, H. (2009). "The Moral Economy of Web 2.0: Audience Research and Convergence Culture," in J. Holt & A. Perren (eds.), *Media Industries: History, Theory, and Method*. Malden, MA: Wiley-Blackwell, pp.213～225.

Grimes, S. M. (2006). "Online Multiplayer Games: A Virtual Space for Intellectual Property Debates?" *New Media & Society*, 8(6), pp.969～990.

Grossberg, L. (1995). "Cultural Studies vs. Political Economy. Is Else Bored with This

Debate?" *Critical Studies in Mass Communication*, 12(3), pp.72~81.

Guback, T. H. (1969). *The American Film Industry: Western Europe and America since 1945*. Bloomington: Indiana University Press.

Hall, S. (1983). "The Problem of Ideology: Marxism without Guarantees." In Betty Matthews (ed.), *Marx: A Hundred Years On*. London: Lawrence & Wishart. ["이데올로기의 문제: 보증 없는 마르크스주의," 임영호 편역. 《스튜어트 홀의 문화이론》. (pp.61~101). 한나래. 1996].

Hall, S. (1985). "Signification, Representation, Ideology: Althusser and the Post-structuralist Debates," *Critical Studies in Mass Communication*, 2(2). ["의미 작용, 재현, 이데올로기: 알튀세르와 후기 구조주의 논쟁." 임영호 편역. 《스튜어트 홀의 문화이론》. (pp.61~101). 한나래. 1996].

Hall, S. (1986). "Cultural Studies: Two Paradigms," in R. Collins et al. (eds.), *Media, Culture and Society*. London: Sage, pp.33~48.

Hall, S., Critcher, C., Jefferson, T., Clarke, J., & Roberts, B. (1978). *Policing the Crisis: Mugging, the State, and Law and Order*. London: Macmillan.

Hardt, M. & Negri, A. (2004). *Multitude*. [조정환 · 정남형 · 서창현 옮김 (2008). 《다중: '제국'이 지배하는 시대의 전쟁과 민주주의》. 세종서적].

Hardy, J. (2014). *Critical Political Economy of the Media: An Introduction*. London: Routledge.

Hesmondhalgh, D. (2017). "Capitalism and the Media: Moral Economy, Well-Being and Capabilities," *Media, Culture & Society*, 39(2), pp.202~218.

Jarrett, K. (2015). "Devaluing Binaries: Marxist Feminism and the Value of Consumer Labour," in E. Fischer & C. Fuchs (eds.), *Reconsidering Value and Labour in the Digital Age*. New York: Palgrave Macmillan, pp.207~223.

Jenkins, H. (1988). "Star Trek Rerun, Reread, Rewritten: Fan Writing a Textual Poaching," *Critical Studies in Mass Communication*, 5(2), pp.85~107.

Jenkins, H. (2006). *Convergence Culture: Where Old and New Media Collide*. New York: New York University Press.

Jhally, S. (1982). "Probing the Blindspot: The Audience Commodity," *Canadian Journal of Political and Social Theory*, 6(1-2), pp.204~210.

Jhally, S. & Livant, B. (1986). "Watching as Working: The Valorization of Audience Consciousness," *Journal of Communication*, 36(3), pp.124~143.

Kauppinen, I. (2014). "A Moral Economy of Patents: Case of Finnish Research Universities' Patent Policies," *Studies in Higher Education*, 39(10), pp.1732~1749.

Kohli, M. (1987). "Retirement and the Moral Economy: An Historical Interpretation of the German Case," *Journal of Aging Studies*, 1(2), pp.125~144.

Laclau, E. & Mouffe, C. (1985). *Hegemony and Socialist Strategy: Towards a Radical Democratic Politics*. [이승원 옮김. 《헤게모니와 사회주의 전략: 급진 민주주의 정치를 향하여》. 후마니타스. 2013].

Lee, D. (2012). "The Ethics of Insecurity: Risk, Individualization and Value in British Independent Television Production," *Television & New Media*, 13(6), pp.480~497.

Lee, M. (2011). "Google Ads and the Blindspot Debate," *Media, Culture & Society*, 33(3), pp.433~447.

Lessig, L. (2004). *Free Culture: The Nature and Future of Creativity*. New York, NY: Penguin Books.

Levy, P. (1994). *L'intellegence Collective: Pour une Anthropologie de Cyberspace*. [권수경 옮김. 《집단지성: 사이버 공간의 인류학을 위하여》. 문학과 지성사. 2002].

Livant, B. (1979). "The Audience Commodity: On the 'Blindsopt' Debate," *Canadian Journal of Political and Social Theory*, 3(1), pp.91~106.

Livant, B. (1982). "Working at Watching: A Reply to Sut Jhally," *Canadian Journal of Political and Social Theory*, 6(1-2), pp.211~215.

Marx, K. (1967a). *Capital: A Critique of Political Economy vol.1*. New York, NY: International Publishers.

Marx, K. (1967b). *Capital: A Critique of Political Economy vol.2*. New York, NY: International Publishers.

Marx, K. (1967c). *Capital: A Critique of Political Economy vol.3*. New York, NY: International Publishers.

Mau, S. (2003). *The Moral Economy of Welfare states: Britain and Germany Compared*. London: Routledge.

Mauss, M. (1925). *Essai sur le don*. [이상률 옮김. 《증여론》. 한길사. 2002].

Maxwell, R. (1991). "The Image Is Gold: Value, the Audience Commodity, and Fetishism," *Journal of Film and Video*, 43(1-2), pp.29~45.

McCombs, M. E. (1972). "Mass Media in the Marketplace," *Journalism Monographs*, 24, pp.1~14.

McCombs, M. & Nolan, J. (1992). "The Relative Constancy Approach to Consumer Spending for Media," *Journal of Media Economics*, 5(2), pp.43~52.

McGuigan, L. & Manzerolle, V. (eds.) (2013). *The Audience Commodity in a Digital Age:*

Revisiting a Critical Theory of Commercial Media. New York, NY: Peter Lang.

McKercher, C., & Mosco, V. (eds.) (2007). *Knowledge workers in the information society*. Lanham, MD: Lexington Books.

Meehan, E. R. (1984). "Ratings and the Institutional Approach: A Third Answer to the Commodity Question," *Critical Studies in Mass Communication*, 1(2), pp.216~225.

Meehan, E. R. (1993). "Commodity Audience, Actual Audience: The Blindspot Debate," in J. Wasko, V. Mosco, & M. Pendakur (eds.), *Illuminating the Blindspots: Essays Honoring Dallas W. Smythe*. Norwood, NJ: Ablex, pp.378~397.

Miller, K. M. & Gandy, O. H. Jr. (1991). "Paradigmatic Drift: A Bibliographic Review of the Spread of Economic Analysis in the Literature of Communication," *Journalism Quarterly*, 68(4), pp.663~671.

Miller, T. (2004). "A View from a Fossil: The New Economy, Creativity and Consumption: Two or Three Things I Don't Believe in," *International Journal of Cultural Studies*, 7(1), pp.55~65.

Minn, P. (2016). "Components of a Moral Economy: Interest, Credit, and Debt in Haiti's Transnational Health Care System," *American Anthropologist*, 118(1), pp.78~90.

Molz, J. G. (2013). "Social Networking Technologies and the Moral Economy of Alternative Tourism: The Case of Couchsurfing.org," *Annals of Tourism Research*, 43, pp.210~230.

Mosco, V. (2009). *The Political Economy of Communication* (2nd ed.). Los Angeles, CA: Sage.

Mosco, V. (2014). *To the Cloud: Big Data in a Turbulent World*. [백영민 옮김. 《클라우드와 빅데이터의 정치경제학》. 커뮤니케이션북스. 2015].

Mosco, V. & McKercher, C. (2008). *The Laboring of Communication: Will Knowledge Workers of the World Unite?* Lanham, MD: Lexington Books.

Murdock, G. (1978). "Blindspot about Western Marxism: A Reply to Dallas Smythe," *Canadian Journal of Political and Social Theory*, 2(2), pp.109~119.

Murdock, G. (1982). "Large Corporations and the Control of Communications Industries," in M. Gurevitch, T. Bennett, J. Curran, & J. Woollacott (eds.), *Culture, Society and the Media*. New York, NY: Methuen, pp.118~150.

Murdock, G. (1989). "Critical Inquiry and Audience," in B. Derbin et al. (eds.), *Rethinking Communication vol. 2: Paradigm examplars*. Newbury Park: Sage, pp.226~249.

Murdock, G. (2011). "Political Economies as Moral Economies: Commodities, Gifts, and Public Goods," in J. Wasko, G. Murdock & H. Sousa (eds.), *The Handbook of Political*

Economy of Communications. Malden, MA: Oxford: Wiley-Blackwell. pp.13~40.

Murdock, G. & Golding, P. (1974). "For a Political Economy of Mass Communications," in R. Miliband & J. Saville (eds.). *The Socialist Register 1973*. London: Merlin Press.

Murdock, G. & Golding, P. (1979). "Capitalism, Communication and Class Relations," in J. Curran, et al. (eds.), *Mass Communication and Society*. Beverly Hills, CA: Sage, pp.12~43.

Napoli, P. M. (2010). "Revisiting 'Mass Communication' and the 'Work' of the Audience in the New Media Environment," *Media, Culture & Society*, 32(3), pp.505~516.

Neuman, W. R. (1991). *The Future of the Mass Audience*. Cambridge, UK: Cambridge University Press.

Nixon, B. (2015). "The Exploitation of Audience Labour: Perspectives on Communication and Capital in the Digital Era," in E. Fischer & C. Fuchs (eds.). *Reconsidering Value and Labour in the Digital Age*. New York: Palgrave Macmillan, pp.99~114.

Ovide, S. (2021. 7.29). "On Tech: Big Tech Has Outgrown This Planet," The New York Times Newsletter.

Ovide, S. (2022. 2.3). "On Tech: What Big Tech's Riches Mean for Our Future," The New York Times Newsletter.

Owen, B. M. & Wildman, S. S. (1992). *Video Economics*. Cambridge, MA: Harvard University Press.

Pasquinelli, M. (2009). "Google's PageRank: Diagram of the cognitive capitalism and rentier of the common intellect," in K. Becker & F. Stadler (eds.), *Deep search: The politics of search beyond Google*. Innsbruck, Austrai: StudienVerlag, pp.152~162.

Picard, R. G. (1989). *Media Economics: Concepts and Issues*. [김지운 옮김. 《미디어 경제학》. 나남. 1992].

Pitts, F. H. (2015). "Form-Giving Fire: Creative Industries as Marx's 'Work of Combustion' and the Distinction between Productive and Unproductive Labour," in E. Fischer & C. Fuchs (eds.), *Reconsidering Value and Labour in the Digital Age*. New York: Palgrave Macmillan, pp.246~260.

Polanyi, K. (2001). *The Great Transformation: The Political and Economic Origins of Our Time*. Boston, MA: Beacon Press.

Posusney, M. P. (1993). "Irrational Workers: The Moral Economy of Labor Protest in Egypt," *World Politics*, 46(1), pp.83~120.

Rifkin, J. (1995). *The End of Work: The Decline of the Global Labor Force and the Dawn of the*

Post-Market Era. [이영호 옮김. 《노동의 종말》. 민음사, 1996].

Rifkin, J. (2014). *The Zero Marginal Cost Society: The Internet of Things, the Collaborative Commons, and the Eclipse of Capitalism*. [안진환 옮김. 《한계비용 제로 사회: 사물인터넷과 공유경제의 부상》. 민음사. 2014].

Rigi, J. (2014). "Foundations of a Marxist Theory of the Political Economy of Information: Trade Secrets and Intellectual Property, and the Production of Relative Surplus Value and the Extraction of Rent-Tribute," *tripleC*, 12(2), pp.909~936.

Rigi, J. & Prey, R. (2015). "Value, Rent, and the Political Economy of Social Media," *The Information Society*, 31, pp.392~406.

Rubin, I. I. (1972). *Essays on Marx's Theory of Value*. trans. M. Samardiija & F. Perlman. Detroit, MI: Black and Red.

Ryan, B. (1991). *Making Capital from Culture: The Corporate Form of Capitalist Cultural Production*. Berlin: Walter de Gruyter.

Sandberg, J. (2015). "Moral Economy and Normative Ethics," *Journal of Global Ethics*, 11(2), pp.176~187.

Sandoval, M. et al. (eds.). (2014). "Philosophers of the World Unite! Theorising Digital Labour and Virtual Work: Definitions, Dimensions and Forms [Special issue]," triple C: Communication, Capitalism & Critique [On-line], 12(2). Retrieved from: http://www.triple-c.at/index.php/tripleC/issue/view/29

Sandoval, M. (2015). "The Hands and Brains of Digital Culture: Arguments for an Inclusive Approach to Cultural Labour," in E. Fischer & C. Fuchs (eds.), *Reconsidering Value and Labour in the Digital Age*. New York: Palgrave Macmillan, pp.42~59.

Sayer, A. (2000). "Moral Economy and Political Economy," *Studies in Political Economy*, 61, pp.79~103.

Sayer, A. (2001). "For a Critical Cultural Political Economy," *Antipode*, 33(4), pp.687~708.

Schiller, H. I. (1981). *Who Knows: Information in the Age of the Fortune 500*. Norwood, NJ: Ablex.

Scott, S. (1976). *The Moral Economy of Peasant: Rebellion and Subsistence in Southeaset Asia*. New Haven, CT: Yale University Press.

Scott, S. (2015). "The Moral Economy of Crowdfunding and the Transformative Capacity of Fan-ancing," *New Media & Society*, 17(2), pp.167~182.

Sen, A. (1987). *On Ethics and Economics*. [박순성·강신욱 옮김. 《윤리학과 경제학》. 한울아카데미. 2000].

Siméant, J. (2015). "Three Bodies of Moral Economy: The Diffusion of a Concept," *Journal of Global Ethics*, 11(2), pp.163~175.

Simpach, S. (2005). "Working Watching: The Creative and Cultural Labor of the Media Audience," *Social Semiotics*, 15(3), pp.343~360.

Smith, A. (1759). *Theory of Moral Sentiments*. [김광수 옮김. 《도덕감정론》. 한길사. 2016].

Smythe, D. W. (1977). "Communications: Blindspot of Western Marxism," *Canadian Journal of Political and Social Theory*, 1(3), pp.1~27.

Smythe, D. W. (1978). "Rejoinder to Graham Murdock," *Canadian Journal of Political and Social Theory* 2(2), pp.120~127.

Smythe, D. W. (1981a). "Communications: Blindspot of Economics," in W. H. Melody, L. Salter, & P. Heyer (eds.), *Culture, Communication, and Dependency: The Tradition of H. A. Innis*. Norwood, NJ: Ablex, pp.111~125.

Smythe, D. W. (1981b). *Dependency Road: Communications, Capitalism, Consciousness, and Canada*. Norwood, NJ: Ablex.

Strickland, J. S. (1985). "Traditional Culture and Moral Economy: Social and Economic Change in the South Carolina Low Country," in S. Hahan & J. Prude (eds.), *The Countryside in Age of Capitalist Transformation: Essays in the Social History of Rural America*. Chapel Hill, NC: The University of North Carolina Press, pp.141~178.

Svallfors, S. (2006). *The Moral Economy of Class: Class and Attitudes in Comparative Perspective*. Stanford, CA: Stanford University Press.

Terranova, T. (2000). "Free Labor: Producing Culture for the Digital Economy," *Social Text*, 63, pp.33~58.

Thompson, E. P. (1971). "The Moral Economy of the English Crowd in the Eighteenth Century," *Past and Present*, 50, pp.76~136.

Thompson, E. P. (1991). "The Moral Economy Reviewed," in E. P. Thompson, *Customs in Common*. London: Merlin, pp.259~351.

Trentmann, F. (2007). "Before 'Fair Trade': Empire, Free Trade, and the Moral Economies of Food in the Modern World," *Environment and Planning D: Society and Space*, 25, pp.1079~1102.

van der Graaf, S. (2015). "Imaginaries of Ownership: The Logic of Participation in the Moral Economy of 3D Software Design," *Telematics and Informatics*, 32, pp.400~408.

van Dijck, J. (2009). "Users Like You? Theorizing Agency in User-Generated Content," *Media, Culture & Society*, 31(1), pp.41~58.

Wasko, J. (1982). *Movies and Money: Financing the American Film Industry*. Norwood, NJ: Ablex.

Wasko, J., Murdock, G. & Sousa, H. (eds.) (2011). *The Handbook of Political Economy of Communications*. Malden, MA: Wiley-Blackwell.

Weitzman, M. (1986). *The Share Economy: Conquering Stagflation* (rev). Cambridge, MA: Harvard University Press.

Wilson, M. & Jackson, P. (2016). "Fairtrade Bananas in the Caribbean: Towards a Moral Economy of Recognition," *Geoforum*, 70, pp.11~21.

찾아보기